행복은 다가오는 것이 아니다
만들어 가야 한다

행복의 해답

행복은 다가오는 것이 아니다
만들어 가야 한다

행복의 해답

초판 1쇄 발행   2020년 10월 12일

지은이   마넬 바우셀, 라케시 사린
옮긴이   우영미
출판기획   마인더브
등록   2018년 3월 27일 (제307-2018-15호)
펴낸곳   경원북스
주소   서울시 광진구 아차산로 375(B1, 105호)
전화   02-2285-3999
팩스   02-6442-0645
인쇄   두경M&P
이메일   kyoungwonbooks@gmail.com

ISBN 979-11-89953-10-2 (03190)
정가 15,000원

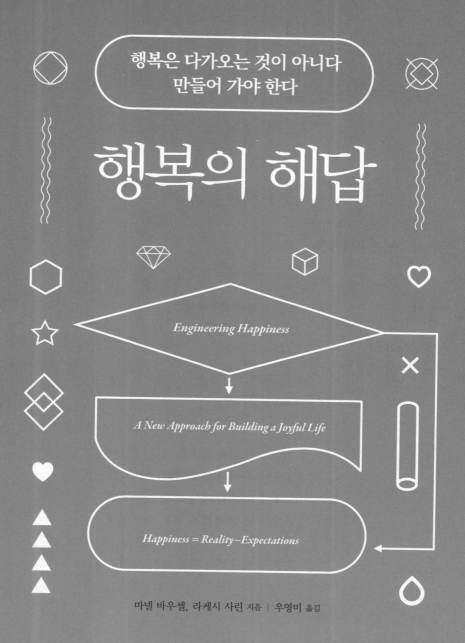

행복은 다가오는 것이 아니다
만들어 가야 한다

행복의 해답

Engineering Happiness

A New Approach for Building a Joyful Life

Happiness = Reality−Expectations

마넬 바우셀, 라케시 사린 지음 | 우영미 옮김

마인더브

목차

Happiness = Reality−Expectations

행복의 해답
Engineering Happiness

Engineering Happiness

행복을 만들 수 있을까?

우리의 절실하고 강렬한 욕망은 우리 자신이다. 우리의 절실하고 강렬한 욕망은 바로 우리의 의지다. 우리의 의지는 바로 우리의 행위다. 우리의 행위는 바로 우리의 운명이다. - **우파니샤드**

소크라테스와 아리스토텔레스는 행복하고자 하는 인간의 욕망을 증명할 필요도 없는 명백한 사실로 간주했다. 건강이나 부나 선행 같은 부수적인 목표를 추구하는 이유는 이런 것들이 궁극적으로 행복과 연결되기 때문이다. 연구 자료에 의하면 행복한 사람들은 더 건강하고 더 오래 살고 더 나은 사회관계를 형성한다. 매년 화장품과 패션과 컴퓨터와 새 차에 이르기까지 많은 소비재에 엄청난 돈이 지출된다는 사실이 인간의 행복추구를 설명해준다. 우리 중에 행복해지고 싶지 않은 사람이 있을까?

최근에 행복에 대한 책이 많이 출간되었지만 이 책은 공학자들이 행복에 대해 쓴 책이기에 다른 책과는 다르다. 공학자는 퍼즐 풀기를 좋아한다. 공학자들은 놀면서도 퍼즐을 풀고 스카이 스크래퍼, 브리지, 자동차, 텔레비전, 비행기, 컴퓨터, 핸드폰 같은 것들을 세상에 내놓는다. 공학자들은 사람들의 고통을 줄이고 안락과 복지와 행복을 증대시키기 위해 유용하고 훌륭한 물건들을 개발했다. 그래서 우리 두 사람은 행복의 본질에 대해 생각하게 되었고 다음과 같은 질문을 하게 되었다. 행복을 만들 수 있을까?

간단히 말하자면 공학자들은 컴퓨터 칩에서 철강에 이르기까지 현실 세계를 이해하고 수치화해서 처리하려고 노력한다. 공학자들은 물리적 대상을 관찰하여 이 대상의 기본 속성을 발견하고 이 대상의 행위를 예측할 공식을 만든다. 이와 똑같은 방식을 이용하면 행복처럼 정의하기 어려운 것에도 적용이 될까?

아마 여러분은 "잘난 척 하는 수학괴짜 둘이 행복이 뭔지 알려줄 수 있겠어?"라고 생각할 지도 모른다. 똑똑하고 호기심 많은 다른 공학자들처럼 우리 둘은 체계적이고 분석적인 방법으로 행복의 특징을 규정하고 측정하여 알아내기로 했다.

우리의 호기심으로 인해 몇 가지 흥미로운 결과에 도달하게 되었는데 그중 가장 중요한 것이 행복을 만들 수 있다는 믿음이었다.

우리는 다음과 같은 중요한 공식으로 시작한다.

현실 - 기대 = 행복

우리는 이를 행복의 기본 방정식이라고 부르고, 행복을 만들기 위해 감정을 통제하는 여섯 가지 법칙을 제안한다. 이 법칙을 '행복 법칙'이라고 부른다. 각 법칙은 행복 기본 방정식을 수정해서 다양한 삶의 선택에 따라 더욱 정교하고 각자의 생활에 적용하기 쉽도록 만들었다. 이 여섯 가지 법칙에 따라 계획하고 행동하면 행복을 통제하고 예측할 수 있을 것이다.

어떤 사람들은 행복을 시계추 같다고 여긴다. 좌우로 흔들리지만 항상 가운데로 돌아온다. 이런 관점에 따르면 기본적인 행복의 정도를 근본적으로 바꾸기 위해 딱히 할 수 있는 일이 없다. 우리 생각은 다르다. 우리는 이 책에서 행복이 돛단배 같다는 의견을 제시한다. 실제 바람과 물결이 돛단배의 항해에 영향을 준다고 해도 키를 조종하는 사람은 당신이다. 당신이 조종하지 않으면 돛단배는 표류한다. 행복에 대한 우리의 법칙은 당신의 돛단배를 더 행복한 목적지로 인도하는 키의 역할을 할 것이다.

즐거운 삶을 살기 위해 가장 중요한 것은 선택이다. 일단 이 책에서 기술한 행복의 본질을 이해하고 행복 법칙을 숙달하면 당신은 행복으로 가득한 놀라운 삶을 만들기 위한 기초를 다질 수 있을 것이다.

우리 행복할까?
- 셰익스피어

　복권에 당첨되거나 엄청난 부자가 되어 근심과 걱정 없이 평생 행복을 누리는, 이런 꿈을 꾸지 않는 사람이 있을까? 통장계좌에 끝이 보이지 않을 정도로 돈이 많다면 모든 걱정거리와 불안은 하늘을 향하는 걸프스트림 자가용 제트기 아래 펼쳐지는 활주로처럼 멀리 사라질 것이다. 행복은 정말 이런 식으로 작동하는 걸까? 흔한 말처럼 돈으로 행복을 살 수 있는 것일까? 여기 꿈을 실현한 한 남자의 이야기가 있다. 그의 대답은 '살 수 없다'였다.

　앤드루 잭슨 휘태커 주니어는 웨스트버지니아 주의 점핑 브랜치에서 가난하게 성장했다. 잭슨은 열네 살부터 하루 종일 일했지만 자동차나 텔레비전을 마련하는 것조차 세월이 한참 흐른 후에야 가능했다. 어쨌든 열심히 일한 결과 배관회사를 시작해서 성공하기에 이르렀다. "거의 10만 명한테 수돗물을 공급했지"라고 그는 회상했고, 사업이 성공한 것에 대해 자부심을 가졌다. 잭슨의 성공은 '한 미국인의 성공 사례'로 알려졌고 그도 자신이 행복하다고 여겼다. 2002년 잭슨에게 엄청난 행운이 찾아왔다. 적어도 사람들의 생각은 그랬다. 그해 크리스마스에 잭슨이 파워볼로 3억 1천 5백만 달러에 당첨되어 미국에서 가장 부유한 복권 당첨자가 되었기 때문이다.

잭슨은 새로 생긴 이 재산을 교회와 가난한 사람들에게 나누어 줄 거라고 약속했다. 잭슨이 사랑하는 손녀 브랜디는 새 차를 사고 힙합 가수 넬리를 만나고 싶다고 말했다. 이런 장면들이 전국 텔레비전으로 방송되었고 크리스마스의 동화 같은 삶이 시작되는 것 같았다.

잭슨과 그의 아내 주엘은 당첨금을 연간 지불 방식이 아니라 일시불로 받기로 했고 그 금액은 1억 7천만 달러 정도였다. 결국 세금을 제한 후 1억 1천 2백만 달러에 가까운 현금을 수령했다. 부부는 웨스트버지니아에 소재한 여러 교회에 이 돈의 10%를 기부했다. 잭슨은 복권을 판 사람에게 집을 사주었고, 전 달에 어쩔 수 없이 해고한 직원 스물다섯 명을 다시 고용했다.

2년 후 잭슨이 다시 뉴스에 등장했다. 이번엔 그의 인생에 대한 우울한 소식이었다. 그는 음주운전 혐의로 두 번이나 체포되었고 재활시설에 입소하라는 판결을 받았으며 도박과 매춘 혐의까지 받았다. 5년 후 아내는 그를 떠났고 손녀 브랜디는 나쁜 친구들과 어울리는 바람에 오랜 친구들과 등지고 이후 마약 중독으로 사망했다.

그토록 열심히 일해 빈손에서 행복한 삶을 만들어낸 잭슨의 삶이 어쩌다가 이런 통제 불능의 상태로 끝나게 되었나? 그는 복권에 당첨되기 전에도 부자였지만 뜻밖의 엄청난 횡재가 감당 못할 사건이 되었던 것 같다. 무계획한 많은 지출과 느닷없이 생긴 재산을 관리하지 못한 무능력이 그를 가난한 부자로 만들어버렸다. 세월이 지나서 그는 복권에 당첨된 일이 후회된다고 말했다. 잭슨의 경우와 같은 일이 우리에게 일어나지는 않을 것이다. 아니 일어날 수도 있다.

다 알고 있는 사실이겠지만 행복은 단순히 복권 당첨으로 얻기에는 너무 복잡하다. 우리 삶에서 보다 큰 행복을 찾으려면 우리 마음과 욕구에 대해 훨씬 더 깊은 이해가 필요하다. 행복이 직소퍼즐이라고 생각해 보라. 우리에게 많은 퍼즐 조각들이 있다. 어떻게 하면 우리에게 적합한 퍼즐을 맞출 것인지는 스스로 알아내야 한다.

과학이 행복이란 퍼즐을 푸는 데 얼마나 도움이 될까? 행복을 측정하고 계산하고 예측하는 학문은 아직 초기 단계이다. 뇌만 가지고는 행복해지는 방법을 알아낼 준비가 되어 있지 않고, 또한 잘못된 경로로 빠질 수 있음을 보여주는 연구들이 점점 늘어나고 있다. 우리 사회의 마케팅 담당자들은 이런 사실을 너무나 잘 알고 있다. 영악하게도 그들의 상품을 사면 우리가 행복해질 거라는 환상을 만들어내고 있다. 우리를 정말로 행복하게 하는 것이 무엇인지 알아내는 일은 마케팅 담당자가 할 일이 아니라 우리가 해야 할 일이다.

이 책의 목적은 당신의 행복에 동력을 공급하는 것이 무엇인지 이해하도록 돕는 일이다. 우리는 여섯 가지의 주요 원칙을 개발했고 이 원칙을 행복의 법칙이라 칭한다. 그리고 행복이 어떻게 작동하며 왜 행복이 그토록 이해하기 어려운 것인지를 설명하고자 한다. 이 원칙들을 이해하면 당신의 삶에서 행복을 느끼게 하는 것들을 알아내고, 우리가 매일 직면하는 행복의 오류를 피하는데 도움이 될 것이다. 또한 지속적으로 더 행복한 삶을 위한 토대를 마련할 수 있을 것이다.

운동 법칙이 물리적 세계를 지배하는 것처럼, 행복 법칙은 정신의 세계를 지배한다. 이런 행복 법칙은 물리학의 법칙보다 정밀하지는 않지만 보편적이고 모든 인간에게 똑같이 적용된다.

우리의 개념으로 보면 행복은 기분과 감정과 심리적 상태 등 모든 것의 미묘한 차이를 모두 포함한다. 행복이라는 이 단어는 개개인에게 각기 다른 의미를 상기시킨다. 사회과학과 인문학에서는 기쁨, 만족, 행복, 즐거움이란 용어가 같은 의미를 함축하는지에 대한 논쟁이 활발하게 벌어지기도 했다. 우리는 이 용어들을 호환해서 사용한다. 우리의 틀에서 보면 행복이란 오랜 기간 동안의 즐거움과 고통, 긍정적 감정과 부정적 감정, 그리고 심리적 상태를 합친 것이다. 행복에 대한 이런 정의가 시작된 건 제레미 벤담 덕분이다. 그는 현대 경제학의 아버지라 할 수 있는 인물이다. 최근 노벨상을 수상한 대니엘 카너먼에 따르면 오랜 시간에 걸쳐 경험한 순간적인 즐거움과 고통을 합한 풍부한 효용은 설문조사로 행복을 회상해서 평가하는 것보다 더 적절하게 행복을 측정한다. 다음 장에서 행복 측정을 위한 진행사항을 자세히 설명할 것이다.

우리는 여러 문화 및 개개인이 행복에 도움이 되는 공통된 가치를 공유하지 않았다는 점을 인정한다. 게다가 행복 추구가 모든 개인의 주요 목표는 아닐 수도 있다. 싯다르타(석가모니) 왕자가 장대한 여정을 시작했을 때 행복을 찾아 떠난 것은 아니었다. 대신 그는 깨달음을 추구했고 그 깨달음을 얻었다. 테레사 수녀는 자신의 인생 사명이 '굶주리고 헐벗고 집 없는 사람들'을 돌보는 것이라고 정의했다. 헨리 데이비드 소로와 존 뮤어는 물질이라는 올가미보다는 자연에서 누리는 단순한 삶의 자유를 선호했다. 각기 다른 문화권의 사람들은 서구 문화와는 공유되지 않는 생활방식과 목표에 가치를 둔다. 우리는 행복의 법칙이 보편적이라고 믿지만, 행복에 대한 목표와 기준은 역사, 정치, 경제적 맥락에 따라 다를 수 있다.

우리 개개인을 차별화하는 많은 요소에도 불구하고 개인들 간에는 크게 비슷한 점이 있다. 행복의 법칙은 이런 유사한 점에서 생겨난다. 이런 유사성이 여러 문화와 시대에 걸쳐 있음을 증명하기 위해, 이 책은 과학 실험에서 얻은 연구결과와 고대문학에서 얻은 사례들과 우리의 행복 법칙을 지지하는 세계 종교의 소중한 지혜에서 얻은 사례들을 보충 자료로 사용했다.

이 책의 저자인 우리 두 사람을 보라. 우리는 인도와 스페인이라는 각기 다른 나라에서 태어나고 자랐다. 우리는 힌두교와 가톨릭이라는 다른 종교에서 성장했다. 문화 및 배경이 크게 다르기 때문에 우리는 많은 것들을 다르게 인식한다. 그러나 우리 두 사람은 감정을 지배하는 보편적 원칙이 있다고 믿는다. 행복의 법칙은 우리 두 사람에게 똑같이 적용된다.

행복은 운명의 변덕이나 복권 당첨으로 얻은 부의 결과가 아니라 우리의 마음이 어떤 결정을 내려서 얻는 결과다. 행복 법칙을 계획하고 실천함으로써 행복은 이 소비 지향적인 사회에서 달성 불가능한 목표가 아니라 통제 가능한 기회가 된다.

행복한 삶을 달성하는 본질은 바로 선택에 달렸다는 것이 이 책의 핵심 전제다. 여러분은 여섯 가지 행복 법칙을 따르고 자신을 위해 더 행복한 삶을 설계해서 현명한 삶을 선택할 수 있지만 그러기 위해서는 기술과 결단력이 필요하다.

행복은 행운이나 운명, 아니면 신에 의해 통제되며 인간이 통제할 수 없는 것이라고 선조들은 믿었다. 역사학자 대린 맥마흔은 다음과 같이 썼다. "18세기가 되어서야 인간은 스스로 행복에 대해 책임을 전담하게 되었고 신이나 행운에 대한 생각에서 벗어났다. 즉 오랫동안 우리가 통제하지 못하는 힘에 속박돼 있던 행복이 자유로워 진 것이다."

경제학과 심리학의 아버지로 불리는 벤담은 행복 계산법을 제시한 최초의 서양 학자일 것이다. 벤담에게 행복은 고통에 반하는 긍정적인 즐거움의 균형이었다. 벤담은 "창조주는 인류를 고통과 기쁨이라는 독립된 두 군주의 지배하에 두었다. 이 두 군주들만이 인간이 해야 할 일을 알려주고 인간이 할 수 있는 일을 결정한다"라고 기술했다. 나아가 벤담은 행복의 총합계를 계산하는 방법을 내놓았는데 바로 강도, 지속시간, 그리고 즐거움과 고통의 속성에 값을 매기는 것이다. 그런 후 각각의 합을 더해서 효용의 순 평균을 계산하는 것이다.

벤담의 수학적 정확성이 우수하다고 해도 즐거움과 고통이라는 주관적인 상태를 측정하는 방법이 그의 시대에는 없었다.

벤담 이후로 여러 문인들이 삶에서 행복의 역할이 얼마나 중요한 지에 대한 견해를 표현했다. 존 스튜어트 밀은 벤담의 개념을 재정립하고 어떤 즐거움은 다른 즐거움보다 더 우수하다고 주장했다. 이런 견해에 버트란트 러셀과 다른 문인들이 이의를 제기했는데, 이들은 이 견해를 엘리트주의라고 생각했다. 저명한 심리학자인 윌리엄 제임스와 아브라함 매슬로우는 행복에 대한 견해를 가지고 있긴 했으나 둘 다 행복 계산법에 관심을 가지진 않았다. 행복 연구에 대한 방법의 전환이 이루어 진 때는 1970년대다. 당시 경제학자들과 심리학자들이 행복 측정에 관심을 가졌다. 1970년대 초반 경제학자 리차드 이스털린은 대량의 데이터를 수집해서 경제 성장이 인간의 행복을 향상시키는지에 대해 질문을 던졌다. 동시에 심리학자 필립 브릭맨, 댄 코츠, 로니 불맨은 복권에 당첨된 사람들의 행복과 하반신 마비 환자의 행복을 측정했다. 이들은 복권 당첨자가 유별나게 더 행복하지 않았고, 대다수 사람들이 예상하는 것처럼 하반신 마비 환자들이 유난히 불행한 것은 아니다라는 결론을 내렸다. 데이빗 라이켄은 쌍둥이에 대한 가장 방대한 비교 연구를 근거로 건강과 행복은 '최소 50%는 유전된다'라는 결론을 내렸다.

전 세계 거의 모든 국가에서 나온 수백만 건의 연구 결과를 보유한 연구원들이 행복의 원인과 상관관계를 파헤치기 시작했다. 인간은 음식, 주거지, 안전, 사회에서의 상호 관계 같은 기본적 욕구를 충족하면 행복하다는 일치된 연구결과가 나왔다. 결혼은 행복에 상당한 긍정적인 효과가 있으며 실직은 불행의 주요 원인이라는 확실한 연구결과도 있다. 심리학자들은 시간의 경과에 따라 변하고 각기 다른 활동에 따라 변하는 감정을 측정했다. 사람들은 섹스를 가장 선호하고 통근을 가장 선호하지 않는다고 한다. 그러나 대용량의 데이터에도 불구하고 회의론자들은 여전히 즐거움과 고통, 긍정적인 감정과 부정적인 감정의 경험, 그리고 심리적 상태를 측정하는 일이 신뢰성이 있는지에 의문을 품을 수도 있다.

생물학적이고 감정적인 접근 방식에 있어서 중요한 두 가지 요소가 쾌락과 고통이다. 쾌락과 고통이 사적인 것이고 측정할 수 없다는 견해가 넓게 퍼져 있지만, 모든 경우에 해당되는 것은 아니다. 소리의 크기를 재는 일이나 뜨겁고 차가운지 같은 주관적인 느낌을 재는 일은 심리물리학 연구라는 확실히 자리 잡은 분야의 주제들이다. 또한 설탕물을 마시는 즐거움과 감전을 당한 고통을 좌우하는 심리물리학적 기능들은 각기 다른 사람들에게 보편적인 규칙으로 나타난다.

행복에 대한 여러 보고서는 감정적 특징과 강도라는 생리학적 지표로 보완될 수 있다. 이는 미묘한 얼굴 표정을 객관적으로 측정하는 것에서 부터 뇌의 전두엽 피질에서 일어나는 활동을 측정하는 것까지 다양하다. 가까운 미래 어느 시점에는 생화학적이고 신경학적인 측정법을 사용하는 소형 장치가 개발되어 일정 시간에 행복의 특징을 보여주는 게 가능할 수도 있다.

행복 연구에 대한 우리의 접근법은 의사결정분석 및 경영과학 분야의 문헌에 근간을 두고 있다. 이 문헌은 있을 법한 행동과 그 행동으로 인한 결과간의 연관성을 완벽하게 이해하는 체계적인 의사결정 문제를 해결하고자 했다. 우리 두 사람은 행복을 체계적인 의사결정 문제로 정한다는 목표를 가지고 지난 10여 년간 행복에 대한 연구를 해왔다. 우리가 한 연구의 내용은 이 분야의 과학 잡지에 수록되었다. 이 책에서 처음으로 호기심 많은 독자를 위해 우리의 체계와 핵심 결과에 대한 포괄적이고 이해하기 쉬운 논고를 제시한다. 아메리카 원주민 전설에 이런 이야기가 나온다. 노쇠한 인디언이 손자에게 인생에 대해 알려주고 있었다. "내 안에서 싸움이 벌어지고 있단다. 두 마리 늑대가 끔찍한 싸움을 하고 있지. 한 늑대는 악한 놈인데 분노, 질투, 탐욕, 죄, 거짓 자부심을 가진 놈이지. 다른 늑대는 선한 놈으로 기쁨, 평화, 사랑, 희망, 친절을 가진 놈이란다." 노인이 손자에게 말했다.

　손자는 잠시 생각에 잠기더니 물었다. "어느 늑대가 이겨요?" 노인이
짧게 대답했다. "네가 먹이를 주는 놈이 이기지."

행복의 해답

*A New Approach
for Building a Joyful
Life by Manel*

Happiness = Reality−Expectations

− 1부 −

행복이란
무엇인가?

Engineering Happiness

1장 ——————— 행복 측정하기

물질이나 에너지와 마찬가지로 행복에 대한 이해가 증가한 것은 더 정확히 행복을 측정하는 도구를 발견했기 때문이다. 천체의 움직임을 알아내는 것 같은 과학의 위대한 이정표는 모두 연구대상인 물체를 측정하는 것으로 시작되었다. 측정을 하지 않고는 행복 진동기록이란 복잡한 동력을 이해하고 발전시키기란 불가능하다.

행복을 측정하는 데는 최소 일곱 가지 방법이 있다. 각 방법은 사람들을 행복하게 하는 것이 무엇인지 아는데 도움이 될 것이다. 이 일곱 가지의 측정 장치가 어떻게 작용되며 주요 결론을 각각 어떻게 제시하는지 살펴보자.

회상에 기반을 둔 자기 보고

행복을 측정하는 기본적인 전략은 아주 단순하지만 유용하다는 것이 입증됐다. 이 전략은 사람들에게 일 년에 두 번 다음과 같은 간단한 질문을 하는 것이다. "여러 면을 고려해볼 때 요즘 대체로 당신의 삶에 만족합니까? 아주 행복한가요, 꽤 행복한가요, 아니면 그다지 행복하지 않나요?"라는 질문이다.

접근 방식이 너무 단순한 것처럼 보일 수도 있다. 사실 단순하긴 하다. 이 방법은 행복 진동기록의 평균 높이를 대충 측정하게 해줄 뿐이다. 일반적인 연구 결과에 따르면 사람들은 보편적으로 행복하다. 우리는 스페인 출신의 사람들 103명을 조사했다. 우리는 이들에게 자신의 행복을 1(최하)에서 10(최고)까지 점수를 매기라고 요청했고 그 결과 3분의 2가 7 또는 그 이상이라고 대답했다.

많은 연구원들이 더 효과적으로 행복을 측정하기 위해 더욱 정교한 자기 보고 연구를 개발했다. 일리노어 대학의 에드 다이엔이 이런 연구를 다수 수행했다.

그가 사용한 다중 항목 설문지는 다음과 같다.

◆ **각 문항에 자신과 일치하는 바를 1부터 7까지 표시하세요.**
  (1은 전적으로 동의하지 않음, 7은 전적으로 동의함)

내 인생은 대부분의 측면에서 나의 이상에 근접한다.	①	②	③	④	⑤	⑥	⑦
내 인생의 여건은 아주 훌륭하다.	①	②	③	④	⑤	⑥	⑦
나는 내 인생에 만족한다.	①	②	③	④	⑤	⑥	⑦

지금까지 살면서 내가 원하는 가장 중요한 것은 얻었다.	①	②	③	④	⑤	⑥	⑦
내 인생을 다시 살 수 있다고 해도 아무것도 바꾸지 않을 것이다.	①	②	③	④	⑤	⑥	⑦

평균 5점이 행복의 척도다. 이런 측정법은 한 가지 질문으로 측정한 것보다 더 정확하다. 다이엔과 동료들은 이런 자기 보고 형식의 행복 측정법이 다른 방식의 행복 측정법들, 즉 신체측정(스트레스 수준), 친구와 친척들에 의한 행복 평가, 미소 짓기, 경험추출 같은 행복 측정법들과 타당한 연관성이 있는지를 보여주기 위해 애썼다.

물론 자기 보고는 여러 가지 면에서 편견에 치우칠 수도 있다. 예를 들어 순간의 감정은 응답에 부적절한 영향을 줄 수도 있다. 당신의 배우자가 장기 출장 중이라면 일시적인 외로움 때문에 실제로는 행복한데도 행복하지 않다고 대답할 수 있다. 하지만 기존의 연구가 시사하는 바에 따르면 부정확한 점이 있고 편견이 있을 가능성이 있더라도 여러 면에서 자기 보고 형식의 행복은 개인의 행복을 보여주는 유용한 지표가 된다.

자기 보고가 유용한 이유는 이 방식을 사용해서 수집한 방대한 양의 데이터 때문이다. 자기 보고 자료 수집은 비용이 적게 들고 용이하기 때문에 각기 다른 시간대 다른 나라에서 온갖 종류의 상황을 경험하는 사람들을 대상으로 한 이런 측정 방법의 자료들이 점점 더 증가하고 있다. 이에 대한 결과는 '세계 행복 데이터베이스'와 '세계 가치 조사'에서 찾아볼 수 있다.

이러한 데이터를 기반으로 한 연구에 따르면 여러 국가의 사람들 중에서 친구가 많은 사람들, 젊은 사람과 나이든 사람, 결혼한 사람과 동거하는 사람, 건강한 사람, 자영업자 등이 행복 지수가 높게 나왔다. 곧 알게 되겠지만, 소득은 어느 정도의 영향은 있지만 사실 가장 문제가 되는 것은 상대 소득이다. 이런 유형의 접근법을 통해 학자들은 거대하고 호화로운 저택에 사는 미국의 백만장자들이 오두막에 사는 케냐의 마사이 전사들에 비해 약간 더 행복할 뿐이라는 사실을 알아냈다.

어떤 연구에서는 실연이나 실직 같은 감정적 혼란을 극복하는 데에 수백만 달러가 든다는 점을 시사하며 역경 극복을 금전으로 환산하려고 했다.

또다른 흥미로운 연구 결과는 행복과 나이의 상관관계이다. 우리 인생에서 언제 가장 행복한가? 경제학자 데이비드 블랜치플라워와 앤드류 오스왈드는 이 질문에 대한 답을 알아내려 했고 선진국과 개발도상국 72개 국가의 50만 명에 대한 데이터를 조사했다.

이들은 행복이 우리 일생에 거쳐 유(U)자 모양의 곡선으로 나타나고 좀 더 낙관적인 사람들에게는 스마일 모양의 곡선으로 나타난다는 사실을 발견했다. 어느 쪽이든 간에 행복은 중년에 가장 낮은 수준으로 떨어진다.

이들에 따르면 평균적으로 행복이 가장 낮은 지점은 대략 마흔네 살일 때다. 정확한 나이는 국가와 성별에 따라 다르지만 항상 중년의 어느 시기에 위치한다. 중년 이후 행복은 증가하기 시작하고 보통 쉰 살 정도가 되면 다시 곡선의 밝은 면에 있을 것으로 예상할 수 있다.

행복을 나타내는 이 유(U)자형 곡선은 대단히 흥미롭기는 하지만, 이 곡선이 행복의 원인이나 상승곡선을 다시 그리기 전 중년의 나이까지 계속 하락하는 이유에 대해서는 알려주지 않는다.

한 가지 가능성은 개인은 자신의 장점과 단점에 적응하는 법을 배우고, 자신의 한계를 받아들이고, 충족할 수 없는 초창기 포부를 포기한 이후 인생의 후반부에는 더 행복하다는 사실이다. 또한 유쾌한 사람들이 체질적으로 불행한 사람들 보다 더 오래 살 수 있다. 비록 이런 사실이 중년에 행복이 줄어든다는 점을 설명할 수 없을지라도 말이다.

교육의 효과는 어떨까? 고등학교를 마치지 않는 사람과 대학 졸업자를 비교하면, 교육을 더 많이 받은 사람이 행복 곡선에서 표준편차가 평균 0.3이 더 높다. 행복이 평균 600점을 기준으로 하는 SAT 점수처럼 측정된다면, 교육을 덜 받은 사람은 585점을 받고, 더 교육받은 사람은 615점을 받을 것이다. 이 지식 기반 사회에서 교육은 크지는 않지만 행복에 긍정적인 영향을 미친다.

행복과 생산성

2007년 12월자 심리학 학회지에는 버지니아 대학과 일리노이 대학, 그리고 미시건 주립대학 연구원들의 연구가 소개되었다. 학자들은 일리노이 대학교의 학부생 193명의 행동과 태도를 분석하고 '세계 가치 조사'의 데이터를 관찰했다.

도출된 결론에 따르면 10점 만점 기준으로 자신의 행복 점수가 10점이라고 표시한 사람들보다 8점이나 9점이라고 표시한 사람들이 삶의 여러 양상에서 더 성공한 사람들이었다. 그냥 "너무 행복하다"고 표시한 사람들은 융통성 있는 게 유리할 때조차도 자신의 행동을 바꾸거나 외부 변화에 적응할 의향이 별로 없는 사람일 수도 있다.

"소득과 교육과 정치참여가 최고 수준인 사람들은 가장 행복한 사람들(10점 만점에 10점을 표시한 사람)이 아니라 대체로 행복한 사람들(10점 만점에 8점 또는 9점)이었다"라는 것이 연구결과였다.

10점을 표시한 사람들은 8점이나 9점을 표시한 사람들보다 오히려 수입이 상당히 적었다. 10점을 표시한 사람들의 교육적 성취도나 정치참여도 또한 8점이나 9점인 사람들에 비해 상당히 낮았다. 다시 말하자면 항상 행복하다고 해서 성공할 추진력을 갖게 되는 것은 아니다.

행복한 사람은 낙천적인 경우가 많다. 이점이 좋은 특징이긴 하지만, 사람들을 현혹해서 이런 성향을 너무 가볍게 여기거나, 이에 대한 대처가 너무 느리거나, 현재가 만족스럽기 때문에 더 행복한 미래가 어떨지는 관심조차 기울이지 않게 만들 수 있다. 핵심은 일이 돌아가는 방식이 마음에 든다면 사람들은 아무것도 바꾸고 싶지 않을 거란 점이다.

소득과 행복

삶의 만족도에 관한 이 대규모 설문조사에서 우리는 돈과 행복의 상관관계를 살펴보았다. 여기 우리가 답을 줄 수 있는 두 가지 질문이 있다. 부유한 나라는 가난한 나라보다 더 행복한가? 부자는 가난한 사람보다 더 행복한가?

첫 번째 질문의 답은 다음과 같다. 가난한 나라에서 일인당 소득이 4

천 달러에서 5천 달러로 상승한다면 이 나라의 만족도는 상당히 올라간다. 놀랄 일이 아니다. 하지만 소득이 다섯 배나 더 높은 국가에서 개인 소득이 2만 달러에서 2만 1천 달러가 된다면, 동일하게 천 달러가 증가했지만 행복에 대한 효과는 훨씬 작다. 똑같은 행복의 증가를 경험하려면, 부유한 국가에서는 개인 소득이 5천 달러는 증가해야 한다. 가난한 나라에서는 수입이 늘면 대부분 기본 생필품에 돈을 지출한다. 그래서 돈은 행복에 아주 중요하다. 부유한 나라에서는 수입이 늘면 적응 재화에 지출한다. 행복에 대한 적응 재화의 효과는 일시적이다.

행복의 증가를 일인당 소득의 증가로 여긴다면, 유사한 형태를 아래 표에서 볼 수 있다(도표1 참고). 일단 일인당 소득이 최저 한계점인 2만 달러 정도에 도달하면 추가 소득이 행복에 미치는 효과는 미미하다. 그래서 기본 욕구를 충족시키는데 필요한 소득 수준까지는 행복이 크게 증가하고 그 수준을 넘어서면 소폭 증가할 뿐이다.

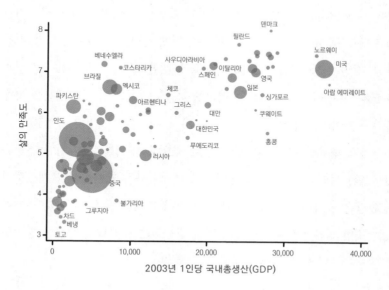

도표1. 소득과 행복의 국가 비교. 각 원은 국가를 나타내며 지름의 크기는 인구에 비례한다. 1인당 GDP는 구매력 평가로 측정했다. (출처: Pen World Tables 6.2)

두 번째 질문이다. 부자들은 가난한 사람들보다 더 행복한가? 특정 시기에 특정 국가에 거주하는 부자와 가난한 사람의 행복은 비교할 수 있다. 이 비교의 분석에 의하면 부자는 가난한 사람보다 훨씬 더 행복하다. 이는 가난한 나라와 부유한 나라에도 같이 적용된다. 사회 비교는 이런 데이터를 아주 잘 설명한다. 그래서 한 나라가 점차적으로 부유해지면, 일인당 소득 2만 달러를 넘어갈 때까지 그 나라의 총 행복은 커진다. 이 지점을 지나면 이 나라의 총 행복은 소득이 증가해도 거의 증가하지 않는다. 그러나 평균 소득과는 상관없이 그 국가 내에서 부유한 사람은 가난한 사람보다 더 행복하다. 바로 사회 비교의 영향 때문이다. 이는 적당히 풍족한 개인에게 있어 금전 증가는 행복을 증가시키는데 이것이 주로 사회 비교 때문임을 암시한다.

더 나은 기준이 없기 때문에 소득과 국내총생산이 한 사회의 성공을 측정하는 기준으로 사용되었다. 하버드 대학의 전 총장인 데렉 복은 행복에 대한 연구가 공공 정책을 알리고 시민들의 삶의 질을 향상시키는 데 도움이 될 것이라고 언급했다. 그는 경제 성장, 평등, 은퇴, 실직, 건강 관리, 정신 질환, 가족 프로그램, 교육에 대한 행복 연구의 정책적 결과를 조사했다. 리챠드 레야드는 영국에서 공공정책의 목표는 행복을 극대화하는 것이라고 주장했다.

소득은 행복에 크게 기여할 정도로 중요하다. 예를 들어 정신 건강을 개선하기 위해 공적 자금을 쏟아 붓는 일은 사회 기반시설을 개선하기 위해 같은 금액을 쏟아 붓는 것보다 행복에 더욱 효율적일 수 있다. 레야드는 또한 행복에 있어서는 안정성을 창출하는 정책들이 성장을 창출하는 정책들보다 훨씬 더 중요하다고 주장했다.

1968년 3월 18일 로버트 케네디는 '국민총생산이 삶을 가치 있게 만드는 것을 제외한 모든 것을 측정한다'라고 주장하며 기존의 통념에 이의를 제기했다.

이로부터 40년 후 부탄이라는 작은 나라는 국민총생산 대신에 국민총행복을 국가의 성장 기준으로 채택했다. 국민총생산 같은 경제 지표는 대개 시장 거래에 초점을 맞추고, 생산과 소비에 치우쳐 있다. 반면 국민총행복은 전반적으로 인간의 경험과 행복의 질을 측정한다. 생활수준과 마찬가지로 국민총행복에는 국가의 발전을 측정하기 위해 교육, 건강, 뛰어난 통치방식, 생태계, 문화, 시간 사용, 지역사회의 활력, 심리적 행복을 포함한다. 부탄의 다섯 번째 왕 케사르는 "평화와 행복의 태양이 우리 국민에게 영원히 비추기를"이라는 기도로 대관식 연설을 마무리했다.

문화와 행복

수년간에 걸친 설문조사에 의하면 덴마크인은 미국인보다 더 행복하다. 왜 덴마크와 기타 스칸디나비아 국가들이 만족도 순위에서 상위권에 있는지 그 이유에 대해서 추측만 할 따름이다. 따라서 다른 문화와 비교할 때는 신중을 기해야만 한다. 예를 들어 연구원들은 영어로 만족한다는 단어와 덴마크어로 만족하다는 단어가 같은 의미를 전달하는지 다른 의미를 전달하는지에 대해서도 조사했다.

설문조사 데이터에서 나온 흥미로운 결과에 따르면, 휴가 일수, 건강관리의 기회, 일인당 국민 소득 등 행복과 관련된 보다 유리한 객관적 요소들이 포함되어 있음에도 불구하고 프랑스인들은 덴마크인보다 삶의 만족도가 낮다는 사실이다. 우리는 덴마크인이 정말로 프랑스인보다 더 행복한지에 대한 의문은 풀지 못했다. 이는 언젠가 신경생물학적 방식을 통해 풀 수도 있다. 대신 우리는 덴마크나 프랑스에 사는 개개인이 우리가 알려주는 행복 법칙 선택을 통해 자신의 행복 수준을 어떻게 향상시킬지에 초점을 맞춘다.

일상 재구성 방식

설문조사는 행복의 총합을 측정하기 위해 널리 사용되는 가장 쉬운 방식이지만 우리는 하루 동안 행복이 어떻게 변화하는지 면밀히 살펴보고 싶었다. 다시 말하자면 우리는 행복의 진동기록이 시간의 경과에 따라 어떻게 변하는지 관찰하고 싶었다.

노벨상 수상자인 심리학자 대니얼 카너먼은 새로운 행복 측정 방식을 개척했는데, 이는 사람들이 시간을 어떻게 보내며 다른 활동을 하는 동안 어떤 종류의 정서적 경험을 하는지 측정하고 분석하고 비교한 것을 토대로 이루어 졌다.

참가자들은 하루 동안 그들이 하는 모든 일을 일지로 기록하는데, 아침에 일어나서 신문 읽는 것에서 부터 출근 하는 것, 직장 상사와의 언쟁까지도 기록한다. 그런 다음 전날 했던 활동을 표로 작성해서 같이 있었던 사람이 누군지 적고, 다양한 감정의 사건들을 7점 만점을 기준으로 평가한다. 이 방법은 사람들의 일상생활에 대해 알아내서 그들이 얼마나 만족하고 짜증나고 슬프고 기쁜지를 평가하는 것이 목표다.

일상 재구성 방식을 사용한 어떤 연구는 텍사스에 거주하는 9백 명 이상의 여성을 대상으로 이루어졌는데 아주 놀라운 결과를 도출해냈다. 이 여성들은 다섯 가지 가장 긍정적인 활동에 순위를 매겼는데(내림차순), 성관계, 사교생활, 휴식, 기도 또는 명상, 식사 순이었다. 운동과 텔레비전 시청이 그 뒤를 바짝 쫓고 있었다(쇼핑과 전화 통화가 그 뒤를 이었다). 한편으로는 특이하게도 아이들 돌보기가 요리하기보다는 순위가 낮았고 집안일보다는 순위가 약간 높았다. 통근은 가장 아래 순위를 차지한 활동이었다.

부모들이 자녀가 가장 큰 기쁨의 원천이라고 말한다는 점을 고려하면 이 순서가 놀랍게 보일 수도 있다. 이 결과가 자녀 양육이 얼마나 즐거운지에 대해 부모가 거짓말을 한다는 의미인가? 아니, 그보다는 자녀 양육의 기쁨이 일상적으로 하는 육아에서 나온다기보다는 과거를 회상하고 평생 했던 일을 돌아보는 것에서 나온다는 것을 말해준다. 다시 말하자면 판에 박힌 지루한 자녀 양육, 즉 아이들이 어질러 놓은 것을 치우고 아이들 이를 닦아 주는 일이 행복의 주요 요소는 아니다. 하지만 대체로 부모가 되는 경험은 많은 행복을 창출한다.

행복은 어떤 일을 하는지 뿐만 아니라 누구와 함께 있는가에도 달려 있다. 특정 활동을 통해 얻은 행복에 순위를 매긴 연구에 따르면 사람들은 평균적으로 친구들과 함께 있는 것을 가장 좋아하고, 그리 놀랍지도 않지만, 직장 상사와 있는 것을 가장 좋아하지 않는다. 우리 모두 경험해본 것처럼 좋은 회사는 양질의 경험을 제공한다. 당신과 맞는 사람들과 이런 경험을 나눈다면 해변의 풍경, 공연, 커피 한 잔조차도 즐거울 것이다.

일상 재구성 방식은 모든 활동과 사회 요소들을 참작한다. 또한 당신이 얼마나 잘 쉬었는지, 이 휴식이 일상의 행복에 얼마나 영향을 미쳤는지를 참작하고, 정해진 하루의 행복 순위가 어떤지를 결정한다. 우리는 하루 동안의 행복 발전을 살펴보고 이 연구의 참여자들은 아침형 인간이 아니라는 결론에 도달했다. 이 사람들은 점심시간을 정말 즐기며 가장 행복한 시간은 하루가 끝나는 시간이다. 많이 듣던 말 아닌가?

이 연구는 여성들만 대상으로 했다는 점을 명심하라, 이 결론을 가지고 일반화하는 것에 대해서는 조심해야 한다. 하지만 우리의 행복이 단 하루에도 순간적으로 얼마나 많이 변할 수 있는지에 대해 상기하는 데는 유용하다.

앞서 보았듯이, 기억을 토대로 한 자기 보고와 일상 재구성 방식은 대단히 통찰력 있는 결론을 도출할 수 있다. 하지만 이런 방식들은 신뢰성이 떨어질 수 있으며 결론에 편견을 개입시킬 수 있다. 기억에 의존하지 않는 행복 측정법 방식을 살펴보기로 하자.

경험 표본추출 방식

그레이스는 건축가다. 그녀는 회의장 계단을 설계하며 그 일에 온통 집중하고 있었다. 어느 순간 그녀는 허리춤의 무선호출기 소리를 듣고서 깜빡 했던 일을 떠올렸다. 바로 그녀가 지금 하는 일과 현재의 감정 상태를 설명하는 짧은 설문지를 작성해야 한다는 사실이었다.

1980년대에 그레이스 같은 수백 명의 지원자들이 무선호출기(삐삐)를 소지하고 다니며 하루 종일 아무 때나 성가신 신호를 받았다. 이들은 호출기 소리를 들으며 통근을 하고 모임을 갖고 컴퓨터로 작업하고 이메일에 응답하고 아이들을 키웠다.

이 "경험 표본추출" 방식은 일상 재구성 방식보다 준비하고 운영하는 게 더 복잡하지만 순간의 행복한 경험을 직접적으로 측정할 수 있는 장점을 가졌고(순간적 행복), 잘못된 기억에 의존할 가능성도 줄었다.

심리학 교수 미하이 칙센트미하이는 이 경험 표본추출 방식을 사용하여 행복 분야에서 중요한 발견을 했다. 그는 연구 대상자들의 순간적 행복을 직접적으로 측정해서 그들의 마음을 알아냈다. 대상자들의 마음이 텅 비면, 그 마음은 이런 상태에서 저런 상태로 혼란스럽게 방황하고, 종종 권태와 불안과 우울이란 부정적인 감정을 향해 떠밀려 간다는 것을 알았다. 그는 이 데이터를 분석해서 특히 긍정적인 정신상태를 만들고 유지하는 조건이 무엇인지 알아냈는데, 이런 긍정적 정신상태에서 참가자들은 가장 행복했다. 그는 이런 상태를 '플로(flow)'라고 불렀다. 칙센트미하이에 따르면 정신이 자연스럽게 '플로' 상태로 진입하는 것은 다음과 같은 경우다.

1. 목표를 향해 가는 과업을 수행하고 있다.
2. 이 과업에는 도전이 필요하다(너무 쉽거나 너무 어렵지 않다).
3. 목표를 향해 나아가면서 피드백을 받는다.

이런 정신적 교전 상태에 있는 동안 시간은 멈추고 부정적인 감정은 다 차단된다. 이 플로의 상태가 예측 가능하고 지속 가능하다는 점에 비추어 볼 때 칙센트미하이는 근본적으로 부정적인 감정을 제거하고 행복을 키우는 예측 가능한 방법을 발견한 것이다.

경험 표본추출 방식을 이용한 한 연구는 플로 현상이 문화와 인종과 성별과 연령에 상관없이 매우 보편적이란 사실을 발견했다. 나이든 한국 여성, 일본의 십대 오토바이 갱단, 나바호 족의 양치기, 조립 라인의 노동자, 예술가, 운동선수, 외과의사, 이 사람들 다 이 경험을 본질적으로 같은 단어로 설명한다. 플로를 경험하기 위해 우리가 하고 있는 일에서 도전할 일을 찾아야 하고 할 수 있는 한, 그 도전에 최선을 다해야 한다.

플로 만들기에 대해 말하기는 쉽다. 하지만 플로가 어떻게 작동을 하는지 이해해야만 플로를 만들기 위한 필요조건이 우리의 일상생활에서 존재할 확률이 높아질 것이다.

하버드 대학의 매튜 킬링워스와 다니엘 길버트는 스마트폰을 이용해서 수집한 다수의 경험 표본을 행복과 연관 지었다. 이들은 '방황하는 마음'도 측정했다.

이들의 데이터베이스는 현재 5천명한테서 25만개의 표본을 수집한 자료가 있다. 5천명은 83개의 다른 국가 출신들이며, 연령분포는 18세에서 88세에 이르고 86종의 주요 직업군에 종사한다. 이들에 대한 연구 결과는 이전에 발견된 연구결과가 사실임을 확인해준다. 바로 성생활, 운동, 사교를 즐길 때, 그리고 마음이 현재에 집중할 때 행복이 커지지만 통근할 때나 마음이 방황할 때는 행복이 낮아진다는 점을 확인해준 것이다.

자살률

믿기 어렵겠지만 자살률은 믿을만한 행복의 기준일 수도 있다. 샌프란시스코 연방준비은행의 마리 데일리와 다니엘 윌슨의 연구에 따르면 자살률은 자기 보고 형식의 행복 측정에 대한 많은 연구 결과와 상관관계가 있다. 본질적으로 사람을 행복하게 하는 경험은 자살률 감소로 이어진다. 반면 사람들을 불행하게 하는 경험은 자살률 증가로 이어진다. 예를 들어 실업률이 1% 증가하면 남성 자살률이 10만 명당 20명에서 46명으로 증가한다. 흥미로운 점은 남성과 여성의 자살률에는 큰 차이가 있다는 점이다. 남성이 자살할 가능성은 여성보다 5배 많다는 점이다. 이는 여성이 남성보다 대체로 행복하다는 점을 보여준다.

물론 자살의 원인이 불행이라고 말한다면 한편으로는 사실이지만 다른 한편으로는 지나친 단순화라고 말할 수 있다. 물론 행복한 사람들이 자살을 하지는 않겠지만 너무 불행해서 자살을 고려한다면 정신 질환의 한 형태라고 생각해야 할 것이다. 영국 소설가 버지니아 울프는 1941년 자살했는데 그녀가 남긴 메모에는 자신의 삶이 한 때 얼마나 행복했으며, 자신의 정신병이 그 행복을 훔쳐갔음을 잘 안다는 글이 적혀 있었다. 울프는 남편 레오나드에게 "이 끔찍한 병이 생기기 전까지 우리 두 사람이 이보다 더 행복할 수는 없었을 것이다"라고 썼다. 분명히 자살률이 행복을 측정하기에는 불충분한 수단이지만 행복의 본질에 통찰력을 제공할 수도 있다. 놀라운 일은 아니지만 자살률은 교육에 따라 감소하고 총기사용 가능성에 따라 증가한다. 행복을 살 수 있는 돈에 대해서라면, 누가 얼마나 돈을 버는가 하는 것보다 상대 소득이 더 중요하다. 가장 부유한 10%의 인구가 더 부유해지면 자살률이 증가한다는 점을 볼 때 질투가 주는 충격을 확인할 수 있다. 다른 한편으로는 가장 가난한 10%가 더 부자가 되면 자살률은 감소한다. 실제 이 연구의 제목은 〈남에게 뒤지지 않으려 애쓰기: 자살에 관한 데이터에서 나온 증거〉이다.

일기 연구

행복을 측정하는 또 다른 방법은 어느 정도의 운이 필요하기는 하지만 개인이 쓴 일기를 분석하는 것이다. 유행병학자인 데이비드 스노든은 수녀들에 관한 연구로 유명한데, 이 연구는 장기간에 걸쳐 노화와 알츠하이머병의 변화를 다루었다. 그는 678명의 로마 가톨릭 수녀들의 일기를 연구했다.

그 일기들은 처음에는 알츠하이머병에 대해 한 연구의 일부였으나, 연구결과는 긍정적 사고와 노화의 영향을 알아내려는 심리학자들에게도 풍부한 정보를 제공했다. 연구팀은 긍정적인 감정을 나타내는 단어들(행복, 사랑, 희망, 감사, 만족)이 나오는 글과 부정적인 단어들(슬픔, 증오, 두려움, 혼란, 수치심)이 나오는 글도 찾았다. 결과는 인상적이었다. 이 분석에 따르면 우울한 수녀 일곱 중 한 사람만 85세 생일까지 살았지만 행복한 수녀는 열 명 중 아홉이 85살까지 살았다. 이들의 결론에 따르면 행복한 수녀는 행복하지 않은 수녀보다 평균 9년을 더 살았다.

다른 많은 흥미로운 연구가 이 결과에 신뢰를 부여했고 행복과 신체적 건강 사이의 관련성을 옹호했다. 행복한 사람들은 코르티손과 기타 면역학적 방어기제 수치가 높다. 결정적으로 낙천적인 환자들은 더 좋은 결과가 나오는 경향이 있다. 한 연구에 따르면 자신이 행복하다고 평가하는 사람들은 자신이 불행하다고 생각하는 사람보다 더 오랫동안 얼음물에 손을 담그고 있을 수 있었다.

신체 측정

42개의 다른 근육을 동시에 움직이는 신체 활동이 뭔지 아는가? 높이 뛰기일까? 아니면 배영? 아니면 바흐의 전주곡과 둔주곡을 단조로 연주하는 걸까? 정답은 바로 미소 짓기이다. 겉보기에는 단순한 동작인 미소 짓기는 사실 복잡하고 조직화된 신체 조작이다. 더 놀라운 일은 미소 짓기가 실제 인류에게 보편적이라는 점이다. 1960년대 심리학 연구원인 폴 에크만은 감정의 보편적 유형을 탐구했다. 에크만은 파푸아 뉴기니의 고립된 지역사회를 방문해서 이곳의 원주민들이 우리가 서구문화에서 하는 것처럼 감정을 표현하는 것을 확인했다. 슬픈 순간에 눈물을 흘리고 행복할 때 웃었다. 에크만은 그곳에서 미소를 짓는 19가지 방법을 찾아냈다. 하지만 단 하나의 미소만이 진짜인데, 이를 듀센 미소라고 부른다.

이 미소는 가짜 미소들과 아주 비슷해 보이기는 하지만 사실 약간 다르다. 바로 그 미소를 만들어내는 근육과 그 근육을 움직이도록 뇌에서 보내는 명령이 다르기 때문이다. 눈꼬리의 안구 근육이 움직일 때만 정말로 행복해서 웃고 있는 것이다. 그 외의 다른 표정은 공손함, 두려움, 동정심 그리고 기타의 감정 때문에 나온 미소인 것이다. 진짜 미소는 자기도 모르게 자동적으로 나오는 미소인데, 그것은 우리가 기쁨을 느낄 때 자연스럽게 나오는 미소인 것이다. 다시 말하자면 뒤센 미소의 빈도와 길이가 행복을 측정할 수 있는 객관적 방법이 될 수 있다는 말이다. 에크먼은 파푸아 뉴기니, 미국, 일본, 브라질, 아르헨티나, 인도네시아, 구소련 등 다양한 국가에서 얼굴표정에 대한 광범위한 문화비교 연구를 수행했다. 그는 각기 다른 문화권의 사람들에게 얼굴 표정 사진들을 보여주고 각각의 얼굴표정에 드러난 감정을 판단해 달라고 요청했다. 문화마다 행복과 분노와 혐오와 슬픔에 관련된 얼굴 표정에는 일치하는 바가 있었다. 감정을 표현하는 단어가 없는 인도네시아의 대니족이나 뉴기니아의 포족과 같이 고립된 문화권에서도 사람들은 얼굴 표정으로 보여주는 감정을 구별했다. 에크먼이 얼굴의 움직임을 해부학적 용어로 측정하려고 만든 방법을 많은 과학자들이 사용하고 있다.

에크먼의 연구가 시사하는 바에 따르면, 우리는 특정 감정을 표현하는 법을 공유하지만 그 감정을 유발하는 것이 무엇인지에 대해서는 의견이 다르다. 에크먼은 문화가 세 가지 방식으로 감정에 영향을 미친다는 점에 수긍한다. 첫 번째는 표현 규칙이다. 즉 어떤 감정을 누구에게 어떤 맥락으로 보여주는가 하는 것이다. 분노 같은 감정에 대처하는 대응기제는 문화에 따라 다를 수도 있다. 또한 감정을 유발하는 요인도 문화에 따라 다르다.

뇌영상

신체 측정을 통한 행복 측정 방식 중에서 미소 관찰이 저차원적 방식임은 분명하다. 그래서 현재는 주목할 만한 최첨단 기술을 활용하기도한다. 예를 들어 기능성 자기공명 영상법(fMRI) 같은 것을 이용해서 직접 뇌의 활동을 관찰하는 일이다.

이런 기술을 이용해서 런던 대학교 부속 단과대학의 연구원들이 밝혀낸 바에 따르면, 자신이 "진정으로, 깊이, 미친 듯이" 사랑에 빠졌다고 표현하는 사람들은 스스로 행복감이 높다고 평가할 뿐 아니라 뇌파도 이런 사실을 증명하고 있다는 것이다.

지원자들이 낭만적 관계에 있는 파트너의 사진을 보는 동안 그들의 뇌 사진을 찍었다. 지원자들이 사진을 보자 행복으로 활성화되는 부위의 뇌가 밝아졌다. 이런 강렬한 낭만적 감정, 사랑에 폭 빠진 감정이 사람들을 대단히 행복하게 만드는 것은 확실하다.

신경과학자 리차드 데이비슨은 긍정적인 감정과 부정적인 감정에 관련된 뇌가 어떤 부분인지 알아내려 했다.

그는 지원자들을 기능성 자기공명 영상기기에 눕히고 그림과 영상을 보여주며 긍정적인 감정과 부정적인 감정을 유발하게 만든 다음 뇌활동을 관찰했다. 그는 긍정적인 감정은 전두엽 피질의 왼편에서 일어나는 뇌활동과 관련이 있고 부정적인 감정은 오른편에서 일어나는 뇌활동과 관련이 있음을 알아냈다. 전두엽 피질은 우리 뇌의 앞쪽과 귀 위쪽 정도에 위치하고 있다.

행복을 정확하고 객관적으로 측정할 방법을 찾다 보니 뇌활동을 이렇게 측정하는 일이 현재까지는 가장 유망한 측정법으로 제시되는 것 같다. 미래의 기술 발전으로 행복을 더 정확히 측정할 것이라는 점에는 의

심의 여지가 없지만, 지금으로서 가장 만족스럽고 객관적으로 근거 있는 순간행복 측정법은 뇌의 좌우, 또는 좌우 뇌의 비대칭 사이에서 일어나는 전두엽 피질 활동 차이라고 할 수 있다.

따라서 우리의 관찰 결과는 이렇다. 우리의 순간행복은 전두엽 피질의 좌우에서 생기는 전기적 활성 수준의 차이로 계산할 수 있다.

데이비슨은 강도 높은 명상을 체험한 승려들의 뇌활동을 검사한 후 승려들의 뇌 구조 기능이 바뀌었고 일반 사람들보다 더 행복하다는 사실을 알아냈다. 또한 상급 승려들은 좌우 뇌의 비대칭이 하급 승려들 보다 더 크다는 것도 알았다. 이 사실로 미루어볼 때 행복한 사람들이 수도원으로 몰려들거나 아니면 명상과 수도원의 삶이 사람들을 더 행복하게 만드는 것 같다. 물론 다른 열정적인 노력도 같은 효과를 낼 수 있지만 이 사람들에게는 명상이 효과가 있었다.

데이비슨은 자신이 측정한 모든 사람들 중에서도 프랑스 불교승려인 마티유 리카르가 좌우 전두엽 피질 활동의 차이가 가장 큰 사람임을 알아냈다. 따라서 지구상에서 가장 행복한 사람으로 그를 뽑아도 무리가 아닐 듯하다. 복권 당첨이나 평면 텔레비전이나 유명 디자이너의 옷 없이도 행복해지는 것이 가능하다.

행복이란 기쁨을 의미하며 고통의 부재다.
불행은 고통이며 기쁨의 결핍이다. - 존 스튜어트 밀

    우리는 행복을 수학적 용어로 정의하는 일이 가능하다고 믿는다. 에너지를 칼로리로 측정하는 것과 같은 방법으로 우리가 '해피돈'이라고 부르는 것으로 이론상 행복을 측정할 수 있다. 우리가 행복을 정의하기 위해 사용하는 구성 요소는 감정, 기분, 심리적 상태다.

    행복은 원하는 대로 일이 돌아가거나, 날씨가 아름답거나, 제일 좋아하는 팀이 큰 경기에서 이기는 순간에 우리에게 생기는 일시적 감정으로 만들어진다. 불행은 성적이 안 좋거나 독감에 걸렸을 때 우리에게 생기는 불쾌한 감정으로 만들어진다.

    행복이 매 순간 변하는 일시적인 감정이라고 생각하지 말고, 총 행복을 오랜 시간에 걸쳐 생긴 감정의 누적잔고로 생각해보라. 곧 언급하겠지만, 행복은 오랜 시간에 걸쳐 생긴 순간적 감정의 총합으로 간주될 것이다. 긍정적인 감정은 행복을 증가시키고, 부정적인 감정은 행복을 감소시킨다. 그러므로 긍정적인 감정이 부정적인 감정을 얼마나 앞서는가 하는 것이 전반적인 행복의 정도를 설명하게 될 것이다. 행복의 증가와 감소는 경험한 감정의 시간과 강도에 비례한다.

감정과 기분과 심리적 상태가 행복 연구의 기본인 이유는 이런 것들이 모든 사람들에게 보편적이고 공통된 것이기 때문이다. 대다수의 생물학자들은 인간과 동물이 적에 대한 두려움이나 먹는 즐거움 같은 여러 기본적인 감정을 공유하고 있다는 다윈의 의견에 동의할 것이다. 물론 감정과 기분을 경험하고 표현하는 능력은 인간의 보편적인 능력이지만 이런 감정 표현은 문화에 따라 다를 수 있다.

공학자의 관점에서 어떻게 이것이 작동하는지 더 잘 이해하기 위해서는 서로 상대적인 감정의 본질을 시각화하는 것이 좋을 것 같다. 다행스럽게도 심리학 교수 제임스 러셀은 내면의 상태나 감정을 지도에 표현할 수 있는 방법을 개발했다. 러셀의 모형에서는 각각의 감정이 지도의 한 지점에 놓여진다. 지도의 가로축은 감정이 얼마나 긍정적인지 또는 부정적인지 측정하고, 세로축은 그 감정이 우리를 얼마나 차분하게 또는 흥분하게 만드는지 보여준다(도표2 참고). 우리는 부정적 감정 대 긍정적 감정을 나타내는 가로축을 행복 정의의 기준으로 사용할 것이다.

지도의 왼쪽에서 오른쪽으로 움직이면, 감정은 부정적인(우울) 곳에서 중립으로 또 긍정적인(희망) 곳으로 움직인다. 아래에서 위로 가면 감정은 감정 저하(지루함과 심리적 평화)에서 감정 고조(분노와 열정)로 움직인다.

우리가 느끼는 분노, 두려움, 고통, 질투, 희망, 자존심, 사랑 같은 가장

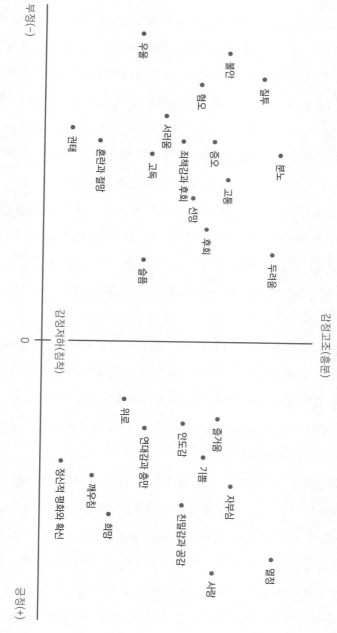

감정고조(흥분)

부정(-)

우울

불안

질투

혐오

서러움

죄책감과 후회

증오

고통

슬픔

신망

후회

분노

두려움

권태

혼란과 절망

고독

감정저하(침착)

0

위로

흥겨움

안도감

연대감과 충만

기쁨

자부심

친밀감과 공감

만족

깨우침

희망

정신적 평화와 확신

사랑

긍정(+)

도표2. 행복은 감정과 기분과 마음 상태가 합해진 합성물이다.

기본적인 감정을 감정 지도에 포함시키려고 했다. 지도를 확대할 수 있다면, 더욱 자세하게 각각의 상태가 보일 것이다. 예를 들어 고통을 확대하면 두통, 열, 요통, 소화불량 같은 여러 형태의 고통을 볼 수 있을 것이다. 깨달음을 확대해보면 예술과 자연의 경이로움, 수학의 아름다움에 대한 자기 성찰적 사색 등 각기 다른 상태를 관찰할 수 있다. 또는 기본 진리의 이해와 발견에 대한 감정 등 정신적 명석함도 관찰할 수 있다.

온도를 여러 강도로 느낄 수 있는 것처럼, 기쁨, 불안, 즐거움, 두려움, 편안함 같은 감정도 똑같이 여러 강도로 느낄 수 있다. 감정의 강도가 변하는 것과 마찬가지로 지도 위 감정의 위치도 변한다. 예를 들어 안도감은 지도에서 다른 위치를 차지할 수 있다. 즉 시장에 갔는데 정확한 잔돈이 있다는 것을 알 때의 안도감은 조직 검사 결과가 음성임을 알았을 때의 안도감과는 강도가 다르다.

이 지도를 사용하면 우리가 특정 순간에 얼마나 행복한지에 대해 양적 감각을 가지게 되고, 긍정적인 차원 대 부정적인 차원의 순간 감정의 강도를 알게 된다. 우리는 이 변수를 순간행복이라고 말한다.

순간행복 또는 불행은 한 순간에 경험하는 긍정적인 감정이나 부정적인 감정의 강도에 의해 생긴다.

순간행복은 우리 삶에 어떤 일이 일어나는지에 따라 변화를 거듭한다. 가족 만찬을 하는 동안 완벽하게 만족할 수도 있고, 거미를 보고 놀랄 수도 있고, 신문에 난 이야기를 읽고 슬퍼할 수도 있다. 중립적 상태에 있는 것도 가능하다. 중립의 경우 우리는 순간행복에 0점을 부여한다. 하지만 곧 전화가 오거나 무슨 일이 생길 거란 생각이 들거나 어떤 기억이나 경험이 떠오르면 우리는 중립상태에서 벗어나 순간행복(또는 행복)으로 갈 것이다. 총 행복은 움직이는 롤러코스트 같은 감정을 계산에 넣어야 한다. 힌두교와 불교의 전통에서 감정은 보통 세 가지 유형으로 설명된다. 기쁨, 불쾌함, 그리고 기쁘지도 불쾌하지도 않은 상태다. 불쾌한 감정이나 고통을 없애는 것이 불교의 주요 목표다.

행복 작동의 정의

특정 순간에 느끼는 기쁨이나 고통은 행복의 측정기준이 될 수 없다. 순간행복은 아주 변덕스럽고 외부의 영향을 받기 쉽다. 행복 전체를 진정으로 느끼려면 우리는 오랜 시간에 걸쳐 순간행복의 강도와 지속시간을 측정할 필요가 있다. 이는 지면의 진동을 지진계로 측정하는 방식과 유사하다.

이런 방식의 행복 측정은 약간 인위적인 것 같지만 이런 법칙을 보여주는 측정 장비는 이미 존재한다. 바로 진통계다.

진통계는 출산하는 산모의 복부에 묶는 압박계다. 진통계는 진통을 측정해서 그래프에 표시한다. 그래프의 최고점은 진통이 가장 큰 순간을 나타내는데 고통이 가장 큰 순간이기도 하다. 진통계는 신뢰할 만한 장치로써 고통의 느낌을 기록하며, 진통이 그래프의 높이와 연관되기 때문에 고통의 자기 보고라고 할 수 있다.

노동을 하면서 겪는 고통의 총합은 얼마나 될까? 전체 연구기록을 고려해볼 때 간단한 대답은 노동으로 경험하는 고통의 총합은 그래프 아래쪽 부분일 것이다(50페이지 도표예시 참고). 그 값은 그래프의 평균 높이를 지속시간과 곱한 것과도 동일하다.

진통계는 출산을 하는 동안 산모가 느끼는 진통의 순간 강도를 측정한다. 진통계와 유사한 가상의 장치가 있다고 생각해보자. 다만 우리가 느끼는 모든 감정을 기록하지는 않는다. 이 이상적인 장치를 행복 지진계라고 부를 것이다. 이 장치는 매 순간 감정의 강도를 시간 별로 기록할 수 있고 행복 진동기록을 만들 수 있다. 이 행복지진계의 진동폭은 긍정적인 감정에는 긍정적인 가치를 부여하고 부정적인 감정에는 부정적인 가치를 부여할 것이다. 여기에서 가정하는 바는 우리는 한 번에 한 가지 감정만 경험할 수 있고 모든 감정의 강도는 진동의 폭으로 표시된다는 것이다.

우리는 공학자로서 행복에 대한 운영 가능한 정의를 내리고 싶다. 우리의 목적에 맞게 운영 가능한 행복의 정의는 그래프에 표시한 선과 제로(0)선 사이의 진동기록 영역에만 있다.

사실 진동기록은 긍정적이거나 부정적이지만, 총 행복은 제로(0)선 위쪽 영역에서 그래프 선 아래쪽 영역을 뺀 것이다. 간단히 말하자면 총 행복은 즐거움의 총합에서 고통을 뺀 것이다. 이 값은 순간행복의 평균 강도에 순간행복의 지속시간을 곱한 것과 동일하다.

총 행복은 행복 진동기록의 그래프와 제로(0)선 사이의 순 면적, 즉 평균 수준의 순간행복에 경험의 지속시간을 곱한 값이다.

행복을 수량으로 더 잘 표시하기 위해 우리는 진동기록 상의 각기 다른 수준의 강도를 규정할 필요가 있다. 이해하기 쉽게 말하자면, 우리의 범위는 -10(매우 불행)에서 +10(매우 행복)까지 있다. 예를 들어 +10이라는 해피돈은 월드컵에서 우승한 스페인 선수들이 느끼는 행복감일 것이다. 정해진 기간 동안의 평균 강도로 총 행복을 측정하는데, 이 측정 단위를 우리는 해피돈이라고 부른다. 따라서 두 시간 동안 순간행복(또는 불행)에서 +10의 강도를 느꼈던 스페인 축구선수는 이 두 시간 동안 총 20해피돈을 느낀 것이다.

행복 진동기록

감정을 측정하기 위해 지진계 같은 기술을 사용하는 아이디어는 오래전부터 있었다. 1881년 경제학자인 프란시스 에지워스는 다음과 같은 글을 썼다.

"아이디어를 명확히 하려면, 에너지 과학에 부여한 것을 즐거움의 과학에 부여하라. 정신물리학 기계라는 이상적이고 완벽한 도구를 생각해 내려면 개인이 느끼는 즐거움의 크기를 끊임없이 기록해야 한다. 이 기계가 기록하는 즐거움의 크기는 매 순간마다 다르다. 그 섬세한 지수는 열정의 떨림이 있을 때는 깜박거리며, 지적 활동이 있으면 안정적이 되었다가, 제로 근처에 내내 낮게 가라앉았다가, 순간적으로 무한대를 향해 뛰어 오른다. 계속 표시되는 높이는 균일하게 움직이는 수직면에서 사진기 또는 다른 마찰을 일으키지 않는 장치로 기록된다. 두 개의 중요한 사건 사이의 행복의 양은 제로(0)선 안에 포함된 영역으로 표시된다."

이 가상 행복 진동기록이 어떻게 작동되는지 보기 위해서 특별히 아주 신나는 삶의 경험을 예로 들어 보도록 하자. 스카이다이빙 같은 것 말이다.

한 무리의 학생들이 오랜 시간 공부에 전념하며 일주일간의 치열한 시험을 마쳤다. 학기가 끝나자 이들은 마침내 자유시간을 즐길 수 있었다. 학생들은 재미있고 좀 엉뚱한 일을 해보기로 했다. 바로 스카이다이빙이다. 며칠 동안 이들은 세부적인 계획을 짰다. 그 시간 동안에 인터넷에서 찾은 스카이다이버들의 사진과 영상을 교환하면서 이들의 흥분과 불안은 커져갔다. 스카이다이빙을 하기 전날 이들은 저녁을 먹기 위해 모였고 모두 잔뜩 기대에 부풀었다. 하지만 실제 점프를 하는 날 아침, 이들의 열정은 두려움으로 변해 버렸다. 이들은 비행기에서 뛰어내린다는 생각에 속이 울렁거리는 것을 느꼈다. 몇몇은 이 모험을 취소할 생각까지 했다.

도착한 그 지역 공항에 차를 주차하자마자 학생들은 눈앞에 펼쳐진 광경에 깊은 인상을 받았다. 하늘에는 사방에서 나타난 스카이다이버들이 가득했고 학생들이 서 있는 장소를 향해 낙하하고 있었다. 갑자기 낙하산 하나가 엄청나게 빠른 속도로 이들 앞에 착륙해서 겁먹은 학생들을 깜짝 놀라게 했다. 이들은 서류에 사인을 하고 전문가들로부터 지시 사항을 듣자 점프하고 싶은 열망이 커짐과 동시에 불안감도 커졌다. 이들은 불안감 때문에 작은 비행기에 탑승할 때 손과 이마가 땀으로 푹 젖었다. 일단 하늘로 올라가자 창밖으로 아래를 보면 안 된다는 지시에 주의를 기울이며 어지러움을 피하기 위해 구름만 쳐다보았다. 배낭과 각종 장비 그리고 긴장한 사람들로 가득한 비행기 안에서 15분을 앉아 있자 이들의 마음속에 온갖 잡념의 무대가 펼쳐졌다. 어린 시절의 추억에서 아침 식사로 먹은 음식에 이르기까지, 게다가 낙하산이 제대로 펴지지 않으면 어떡하나 하는 생각까지 들었다. 그때 비행기 문이 열리고 차가운 바람이 안으로 몰아쳐 들어왔고, 이들은 지금 아니면 안 된다는 느낌이 들었다. 그리고 아무 생각 없이 뛰어 내릴 수밖에 없었다.

학생들은 차례로 강사와 함께 비행기에서 뛰어 내렸다. 몇 초 지나지 않아 이들은 공중에서 팔을 펴고 날았고 자유로운 낙하의 에너지를 즐기며 비명을 질러댔다. 낙하산은 잘 펴졌다. 이들은 아래를 향해 둥둥 떠다니다가 녹색 평원으로 안전하게 착륙했다. 이들은 다시 합류했고 각자는 수많은 감정이 휘몰아치는 것을 느꼈다. 흥분, 충격, 성취감, 안도감 같은 감정으로 한 시간 동안이나 미소가 끊이지 않았다. 집으로 돌아가는 길에, 그리고 이후 몇 일간 점프했을 때의 기분과 흥분을 다시 떠올리며 이야기를 나누었고, 두 번째 점프를 언제 할 것인지 계획하기 시작했다.

대체로 이런 경험은 다양한 유형과 다양한 단계의 감정으로 가득하다. 우리는 행복 지진계를 사용해서 이 행복의 경험(도표3 참고)을 측정하고 계산할 수 있다. 이 모든 서로 다른 감정들을 행복 지진계로 기록할 수 있다는 것을 상상해보라.

스카이다이빙 경험의 열정 같은 긍정적인 감정은 5시간동안 지속되는 +3의 강도를 가지고 있고 총 행복에 15점의 해피돈을 추가 한다. 학생들의 두려움 같은 평균 강도 −7인 부정적인 감정은 2시간동안 지속되며 14점의 해피돈을 뺀다. 우리는 절대적인 측정값을 염두에 두는 게 아니라 경험을 비교하는 상대적 값을 염두에 두는 것임을 명심하라.

스카이다이빙의 사례를 되돌아보고 학생들이 그 경험에서 얻은 행복이 얼마나 큰지 계산해보자.

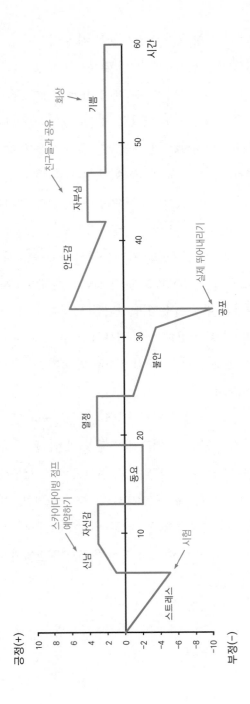

도표3. 스카이다이빙 경험에 대한 행복 진동기록

감정	평균 강도	지속 시간	행복
스트레스	-2.5	6	-15
신남	2	3	6
자신감	3	4	12
불안	-2	6	-12
열정	3	5	15
염려	-2	7	-14
극심한 공포	-7	2	-14
안도	4	9	36
기쁨	4	5	20
자부심	2	13	26
총 행복		+60	

스카이다이빙 사례에서 보듯이 총 행복을 극대화시킨다고 해서 우리가 무슨 수를 써서라도 고통과 불안을 피해야 한다는 의미는 아니다. 사람은 장기적으로 행복을 수확하기 위해 일시적으로 불행을 일으키는 활동에 투자해야 할 필요가 가끔 있다. 예를 들어 학교에 가고 시험을 보는 일은 스트레스를 줄 수 있지만 장기적으로 보면 열심히 공부하면 더 나은 일자리를 가질 기회가 생기는 성과를 가져온다. 또는 좋은 몸매를 가지고 건강을 유지하기 위해 다이어트를 하는 것도 마찬가지다. 이런 사례들에서 보면 총 행복은 긍정적인 것에서 부정적인 것을 뺀 것으로 계산될 수 있다.

우리는 총 행복을 순간행복의 영역 합산으로 정의하는 것 때문에 철학적 문제가 제기될 수도 있다는 점을 인정해야 한다. 예를 들어 감정의 다른 본질은 보상으로 해결될 수도 있다고 가정한다. 그래서 −3인 두통으로 보낸 한 시간은 +3점인 즐거운 휴식 한 시간으로 보상될 수 있다.

또한 총 행복의 극대화가 삶의 목표는 아니라는 사실도 인정해야 한다. 사실 도덕적인 삶은 쉽게 행복의 진동기록으로 정리되지 않을 것이다. 그렇다고 의미 있고 도덕적인 삶이 불행한 삶이라고 생각해서도 안 된다. 행복 법칙을 이해하게 되면 윤리적이고 도덕적인 행동을 희생하지 않고도 삶의 즐거움을 향상시킬 수 있을 것이다.

한 경험의 완벽한 진동기록

진동기록 지도를 살펴보면 스카이다이빙의 점프하는 실제 순간이 아주 부정적이라는 사실을 관찰할 수 있다. 하지만 극심한 공포의 지속 시간이 아주 짧아서 점프로 인한 총 행복을 크게 손상시키지 않았다. 사실 점프 전의 느낌(흥분, 불안)과 점프 후의 느낌(안도감, 자부심, 자랑거리)이 점프 그 자체보다 스카이다이버들의 전반적인 행복에 더 많이 기여한다는 사실이 드러났다.

사건이 반직관적인 행복 진동기록을 어떻게 야기하는지 알아내기 위해 더 많은 연구가 필요하다. 그래서 긍정적이면서 부정적인 것으로 쉽게 분류되는 두 가지 경험을 살펴보자. 휴가를 가서 수술을 받는 경험이다. 일반적으로 휴가는 즐거운 경험이고 수술은 불쾌한 경험이라고 생각한다. 실제 두 경험은 경험 전과 후에 긍정적인 순간행복과 부정적인 순간행복을 느끼는 시기를 만들어낸다.

휴가를 계획한 후에 우리는 긍정적 기대 기간으로 접어들어 새로운 장소로 떠나는 기대에 부푼다. 출발 날짜가 다가오는데 여전히 마치지 못한 일을 처리해야 하고, 가방을 꾸리고, 화초에 물을 주고, 이웃집에 고양이를 맡겨야 한다는 사실을 깨닫는다. 따라서 출발해서 휴가를 시작하기 전까지는 불안감이 쌓여간다. 비행기가 아이들 떠드는 소리로 시끄러우면 행복은 더 줄어들고, 호텔에 도착해보니 방에 기대했던 전망도 없고, 수영장도 없고, 샤워기 물이 뜨겁지 않고 미지근하면 행복은 사상 최저수준으로 줄어든다. 숙면을 취한 다음 날 이후 상황이 호전되기 시작해서 나머지 휴가를 잘 즐기게 된다. 일단 집으로 돌아오면 휴가는 추억에 불과할 따름이다. 몇 일간은 우울하게 보낸다. 직장으로 돌아가는 것이 아주 싫고 처리해야 될 이메일이 산더미처럼 쌓였기 때문이다. 이제 오랜 일상에 다시 적응하고 애정을 가지고 휴가를 되돌아본다.

휴가를 계획할 때 당신은 감정이 요동치는 것을 느낄 수 있다. 휴가와는 대조적으로 수술에 대한 예상은 두려움으로 가득할 가능성이 크다. 시간이 다가올수록 준비하는데 정신이 팔려 불행을 덜 느낄 수도 있다. 수술 자체는 예상보다 충격이 적을 수 있다. 그래도 여전히 불쾌한 시간으로 남아 있다. 수술 후에 통증이 사라지면서 기분은 좋아진다. 좋은 보살핌을 받는 것에 감사한다. 수술 경과가 좋으면 건강이 좋아지고 고통이 줄어들어 기분이 좋다. 우리는 이런 축복에 감사하게 되고 이는 행복을 증가시킨다.

앞서 나온 세 가지의 사례, 스카이다이빙, 휴가, 그리고 수술은 기대의 힘을 분명히 보여주고 또한 하나의 경험이 얼마나 다양한 행복을 만드는지 보여준다.

기대

사람들에게 가장 행복한 요일은 어느 요일일까? 일하는 주중의 평일보다 주말이 더 행복하다고 예상할 수 있다. 일반적으로는 사실이지만 예외가 하나 있다. 경제학자 존 엘스터와 죠지 루벤스타인은 〈기대와 기억의 유용성〉이라는 제목에 딱 들어맞는 글에서 다음의 실험을 발표했다. 학생들에게 좋아하는 순서대로 일주일을 나열하라는 말을 하자 대다수는 금요일을 일요일 앞에 놓았다. 금요일에는 수업이 있고 일요일에는 수업이 없는데도 말이다. 금요일은 다가올 주말에 대한 기대감이란 혜택을 받은 반면 일요일은 다가올 일주일의 시작이기 때문이다.

좋은 경험에 대한 기대는 경험을 하기 전 순간행복을 증가시키고 나쁜 경험에 대한 기대는 경험을 하기 전 순간행복을 감소시킨다.

이 원칙에 의하면 좋은 일은 미루고 나쁜 일은 빨리 겪는 게 이치에 맞다. 또 다른 실험은 서른 명의 미국 대학생을 대상으로 했다. 루벤스타인은 이 학생들이 가장 좋아하는 영화배우와의 가상 키스를 미루고 싶어 하는 이유가 기대감에서 생기는 즐거움을 만끽하고 싶었기 때문이란 사실을 알아냈다. 학생들은 가벼운 충격은 서둘러 겪고 극복도 빨리 하고 싶어 했다. 만일 쓴 알약을 삼켜야 한다면 당장 삼켜라. 소식을 전달하는 최상의 방법은 나쁜 소식을 먼저 전달하되 지나치게 강조하지 않아야 한다는 점을 명심하라. 그리고 뒤이어 나오는 좋은 소식은 강조해서 전달하라.

사람들은 나쁜 소식을 기다리고 싶어 하지 않는다. 예를 들어 해고를 발표할 때 이런 점을 고려해야 한다. 회사가 직원을 해고할 때 그 과정은 가능하면 빨리 이루어져야 하며, 감원이 동시에 진행되어야 한다. 남은 직원들에게 나쁜 소식이 더 있을 거란 인상을 주지 않는 게 중요하다. 다른 나쁜 소식을 전달할 때도 같은 방식이 적용된다. 가능하다면 "이제 다 지나갔어"라고 말할 수 있을 때 소식을 알려주는 편이 낫다.

좋은 일이 일어날 거라는 예상은 행복감을 만들지만 동시에 기대감을 증가시킨다. 이는 그 좋은 일이 취소되거나 예상한 만큼 좋지 않을 때는 실망이 클 수도 있다는 의미다. 예를 들어 데이트를 하러 가면 대개 실망으로 끝이 나는데, 이는 사람들이 마음속으로 데이트에 대해서 비현실적인 상황을 상상하기 때문이다. 때로 사람들은 기대치를 억제하면서 예상이 지나치지 않도록 스스로를 보호한다. 속담이 이르듯이 "김칫국부터 미리 마시지 마라."

기억

벤담 신봉자인 윌리엄 스탠리 제본즈는 기쁨과 고통의 감정이 세 가지 분명한 경험으로 촉발된다고 말했다.

1. 미래 사건의 예상
2. 현재 사건의 느낌
3. 과거 사건의 기억

우리는 기대감이 행복이나 불행에 어떤 기여를 하는지 살펴봤다. 이제 기억을 되살려서 과거 사건의 기억에서 생긴 행복을 살펴보자.

대단히 특이한 음식에서 비롯된 즐거운 기억, 세계 7대 불가사의 한 곳을 방문한 기억, 막간의 짧은 연애에 대한 기억은 평생 동안 지속될 수 있다. 이런 사건에 대한 행복 진동기록은 기대하고 기억하는 즐거움에 의해 지배된다. 스카이다이빙이 그 예다. 모험을 즐기는 여행가는 여행하면서 견딘 어려움이 가장 좋은 기억으로 남는다고 말한다. 반대로 어린 시절 겪은 정신적 충격에 대한 기억은 오랜 세월 동안 심신을 약화시킬 수 있고 그 고통을 진정시키기 위해서는 전문가의 도움이 필요할 수도 있다.

행복이나 불행을 떠올리는 일이 중요한 이유는 우리가 여전히 그 경험을 기억하기 때문이다. 일단 그 경험이 잊히면 우리는 더 이상 그 경험에서 행복을 얻지 못한다. 따라서 질문은 이렇다. 왜 어떤 사건은 우리의 기억에 들러붙어 있는 걸까?

한 흥미로운 연구에 따르면 과학자들이 처음으로 기억 회상에 활성화된 뇌세포를 연구했다. 이들의 연구에 따르면 무의식적으로 남아 있는 기억은 동일한 신경세포에 남아 있는데, 이 신경세포는 사건을 경험했을 때 가장 격렬하게 반응했다. 동물원에서 주머니 곰 본 것을 기억한다면, 당신의 뇌에서 특정 신경세포가 활성화 된 것이다. 이 신경세포는 처음으로 동물원 우리에서 주머니 곰을 만났을 때 빛을 발했던 그 신경세포들이다.

무엇 때문에 행복한지 사람들에게 물었을 때 그들은 특별히 행복했던 어떤 순간을 떠올린다. 이런 최고의 순간들은 짧기는 하지만 즐거운 추억을 연속해서 만들어낸다. 대니얼 카너먼과 공동 연구자들은 사람들이 좋은 경험이나 나쁜 경험의 지속 시간을 거의 기억하지 못하지만 그 경험의 최고일 때와 최저일 때에 느꼈던 감정은 기억한다는 사실을 발견했다. 마지막으로 치과에 갔을 때 느낀 부정적인 기억은 치과에서의 시간이 십 분인지 한 시간인지가 아니라 최고로 불편하거나 고통스러웠던 순간에 의해 결정된다. 최고의 순간이 기억되는 것은 우리 뇌 세포가 이런 사건을 경험할 때 가장 활성화되기 때문이다.

행복과 불행을 떠올리는 일은 기억에 의존한다. 우리는 최고의 순간이나 강렬한 긍정적 감정의 순간 또는 강렬한 부정적 감정의 순간을 기억하는 경향이 있지만 이것이 이런 경험의 지속 시간과는 상관없다.

행복한 순간을 떠올리면 행복해지고 고강도의 감정이 단기 기억에 더 잘 저장되는 경향이 있기에, 우리는 때로 강렬한 행복의 순간을 추구하고 강렬한 불행의 경험을 피하는 것이 현명하다. 잠깐 지속되는 고 강도의 감정을 추구하는 것이 행복에 유익한 이유는 이런 순간들이 우리에게 오래 지속되는 기억을 제공하기 때문이다. 물론 우리는 이런 우발적이고 효과적인 경험과 일상의 행복 사이에서 올바른 균형을 맞출 필요가 있다.

스카이다이빙이나 아이의 탄생이나 연인과의 산책 같은 과거의 즐거운 경험을 회상하면 현재의 행복이 커진다. 어떤 문화권에서는(예를 들어 인도) 좋은 소식을 이웃 및 지역사회와 공유하는 관습이 있다. 그래서 결혼식 같은 행사는 여러 사람들과 반복적인 대화의 주제가 되기 때문에 시간이 지나면서 여러 번 기억을 되살리게 된다.

우리가 아는 어떤 가족은 기대와 회상을 정말 잘 이해한다. 이 가족은 2년마다 휴가를 떠난다. 목적지를 찾고 어떤 활동을 할지 계획을 세우는 데 1년을 보낸다. 휴가에서 돌아온 후 그 다음해는 휴가 때 찍은 사진과 영상을 친구나 친척들과 공유하고 편집하는데 보낸다. 이 가족은 계획을 세우고 추억에 잠기는 것이 여행 그 자체만큼 총 행복을 키운다는 사실을 알고 있다. 이들은 휴가에서 가능하면 많은 행복을 뽑아낼 수 있는 사람들이다.

기대감에서 오는 행복과 회상에서 오는 행복은 서로 상충하는 점이 있다. 하나가 커지면 다른 하나는 작아진다. 왜 그럴까? 라스베이거스에서 끝내주는 생일 파티를 한다는 기대감은 파티를 하기 전 행복 진동기록을 상승시키고 기대치를 높인다. 그래서 실제 파티 경험의 강렬함이 감소되고 별로 놀라지도 않게 된다. 따라서 감정의 강도가 낮아지고 이후 기억하고 즐거울 가능성이 낮다. 깜짝 파티가 그토록 기억에 남는 이유가 이것으로 설명된다. 우리는 인생에서 기억에 남을만한 긍정적인 깜짝 행사가 가끔은 생기기를 바란다.

같은 논리가 나쁜 소식에도 적용된다. 나쁜 소식을 갑자기 전해주는 게 나은지 아니면 조금씩 알게 해주는 게 나은지, 어느 쪽이 더 나은지 늘 분명하지가 않다. 기대감과 적응과 회상간의 균형은 접근방식에 따라 결정되어야 한다. 나쁜 소식을 갑자기 전해주면 받아들이는 사람은 미리 예상한 불안감이 없다. 물론 나쁜 소식은 오랫동안 기억되는 강한 부정적 감정을 유발할 수 있다. 예를 들어 케네디 대통령의 갑작스러운 사망 소식은 예상되었던 레이건 대통령의 사망 소식보다 훨씬 더 기억에 남는다.

우리가 나쁜 소식을 준비한다면 사람들은 불안이나 걱정 같은 부정적인 기대감을 가질 것이다. 그러나 실제로 나쁜 소식을 들으면, 놀라움은 크지 않다. 사람들은 그런 상황을 잘 받아들이고 부정적인 기억을 피할 수 있다.

따라서 좋은 소식과 나쁜 소식을 전달하는 방법에 뚜렷한 비결은 없다. 그래도 우리는 이런 부정적인 사건의 진동기록을 만들어 행복의 평균을 더 높이는 접근방식을 제시할 수 있을 것이다.

행복의 정의

먼저 키스를 떠올려보라, 기분 좋은 경험이었을 것이다. 이제 발을 헛디뎌 넘어지고 무릎이 긁혔던 때를 떠올려보라, 쓰라린 느낌이 분명 고통스러운 경험이었다. 대부분의 경우 우리는 특정 경험과 그 경험에 대한 감정이 긍정적인지 부정적인지 쉽게 판단 할 수 있다. 우리는 그 경험들을 비교할 수도 있다. 사랑니를 빼는 것이 손톱을 지나치게 짧게 깎았을 때보다 훨씬 더 고통스럽다는 사실을 자신 있게 말할 수 있다. 이별의 고통을 골절의 고통에 비교할 수는 없다. 이별했을 때와 골절되었을 때의 고통의 본질과 강도와 지속 시간은 아주 다르다. 이런 다양한 경험을 비교하는데 같은 단위를 사용하는 것이 가능할까?

어떤 사람에게 "지금 기분이 어때요?"라고 물어 보면 그 순간의 정서적 느낌의 신호와 강도를 추정할 수 있다. 대다수의 사람들은 자신이 긍정적인 감정을 느끼는지(기쁨, 사랑, 희망) 아니면 부정적인 감정을 느끼는지(슬픔, 증오, 절망)를 항상 설명할 수 있다. 대략적이긴 하지만 자신의 감정의 강도도 말해줄 수 있다.

행복은 순간적인 긍정적 감정과 부정적 감정의 결과로 생긴다. 우리가 이미 소개한 대로 대단히 긍정적인 것에서 중립으로, 중립에서 대단히 부정적인 것으로 범위가 다양하다. 잠에서 깼을 때 느끼는 긍정적인 순간행복은 숙면을 취했기 때문에 생겼을 것이다. 아니면 잠자는 아이의 얼굴이 눈에 들어왔기 때문일지도 모른다. 재미있는 꿈을 꾸었거나 그주에 떠나게 될 휴가에 대한 기대감 때문에 그랬을 수도 있다. 우리의 목적으로 보자면 감정의 정확한 본질이나 원인이 중요하지는 않다. 우리는 감정의 강도와 지속시간에 관심이 있다.

우리는 총 행복을 평균 강도의 감정에 지속시간을 곱한 것이라고 정의한다. 살면서 일어나는 어떤 사건의 진동기록을 살펴보면, 총 행복은 그래프 아래쪽의 순 영역이다(긍정적 감정으로 생긴 총 영역에서 부정적 감정으로 생긴 총 영역을 뺀다).

행복을 측정하고 정의하는 방법을 보여주었으니 이제 우리는 여섯 가지 행복 법칙을 소개한다. 이 여섯 가지 법칙은 감정의 방향과 강도를 이해하는데 도움을 주고 행복 진동기록을 통제할 수 있는데 도움이 될 것이다. 이 법칙은 보편적이라 다양한 삶의 상황에 적용할 수 있다. 우리의 행복 법칙을 뒷받침하기 위해 과학 실험의 결과, 고대 문헌의 사례, 그리고 세계의 종교에서 찾은 훌륭한 충고를 제시할 것이다.

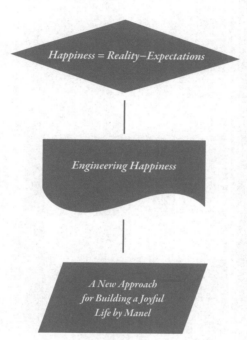

Happiness = Reality−Expectations

Engineering Happiness

A New Approach
for Building a Joyful
Life by Manel

행복의 해답

*A New Approach
for Building a Joyful
Life by Manel*

− 2부 −

행복 법칙

3장. 첫 번째 행복 법칙 ——————— **상대적 비교**

연 소득 20파운드에 연 지출 19.6 파운드면 결론은 행복하다. 연 소득 20파운드에 연 지출이 20.6 파운드면 결론은 불행하다. - 찰스 디킨스

행복과 불행은 다채로운 경험이다. 감정과 기분의 지도에 있는 각각의 감정을 특별한 어떤 꽃이라고 생각해보라. 이 꽃들은 다른 많은 꽃들과 함께 정원에서 다양함을 연출한다. 하나의 특정한 감정은 여러 가지의 강도를 가지기 때문에 우리는 이것을 색조가 여러 가지인 특정 종류의 꽃이라고 생각할 수 있다. 각자 다양한 강도를 가진 모든 종류의 감정들이 이 감정 지도를 채울 것이다.

우리 내면의 삶은 내면의 정원에서 이 꽃 저 꽃으로 날아다니는 한 마리 나비와 같다. 나비가 어디로 가는지 어디서 멈추는지 예측하기는 어렵다. 때로 나비는 한 곳에서 오랫 동안 머물고 때로는 아무 꽃으로 금세 날아가기도 할 것이다. 이 나비는 낮이나 밤에 따라 다른 비행 형태를 선

호할 수도 있고 수년 동안 일정한 성향을 보일 수도 있다. 이 나비는 혼자가 아니다. 우리 주변 사람들의 내면의 삶도 나비와 같아서 이 내면의 정원에서 돌아다닌다. 각자의 움직임은 복잡한 방식으로 다른 사람들에게 영향을 미친다.

기분과 감정은 행복을 구성하는 물질을 만든다. 한 순간에 강렬한 감정은 순간행복이다. 총 행복은 정해진 시간 동안 발생한 순간행복을 합친 것이다. 하지만 우리는 정말 감정이 실재하고 예측할 수 있다고 생각할 수 있을까? 어느 날은 행복하고 다음 날은 우울하고, 대단히 좋아했던 활동이 더 이상 재미있지 않고, 한때 지루한 줄 알았던 사람은 믿을만한 친구가 되어 함께 즐거운 시간을 보낸다. 우리가 경험할 이런 기분과 감정은 아직 풀지 못한 퍼즐 조각들이다.

고대 그리스 사람들은 행복해지는 일은 운에 달렸거나 신들의 변덕에 따라 좌지우지 된다고 생각했다. 따라서 이들은 행복이 제어할 수 없는 것이라고 생각했다. 이들은 유다모니어(Eudaimoia)라는 단어를 사용했는데 이는 감정을 설명하는 말로 '좋은 기분'이란 뜻이다.

우리의 선조들이 처음 행성의 움직임을 알아냈을 때, 이해하기 어려운 복잡함에 직면했다. 그들 중 티코 브라헤와 요하네스 케플러 같은 천문학자들은 위축되지 않고 정보를 기록하고 달과 행성과 별의 움직임을 추적하기 시작했다. 1687년 아이작 뉴턴이 〈자연철학의 수학적 원리〉를 발표했을 때 운동 법칙에 대한 지식이 큰 도약을 이루었다.

이 기념비적 책에서 뉴턴은 신체의 운동 법칙을 제시했다. 액면 그대로 받아들이자면 일련의 짧은 규칙이 광범위하게 누적된 정보를 설명하고, 모든 물체의 운동을 예측하기 위해 사용되었다.

행복의 영역에서 보자면 우리는 브라헤와 케플러가 살던 시대 상황과 유사한 상황에 처해 있다. 심리학자들은 행복에 대한 측정법 및 데이터를 모으기 위해 많은 일을 했다. 하지만 우리에게 이 정보의 대부분을 체계화하는 규칙이 없다면 데이터 누적만으로는 충분하지 않다. 뉴턴의 운동 법칙과 마찬가지로 우리를 행복하게 하는 것의 정체를 분명하게 할 행복 법칙이 필요하다.

감정과 심리적 상태가 복잡한 것은 사실이나 뉴턴이 살았던 시대의 사람들은 행성과 별이 복잡하다고 느꼈다. 과학은 복잡한 특징을 가진 아티초크(국화과의 식물)를 한 겹씩 벗겨서 그 복잡성을 줄여서 현상의 핵심에 도달하는 것이다.

첫 번째 행복 법칙에 관한 탐구는 단순한 질문으로 시작된다. 무엇이 행복을 유발하는가? 감정의 지도를 신중하게 살펴보고 묻는다. 대다수의 감정을 유발하는 기본 원리는 무엇인가?

여기 의사결정 수업을 듣는 한 학생에게서 들은 실제 이야기가 있다. 어느 날 그의 17살 된 딸이 기말 성적을 받아서 집으로 왔다. 딸은 10점 만점에 8점을 받았고, 아주 좋은 점수였다. 하지만 딸은 울음을 멈추지 않았다. 그가 이유를 물으니 딸은 대답했다. "내 친구들은 다 9점이나 9.5점 받았단 말이야!"

이쯤 해두고 우리가 행복의 가장 기본적인 첫 번째 법칙이라고 생각하는 것을 여기 설명한다.

첫 번째 법칙 – 비교
행복과 불행은 상대와 비교하는 것에서 생긴다.

비교하려면 꼭 두 개의 대상을 연결해야 한다. 행복에 관해서 두 개의 대상 중 첫 번째 대상은 외적 현실이고 두 번째 대상은 기대감인데, 이는 현실에서 비교하는 기준이라고 여겨진다. 이 이야기의 딸은 친구들의 점수를 기준으로 기대감이 형성되어 있다. 만일 딸의 친구들이 9점이 아니라 7점을 받았다면 딸은 자기가 받은 점수에 정말 행복했을 것이다.

이것을 단순하고 익숙한 용어로 말하자면 이렇다.

현실 - 기대 = 행복

이것을 행복의 기본 방정식이라고 부른다. 이 책 전체에 걸쳐 새로운 행복 법칙이 소개되고 우리는 이 기본 방정식을 수정하고 보강해서 다양한 생활환경에 적용되도록 더 정교하게 다듬을 것이다. 행복의 기본 방정식을 구성하는 과정은 그 결과의 탐구와 더불어 이 책의 가장 중요한 뼈대를 구성할 것이다.

비교는 우리의 마음이 세상에 대처하려고 사용하는 수단이다. 우리는 스포츠 팀이나 회사나 학생이 이룬 성과를 상대적 평가라는 수단으로 판단한다. 단지 기준을 정하고 기대치를 형성하는 것으로 우리는 많은 처리 비용을 절약한다. 대체로 우리가 매일 마주하는 대부분의 현실은 우리의 기대감과 연결되어 있다. 즉 기대했던 곳에 차를 주차했고, 주방 용품들이 제자리에 놓여 있고, 신호등이 예상대로 변하는 것 등등이다. 그래서 우리는 익숙한 현실에 살고 있고 우리의 마음은 놀랄 일이 거의 없는 세상에서 편안하게 질주한다. 언급한 것들을 이용할 수 없거나 너무 멀리 있을 때 현실이 낯설어 지고 우리는 혼란에 빠진다. 그때 우리의 마음은 새로운 기준이 되는 틀을 설정한다.

현실이 기대한 것과 차이가 나면 감정이 활성화 된다. 이 차이가 긍정적 방향으로 가면, 마음은 이 경로를 즐기고, 기쁨이나 자부심이나 위로나 즐거움 같은 긍정적인 감정을 만들며, 이 감정들을 느끼면서 즐거운 시간을 보낸다. 예를 들어 비행기가 예상보다 일찍 도착하면 행복할 것이다. 한편으로 비행기가 늦게 도착하면 현실은 예상보다 바람직하지 않고 마음은 짜증이라는 부정적인 감정을 만들게 된다.

우리가 소유하고 사용하는 물건과 우리가 하는 활동으로 인해, 우리의 마음은 부정적인 감정과 긍정적인 감정을 유발한다. 이 감정들은 마음과 기대의 비교를 기초로 발생한다. 이 기대가 우리가 관찰하는 현실의 일부분과 비교적 가깝다면, 마음은 몇 가지 사소한 차이를 처리할 필요가 있다. 예를 들어 당신이 뉴욕 변두리에 살다 코네티컷 변두리로 이사한다면, 몇 가지 일에만 적응하면 된다. 새로운 현실이 이전 현실과 어느 정도 비슷하기 때문이다. 만일 차이가 너무 크다면 마음이 빨리 이 변화에 대처하지 못하여 혼란에 빠지게 되고, 그때 새로운 기준이 설정된다. 예를 들어 들어 뉴욕에서 인도로 이사하는 것은 코네티컷으로 이사하는 것보다 훨씬 더 많은 스트레스를 유발한다. 당신이 마주하는 대부분의 현실이 기대하는 바와 아주 다를 것이다(예를 들어 이제 당신은 다른 날씨와 다른 언어에 적응해야만 한다). 마찬가지로 핸들이 왼쪽에 달린 차를 운전하는데 익숙하면 영국으로 이사 가서 핸들이 오른쪽에 있는 차를 운전하는 일은 어려운 일일 것이다.

우리는 관찰하는 모든 것을 이해할 수 있는 기준이 필요하다. 우리가 접하는 이질적인 정보를 채우기 위해 기대치나 기준이라고 불리는 사전에 형성된 이미지가 필요하다. 사실 이런 욕구가 너무 강해서, 우리가 '객관적' 현실이라고 인식하는 것은 실제 현실과 우리가 보고 싶어 하는 현실이 혼합된 것이다. 우리는 실제 있는 것이 아니라 있을 것이라고 기대하는 것을 보고 믿으려는 편견을 가지고 있는데 이런 우리의 편견을 최대한 활용하는 사람들이 마술사들이다.

기대치를 결정하는 게 무엇인가? 기대치를 결정하는 세 가지 핵심 요인이 있다. 이번 장에서 첫 번째 요인을 살펴보고 다음 장에서 두 번째를 살펴보고, 이후 세 번째를 살펴보도록 하겠다.

사회 비교에 근거한 기대치

기대치를 결정하는 한 가지 요소는 우리 동년배가 소유한 것이다. 이는 '사회 비교 정도'라고 알려진 것이다. 우리가 이런 방식으로 기대치를 생각한다면, 행복을 결정하는 방정식을 만드는 게 가능하다.

내가 가진 것 - 다른 사람들이 가진 것 = 행복

자신이 다른 사람들보다 더 낫다고 생각하고 싶은 게 인간의 성향이다. 다음의 실험을 살펴보자. 이 실험에서 하버드 공중보건 대학 학생들에게 두 나라 중에서 살고 싶은 나라를 선택하라고 물었다. 나라 A에서 당신은 연 소득이 5만 달러이고 그 외 사람들은 2만 5천 달러를 받는다. 나라 B에서는 당신은 연 소득이 10만 달러이고 다른 사람들은 20만 달러를 받는다.

어느 나라를 선택하겠는가?

대다수의 학생들은 소득이 B의 반밖에 되지 않음에도 불구하고 A를 선호했다. 아마도 상대와 소득을 비교했을 때 더 높은 위치였기 때문일 것이다. 지식수준이 높고 주도적 지위에 있는 사람들에게도 같은 유형의 질문을 했다. 이들도 상대적으로 유리한 입장이 유지되는 한 절대 수준을 낮추는 쪽을 택했다.

우리는 스스로가 인정하는 것 이상으로 다른 사람들과 자신을 비교한다. 자신을 돈 많고 유명한 사람들과 비교할까? 아니면 동료나 친척과 비교할까? 〈미군 : 군대 생활 적응〉이라는 제목의 대표적인 연구에 따르면, 헌병대 복무 동안 승진으로 인한 만족감은 높았지만 승진의 기회는 적었다. 공군의 경우 승진의 기회는 많지만 만족감은 낮았다. 그 이유는 공군 내에서 승진할 자격이 충분하다고 느끼는 군인들이 너무 많았기 때문이다. 반면에 헌병대 군인들은 승진을 뛰어난 성과에 대한 성취와 포상으로 생각했다.

이 연구가 시사하는 바는 다른 비교와 마찬가지로 사회 비교는 유사성의 원칙에 의해 작동된다는 점이다. 사람들은 수입과 지위에서 자신과 비슷한 사람들과 비교할 가능성이 높다. 이 사회는 항상 부유하고 유명한 사람들을 선망하고, 대중매체에는 최근의 인기가수, 모델, 영향력 있는 인물들에 대한 뉴스로 넘쳐 나지만, 스스로를 다른 사람들과 비교할 때는 바로 곁에 누가 있는지 신중하면서도 자연스럽게 살피게 된다. 그래서 우리는 줄리아 로버츠나 브래드 피트를 우상화하지만, 비교에 관해서 말할 때는 옆집에 사는 메리 가족이나 폴 가족을 떠올린다. 대학교수는 자신을 영화배우나 노숙자와 비교할 가능성이 높지 않다. 그들은 같은 대학에 근무하는 다른 교수들이나 유사한 다른 대학의 비슷한 상황인 교수들과 자신의 생활을 비교할 가능성이 가장 높다.

신조차도 사회 비교에서 제외되는 건 아니다. 어째서 거미가 생겼는지 아는가? 고대 그리스 신화에 따르면 미네르바는 베를 짜는 여신이었다. 그녀의 솜씨는 정교하고 아름다웠다. 농사짓는 소녀 아라크네 또한 베를 잘 짜는 것으로 유명했다. 미네르바는 베 짜기 대회를 열어 아라크네와 승부를 겨루었다. 둘은 참으로 훌륭한 천을 짰고 결과는 무승부였다. 분노한 미네르바는 아라크네를 내치고 망신 주었다. 아라크네는 너무 낙담해서 자살하고 말았다. 미안함을 느낀 미네르바는 아라크네의 몸에 마법의 액체를 뿌렸다. 아라크네는 아주 특별한 베 짜기 재능을 받은 거미로 변했다.

상대적 사회 지위는 타인과의 비교에서 기인할 뿐만 아니라 실질적으로 생물학적인 결과이기도 하다. 한 연구에 따르면 긴꼬리원숭이 대장은 신경전달물질 세로토닌의 수치가 기타 원숭이보다 높다. 세로토닌은 행복의 느낌을 강화하는 데 관련된 물질이다. 흥미로운 점은 원숭이 대장이 집단에서 배제되면 세라토닌 수치는 떨어지고, 새로운 원숭이가 대장이 되면 그 원숭이의 세라토닌 수치가 올라간다는 사실이다. 이런 연구결과는 생물학적 수준에서도 행복은 자신과 타인의 지위 비교에 크게 좌우되고 있음을 보여준다. 그저 우리가 가진 것에 행복하기란 정말 어려운 일이지만 결코 불가능하지는 않다.

사회 비교의 목적

미국 삼나무 중에서 히페리온은 세계에서 가장 큰 나무로 높이가 백 미터 이상이며 캘리포니아 북부 전역의 숲에 백 그루 이상이 자란다. 이 나무는 축구장 길이만큼 키가 크다. 왜 이 나무는 이렇게 크게 자랄까? 그 이유는 이 나무들에게 기후와 토양은 적절한데 반해 단 한 가지 제한 적인 요소가 있었는데 그것이 바로 햇빛이었기 때문이다. 많은 어린 나무들이 큰 나무들 때문에 생긴 그늘로 인해 시들어 죽는다. 오래된 나무가 하나 죽어 쓰러지면 어린 나무들이 생기가 살아나 빛을 향해 경쟁하듯이 성장한다. 나무들이 의식적으로 경쟁하는 것이 아니며 에너지를 아끼기 위해 일부러 반만 커지는 선택을 할 수도 없다. 자연은 셀 수 없이 많은 묘목을 죽이면서도 마찬가지로 캘리포니아 고대의 숲에 있는 모든 나무를 살아남게 했다. 그 나무들은 다 4천살이 넘는다.

인류의 초기 발전 단계에서 신체적으로 가장 강한 인간은 사냥과 채집에 성공하고 그 뒤에는 짝을 찾고 그런 다음에는 그들의 야만적인 물리적 특성을 다음 세대로 전달했다. 인간이 농업을 시작하자 식량 자원이 더욱 안정되고 인구가 증가 했고 이 결과 불가피하게 자원 경쟁이 생겼다. 진화론적 장점으로 이들은 서서히 최고의 무기나 덫을 개발하고 사용하는 것에 더 창의적인 인간이 되고 전쟁에서 더 영악해졌다. 따라서 자원 경쟁은 왜 사회 비교가 이렇게 뿌리 깊은지를 잘 설명해준다.

일단 음식과 주거지와 건강이라는 기본적 욕구가 충족되면 더 많은 물질을 소유한다고 해도 생존에 중요한 이득은 없다. 그러면 왜 우리는 만족하지 못하고 행복하지 않은가? 사회심리학자 레온 페스팅거의 연구에 따르면 우리가 얼마나 잘하고 있는지를 결정하는 수단으로 사회 비교를 사용한다.

성공과 자부심의 척도로 우리 자신과 동료를 부와 지위의 측면에서 끊임없이 사회 비교를 하는데 우리 불만의 원인이 있는 게 아닐까?

비교하지 않기

다른 사람보다 뛰어난 사람이 되어야 한다는 걱정은 마라, 그래도 할 수 있는 한 최고가 되려는 노력을 멈추지 마라. 할 수 있는지 결정할 사람은 다른 사람이 아니라 당신이므로.
-존 우든 (전설적인 농구 코치)

우든 코치의 충고는 타인과 자신을 비교할 수밖에 없는 강력한 욕구를 이해한다는 점에 근거한다. 또한 우리 내면에 초점을 맞추는 것이 얼마나 중요한지를 이해한다는 점에 근거한다. 그는 우리의 성공은 타인의 성공과는 관련이 없다는 점을 강조한다. 그는 당신이 될 수 있는 한 최고가 되기 위해 노력해야 하고, 그렇게 해서 자기만족을 느끼고 심리적 평화를 이룬다고 믿었다. 다른 한편으로 당신이 계속 사회 비교를 한다면 자기 계발을 무시할 가능성이 높을 뿐 아니라 질투와 증오라는 어긋난 감정에 굴복할 위험이 있다.

질투와 증오는 보편적인 감정이고 행복에 끈질긴 장애물이 된다. 문학작품이 극적 긴장을 포함하는 데는 항상 이유가 있다. 예를 들어 지금까지 가장 오래된 서사시 〈마하바라타〉는 질투가 어떻게 위대한 왕국을 무너지게 만들었는지 보여준다.

고대 인도를 배경으로한 〈마하바라타〉는 왕의 아들들인 쿠루족과 왕의 조카들인 판두족에 대한 이야기다. 같은 가족인 이 두 부족은 적의에 찬 경쟁자였다. 쿠루족이 판두족을 이간질하고 파괴하려는 시도를 함에도 불구하고 평화를 유지했으나, 왕국은 결국 분열되어 쿠루족이 한 지역을 지배하고 판두족이 다른 쪽을 지배하게 되었다. 그러나 쿠루족은 여전히 판두족을 시기하며 파멸시킬 계획을 세웠다. 쿠루족은 판두족을 초대해서 주사위 게임을 하고 그 게임에서 판두족이 소유한 것을 다 빼앗으려고 속임수를 썼다. 판두족은 가진 것을 다 잃고 12년 동안 왕국에서 추방당했다. 더 나아가 추방당한 동안 발견되거나 위치가 알려지면 다시 추방당해서 신분을 감추고 13년을 보내야 한다는 조건까지 감수했다. 판두족이 이런 조건을 충족시켜 주었지만 쿠루족은 여전히 판두족과 왕국을 공유하기를 거부했다. 피비린내 나는 전쟁이 일어났다. 판두족은 양측의 가족과 친구들이 대량으로 살육되는 대가를 치르고 전쟁에 승리했다. 판두족에게는 너무나 많은 희생을 치르고 얻은 승리였다. 판두족은 계속해서 황폐해진 왕국을 다스렸다.

〈마하바라타〉의 서로 싸우는 부족처럼 질투와 사회 비교 때문에 무언가를 더 가지려는 헛된 시도를 하게 되고 우리에게 있는 좋은 것들을 간과하게 된다. 당신은 직장생활을 통해 비즈니스의 본질과 경쟁적인 성공이 사회 비교를 피할 수 없게 만든다고 믿을 수도 있다. 아마 당신은 비즈니스의 세계에서 빠져 나와야 돈 버는 것과 연관된 비교나 질투를 하지 않을 거라고 생각할 수도 있다. 삶의 모든 측면에서 비교를 피할 수는 없다. 승려나 시인이나 사제도 이런 비교로부터 자유로울 수 없다.

사회 비교를 멈추지 않는다면 성공이 행복을 증가시키지는 않는다고 우리는 믿는다. 왜냐하면 기대치가 계속 높아지기 때문이다. 자신의 부나 지위가 높아지면 자신을 더욱 유복한 동료들과 비교하게 될 것이고 그러면 상대적인 부와 지위에 대한 느낌은 여전히 같은 수준에 머물게 될 것이다. 버트란트 러셀은 『행복 정복』이란 책에서 이런 말을 했다. "영광을 바란다면 나폴레옹을 부러워할지도 모른다. 하지만 나폴레옹은 시저를 부러워하고 시저는 알렉산더를 부러워한다. 굳이 말하자면 알렉산더는 실제 존재하지도 않는 헤라클레스를 부러워한다."

우리보다 운이 없는 사람들과 자신을 비교해서 자기 실속만 차리는 사회 비교로 스스로의 행복을 향상시킬 수는 없을까 라고 스스로에게 물어야 할 지 모른다. 물론 기대한 결과에 따르면 그럴 수도 있다. 예를 들어 톰 길로비치와 그의 동료들은 「적을수록 좋을 때; 올림픽 메달 수령자의 반사실적 사고와 만족」이라는 제목의 연구에서 올림픽 동메달을 딴 선수들은 은메달을 딴 선수들 보다 더 행복하다는 사실을 알아냈다. 은메달을 딴 선수들은 아깝게 우승하지 못한 것을 애석해 하지만 동메달을 딴 선수들은 전 종목의 선수들을 자신들과 비교해서 적어도 한 개의 메달이라도 땄다는 것에 기뻐한다.

사회 비교에 대한 현명한 접근법

사회 비교는 대부분 무의식적으로 우리의 기대치에 영향을 미치는데, 이는 '또래의 압박' 효과가 왜 그렇게 만연하고 오래 지속되는지 설명해 준다. 이것은 우리가 절대로 완전히 멈출 수 없는 일이다. 우리의 동료가 나이와 교육과 소득 면에서 우리와 더 비슷할수록 그들의 행동은 우리의 행동에 더 많은 영향을 미칠 것이다.

대부분의 사회 비교가 무의식적이기 때문에 '그냥 비교 하는 거지'라고 인식하면 그 영향을 덜 받는 데 도움이 될 수 있다. 또한 타인이 당신에게 영향을 미치는 것처럼 당신도 그들에게 영향을 미친다는 사실을 알아야 할 것이다. 여기 네 가지의 전략이 있다. 자신을 타인과 비교하는 자연적인 성향에 대처하는 데 도움이 될 것이다.

1. 올바른 연못에서 놀아라. 즉 자신의 능력과 한계를 잘 알고 자신에게 적합한 사회 집단을 선택하라는 말이다. 재능 있는 언론인은 동료들의 존중을 받을 때 행복할 것이다. 하지만 이 사람이 언론인으로서의 경력을 포기하고 월급이 훨씬 많은 주식 중개인이 된다면, 그의 행복은 줄어들 수도 있다. 그의 새로운 동료 집단이 이제는 훨씬 더 돈을 많이 버는 주식 중개인들이기 때문이다. 간단하게 말하자면 자신의 선택이 자기 자신을 비교하는 사람들에게 어떤 영향을 미치는지 유의해야 한다.

2. 선택적 비교. 자신에게 유리한 범위에서만 자신과 타인을 비교하라. 이웃의 새 BMW 차나 수영장 때문에 질투심이 생긴다면, 자신의 좋은 건강 상태나 가족 및 친구들과 더 많은 자유시간을 보낼 수 있는 능력이 있다는 점에서 기쁨을 느껴라. 취미나 사회 복지나 종교에 몰두하는 것에 안정감을 느끼면 이웃이 물질적인 면에서 장점을 가졌다는 게 중요하지 않을 수도 있다. 우리가 가진 것을 동년배 집단 사람들과 비교하기 쉽다. 이 사람들이 가진 것은 두드러지고 쉽게 눈에 띄기 때문이다. 그래서 우리는 삶에 대해 더 넓은 시야를 가지는 두뇌 훈련을 개발하고

의도적으로 자신의 상황에 감사할 이유를 찾아야 한다.

3. 친절한 행동. 운이 덜 따르는 사람들을 돕는 것은 그 자체로 만족감을 준다. 이런 친절한 행동을 통해 우리는 어려움에 처한 사람들과의 관계를 발전시키고 자신의 재능기부에 든든함을 느낄 것이다. 우리는 각자 특별하고 자신의 행운에 감사하는 능력을 가졌다. 감정적 자극은 아이들이 가난한 친구들에게 더욱 관대해 질 수 있다는 연구결과가 있다.
   이런 정신 훈련을 하면 질투심은 집요한 심리적 상태가 아니라 순식간에 사라지는 잡념이 된다.

4. 존경하는 태도를 형성하라. 존경은 질투를 해소한다. 내게 행운이 찾아왔다고 다른 사람들에게 말할 때 이 말을 듣고 정말 행복해하는 사람들이 있다는 걸 아는가? 이런 사람들은 타인의 행운에 감사하고 타인의 성공에 기뻐하는 법을 배운 사람들이다. 모든 사람은 자신의 정원이 이웃에게 주는 기쁨을 유지하면서 이웃의 정원을 즐기는 능력을 가졌다. 즉 이런 방법으로 상황을 보는 법을 배울 수 있을 때 당신의 기쁨은 배가 된다.

더불어 기뻐하기 - 끝없는 행복의 원천

인정하고 싶지 않겠지만, 우리는 때로 타인의 불행에서 기쁨을 느낀다. 독일인들은 이를 '타인의 불행에 대한 쾌감(Schadenfreude)'이라고 하는데 뮤지컬 〈애비뉴 큐(Avenue Q)〉의 노래를 통해서 이 단어가 유명해 졌다. 예를 들어 우리는 서커스의 광대가 엉덩방아 찧는 것을 비웃고, 부러움의 대상이었던 전 고등학교 치어리더가 나이들어 보기 흉하다고 비웃는다. '타인의 불행에 대한 쾌감'은 본질적으로 자신을 더 기분 좋게 만든 사회 비교의 한 유형이다. 하지만 이런 생각이 정말로 우리를 행복하게 만들까?

핵심은 타인의 불행에서 느끼는 쾌감은 그저 질투와 분노의 한 형태일 뿐이다. 이 질투와 분노는 자신에게 유리하게 작동한다. 극단적으로 말하자면 타인의 불행에서 행복을 찾으려는 강박적 욕구는 행복에 해롭다. 그러나 우리는 '타인의 불행에 대한 쾌감'에 사로잡히는 성향을 가진 것과 마찬가지로 반대되는 성향을 가지는 것 또한 가능하다. '더불어 기뻐함'은 타인의 성공에서 즐거워한다는 불교의 개념이다. '타인의 불행에 대한 쾌감'과 마찬가지로 우리는 타인의 성공에 기뻐하는 것에도 익숙하다. 가까운 친구와 가족의 성공을 축하할 때가 그렇다. 대다수의 사람들이 깨닫지 못하는 사실은 넓은 세상의 사람들과 '더불어 기뻐함'을 더 많이 나눌수록 우리의 행복은 더 커진다는 점이다.

진심으로 '더불어 기뻐함'을 경험하는 일은 쉽지 않지만 잠시 시간을 갖고 당신이 누군가의 성공을 축하해준 일을 생각한다면 그 목록이 생각보다 길다는 것을 깨달을 것이다. 그 목록에는 가족이나 친구뿐만 아니라 유명 인사들, 운동선수들, 그리고 당신이 만난 적도 없는 많은 사람들이 올라 있다.

이제 '더불어 기뻐함'은 당신이 아는 것보다 더 큰 삶의 일부라는 사실을 깨달았으니, 훨씬 더 자주 이를 경험하도록 노력할 수 있을 것이다. 사실 당신에게 기쁨을 가져다 줄 사람들의 성공이 적힌 긴 목록은 끝이 없다. 불교의 많은 가르침이 신봉하는 것처럼 '더불어 기뻐함'은 삶의 어느 시점에 우리들이 가질 수 있는 무한한 기쁨의 원천을 나타낸다. 우리의 삶에 이런 기쁨을 가져오기 위해 해야 할 일은 사회 비교(부러움, 질투, 수치심, 슬픔)의 부정적 영향을 줄이고 긍정적인 영향(존경, 사랑, 기쁨)을 구축하는 것이다.

행복의 작동

매일 다른 사람의 성공이나 행운에서 기쁨을 느껴보라. 그 사람이 직장 동료거나 가족 구성원이거나 뉴스에 등장한 사람일 수도 있다. 이런 과정을 더 수월하게 하려면 그 사람이 당신이 아는 사람이고 사랑하는 사람이라고 상상하라. 이런 연습을 계속하면 이런 일이 더 쉬워지고 다른 사람의 성공에서 행복과 기쁨을 찾는 일이 더 쉬워짐을 알게 될 것이다.

4장. 두 번째 행복 법칙 ——— 기대치의 변화

이 종은 생존한 종 중에서 가장 강하지도 않고 가장 지능이 뛰어나지도 않지만 변화에 가장 즉각적으로 대응한다. - 찰스 다윈

기대치는 행복 법칙에서 핵심 역할을 한다. 그러면 우리의 기대치를 결정하는 것은 무엇인가? 우리는 타인이 어떻게 우리의 기대치에 영향을 미치는지에 대해 논의했다. 사회 비교는 기대치에 영향을 미치는 세 가지의 주요 요소들 중 하나에 불과하다. 두 번째 주요 요소는 무엇인가?

여기 단순하지만 효과적인 실험이 있다. 세 개의 잔이 있다. 첫 번째 잔에 뜨거운 물을 채운다(손을 델 정도로 뜨겁지 않다). 두 번째 잔에는 차가운 물을, 세 번째 잔에는 실온의 물을 채운다. 이제 뜨거운 물에 오른 손의 손가락 하나를 넣고 차가운 물에 왼 손의 손가락을 하나 넣는다. 일 분 정도 손가락을 물에 넣는다. 그리고 나서 두 손가락을 다시 실온의 물이 담긴 잔에 넣는다. 어떤 느낌인가?

뜨거운 물에 있던 손가락은 뜨거움에 적응이 되었다. 그래서 이제 실온의 물이 차갑게 느껴진다. 찬물에 있던 손가락은 차가움에 적응이 되었다. 그래서 이제는 실온에 있던 물이 덥게 느껴진다. 여기에 마법이 있다. 똑같은 현실이 적응력 때문에 다른 느낌을 만들어낸다. 이 경우 온도라는 환경이 비교의 기준을 바꾸었고, 전에는 미지근했던 물이 새로운 기준에 따라 이제는 뜨겁거나 차가운 것으로 느껴졌다. 당신이 인식하는 것은 자극 그 자체가 아니라 현재의 자극과 과거의 자극 간의 차이다. 다른 말로 하자면 과거에 경험했던 것이 기대치에 영향을 미친다.

현실과 기대치

찰스 디킨스의 『위대한 유산』에 나오는 미스 하비샴 같은 사람들은 드물다. 그녀의 결혼식이 취소된 이후 그녀의 삶의 시간이 멈춰 버린다. 대다수의 사람들은 좋은 시절(상향 적응)과 나쁜 시절(하향 적응)이라는 새로운 현실에 적응한다. 현실이 어떻든 결국 평범하게 느껴지기 시작한다. 기준과 기대의 중요한 특징 중 하나는 이것들이 지금의 현실이 있는 방향으로 움직인다는 사실이다. 기대치가 행복을 이해하는 데 기본이 되는 것이기 때문에 이것들이 움직인다는 사실은 하나의 법칙이 될 만하다.

두 번째 법칙 – 기대치의 변화
기대치는 변한다, 항상 새로운 현실을 향해 움직인다.

우리들은 거의가 학생이라 작은 아파트나 기숙사에서 룸메이트와 함께 산다. 낡은 차를 몰고, 저렴한 식당을 이용한다. 하지만 우리는 행복하다. 기대치가 낮기 때문이다. 직업을 가지면 아파트에 살고, 새 차를 몰고, 상대적으로 좀 더 비싼 식당을 이용할 것이다. 그러면 우리는 더 행복해질까? 우리의 소득이 서서히 증가하면서 기대치도 커질 것이다. 현실이 높아졌지만 기대치도 높아지고 그래서 우리는 이제 독립된 생활, 더 좋은 차, 더 고급스러운 식당을 필요로 하는 생활방식에 정착할 것이다.

　　학생인 우리의 기대치는 또래 집단의 다른 사람들, 즉 다른 학생들의 생활방식에 영향을 받는다. 졸업 후 또래들은 소득이 더 높은 동료로 변신한다. 회사 사무실의 어떤 사람이 최신형 독일 세단을 몬다면, 캠퍼스에서는 만족스럽던 자신의 고물 차는 더 이상 만족감을 줄 수 없을 것이다.

　　앞에 나온 사례를 토대로 기대치가 변하는 데는 두 가지 기본적 방식이 있다는 것을 알 수 있다. 우리는 어느 쪽엔가 적응하니까 우리의 기대치는 우리가 익숙해진 것일 뿐이다. 또는 우리는 자신을 타인과 비교하므로 우리 동료가 가진 것을 갖고 싶어 하는 것이다.

　　기대치는 적응에 따라 변한다. 간단히 말해 과거에 가졌던 것이 당신의 미래 기대치를 결정할 수 있다. 당신은 이를 뜨거운 물과 차가운 물에 손가락을 담근 것으로 경험했다. 손가락은 뜨겁거나 차가울 것으로 '기대'했지만 손가락을 실온의 물에 넣자, 이 기대는 더 이상 충족되지 않았고 뜨겁던 손가락은 차가움을, 차갑던 손가락은 뜨거움을 느꼈다. 이를 방정식으로 표시하자면 적응이 기대치를 변화시킨 것을 다음과 같이 나타낸다.

오늘 내가 가진 것 - 과거에 내가 가졌던 것 = 행복

'끝없는 행복을 누리고 싶어서 삶의 일부를 개선하려는 꿈'을 꾼 적 없는 사람이 있을까? 그것이 많은 돈이든 행복한 애정 생활이든 간에, 조금만 더 가져도 앞으로 훨씬 더 행복해질 거라고 믿는 것은 당연하다. 하지만 행복을 얻기 위해 현실을 기대치보다 더 낫게 만들면 색다른 부작용이 발생한다. 즉 우리의 기대치도 같이 높아진다. 기대치가 현실과 더 가까워질수록 우리의 행복 수준은 중립 수준으로 되돌아가고 우리는 예전과 같은 수준으로 행복할 뿐이라는 사실을 알게 된다.

신경과학자 볼프람 슐츠는 원숭이조차도 이런 종류의 적응력을 보여준다는 사실을 알아냈다. 습관적으로 주던 사과 말고 건포도를 주자 원숭이들은 펄쩍 뛰었고 뇌에서 보상을 관장하는 부분이 활성화 되었다. 하지만 시간이 감에 따라 원숭이들이 새 음식에 적응하자 이런 행위가 줄어들었다. 원숭이들이 다시 사과를 받자, 처음에는 실망감을 보이더니 이내 적응했고 원숭이들의 뇌 활성화는 건포도를 받기 전으로 다시 되돌아갔다.

1970년대에 연구원인 필립 브릭맨과 도널드 캠벨은 이런 현상을 나타내는 용어를 "쾌락의 쳇바퀴"라고 불렀고, 좋은 일은 일시적으로 우리를 행복하게 하고 나쁜 일도 일시적으로 우리를 불행하게 한다고 설명했다. 이 용어는 좋은 일을 당연한 것으로 받아들이고 재빨리 적응하는 우리의 능력을 분명하게 밝힌다. 사물(자동차, 시계, 전자 제품)에 대한 적응이 이렇게 빠른데 왜 우리는 이렇게 간절하게 새 차를 원하고 기다리지 못해 자동차 대리점이나 쇼핑몰로 달려가는 걸까? 우리가 새 차를 많이 좋아할 거란 예측은 대리점에서 집으로 차를 몰고 갈 때의 행복으로 인해 편견을 가진다. 최신형 자동차 사진을 보고 군침을 흘리면서 이 차를 차고에 주차시킨다고 해서 향후 몇 년간 이때와 똑같은 고조된 행복을 얻는 것은 아니다.

이는 우리의 마음이 적응한다는 것을 예상하지 않았기 때문이고, 미래의 비교 기준이 지금의 기준과 다를 것이라는 생각을 못했기 때문이다. 재화와 경험과 승리가 누적됨에 따라 기대치도 상승한다. 그러므로 지금 더 많이 가지는 것이 꼭 좋은 것은 아니다. 우리가 많이 가진 것에 익숙해지면 계속 더 많이 가져야 하고, 그러면 우리는 쳇바퀴를 도는 것이다.

잠시 멈추고 자신의 팔과 다리의 움직임에 대해 느껴 보라. 휠체어 없이 돌아다닐 수 있는 삶이 얼마나 중요한지 생각해보라. 갑자기 걸을 수 없다면 어쩔 것인가? 이 책을 읽을 때 자신의 시력에 대해 생각해보라. 갑자기 눈이 보이지 않으면 삶이 얼마나 달라질 것인가? 새로운 삶에 적응하는 게 엄청난 일일 것이다. 눈 먼 사람이나 걷지 못하는 사람에게 조언을 구한다고 가정해보라. 그들은 당신이 직면한 어려움을 이해할 수 있겠지만 당신의 깊은 절망을 공유하기는 어려울 것이다. 그들은 보이는 삶이나 걸어 다니는 삶을 알지 못하기 때문이다. 간단하게 말하면 그들은 가진 적이 없기 때문에 잃어버릴 일도 없다.

동일한 방식이 생활양식과 소득에 영향을 미치는 경향이 있다. 이런 점을 설명한 비극적 사례가 독일 억만장자 아돌프 메클레의 경우다. 그는 2009년 재정 문제로 인해 자살했다. 그의 재산이 크게 준 이후에도 메클레는 세계에서 가장 부유한 사람들에 속했다. 문제는 그의 엄청난 재산이 아니라 그 재산이 급격하게 감소했다는 점이다. 결과적으로 그는 자부심과 명성을 상실하고 이로 인해 목숨을 끊기에 이르렀다.

더 일상적인 상황으로 적응의 충격을 설명하기 위해 다음의 사람들을 살펴보자. 앤은 원래 저소득 가정 출신이지만 열심히 일해서 대학에 다니고 학위를 따고, 그 학위로 좋은 직업을 가지게 되었다. 앤은 자신의 업무를 더 잘 습득해서 근무 실적이 나날이 좋아졌다. 앤은 월급이 천 달러에서 시작해서 2천 달러까지 올랐다.

빌은 중산층 지역에서 성장했고 평생 동안 같은 생활수준을 유지해왔다. 그는 안정적인 경력을 쌓고 수입은 거의 변함이 없다. 빌의 월급은 2천 달러에서 일정한 수준으로 유지된다.

캐롤은 대단히 부유했지만 가족이 운영 하는 회사에 일련의 불행한 사건이 발생해서 소득이 지속적으로 감소했다. 그녀는 아직도 중산층 이상이 거주하는 지역의 좋은 집에 거주할 능력이 있지만 멋진 해변가 주택을 팔아야 했다. 캐롤의 월급은 3천 달러에서 시작해서 꾸준히 줄어 2천 달러가 되었다.

이 세 사람이 서로 모른다고 가정하자. 따라서 이들 사이에는 어떤 사회 비교도 생기지 않는다. 이들은 다 기본적 욕구를 충족할 충분한 예산을 가지고 있고, 그 예산이 한 달에 총 1천 달러 정도라고 추정한다. 누가 가장 행복한 사람이라고 말할 수 있을까? 앤, 빌, 캐롤 중 누구일까?

구식 사고방식을 가진 경제학자에게 물으면, 이런 소득 명세서는 '우월적 관계'에 따라 결정된다고 아주 설득력 있게 주장할 것이다. 즉 캐롤의 수입은 3천 달러에서 2천 달러 사이에서 움직이니 수입이 2천 달러인 빌보다 높다. 그러면 캐롤이 빌보다 행복해야만 한다. 같은 논리로 따지자면 빌의 수입이 천 달러에서 2천 달러 사이에서 움직이는 앤의 수입보다 높다. 정말 돈으로 행복을 살 수 있다면 예상은 단순하다. 캐롤이 가장 행복하고 그 다음에 빌, 마지막으로 앤이다.

당신은 어떻게 예상하는가? 아마도 앤이 가장 행복하다고 생각할 것이다. 그렇다면, 당신의 예상은 우리가 말하는 행복 법칙에 동의하고 있다. 앤은 월급이 천 달러 증가했으니 가장 행복한 사람일 수밖에 없다. 이어서 빌이 다음이다. 빌의 월급은 시간이 지나도 일정하기 때문이다. 결국 빌은 캐롤보다 행복할 것이다. 캐롤은 월급이 천 달러 줄었기 때문이다.

물론 이 말이 돈을 적게 가진 사람이 더 행복하다는 뜻은 아니다. 하지만 과거보다 돈이 더 많아진 사람들이 더 행복한 게 틀림없다. 행복을 결정하는 이런 크레셴도(점점 커짐) 효과는 우리가 논하는 행복 법칙의 핵심을 담고 있다.

◆ ◆ ◆

우리는 스페인 출신 103명을 설문 조사했다. 우리의 질문에는 앤과 빌과 캐롤의 행복 순위에 대해 물어보는 것도 포함되었다. 당연히 대다수의 사람들은 수입이 적었다가 시간이 지남에 따라 증가한 앤이 가장 행복할 것이라고 예상했다. 수입이 앤보다 상당히 높았지만 시간이 지남에 따라 줄어든 캐롤을 가장 행복하지 않은 사람으로 예상했다. 사람들은 직관적으로 낮았다가 높아지는 것, 즉 수입이 증가되는 것이 수입의 변동이 없는 것보다 중요하다고 생각한다.

생활환경에 적응하기

행복의 두 법칙을 요약하면 다음 방정식으로 압축될 수 있다.

현실 - 변하는 기대치 = 행복

그리고 기대치는 과거의 생활수준과 사회 비교에 대한 적응을 기반으로 변화한다.

이런 기대치 변화는 내가 과거에 가졌던 것과 타인이 현재 가진 것에 달려있다. 과거에 내가 가졌던 것(적응)과 다른 사람이 현재 가진 것(사회 비교)에 따라 기대치가 어떻게 변하는지 알기 위해 한 골프 선수의 사례를 살펴보자. 짐은 최근에 여러 친구들과 골프를 시작한 풋내기 골퍼다. 그의 골프 경기의 질을 결정하는 것은 무엇일까? 오늘 짐의 점수가 과거 점수보다 높고 친구들 점수보다 높으면 그는 정말 행복할 것이다. 물론 짐의 점수가 평소보다 안 좋고 친구들 점수보다 나쁘면 그는 비참함을 느낄 것이다. 그의 점수가 자신의 평소 점수보다 높지만 친구들 점수보다 나쁘면 어떨까? 그럼 그는 착잡한 기분이 들것이다. 아마 그는 자신의 과거 점수와 긍정적인 비교를 할 수 있겠지만 친구들 보다 못했다는 사실이 그날의 행복을 앗아 갈 것이다. 긍정적 감정과 부정적 감정이 교대로 나타나는 이 착잡한 감정은 짐이 친구들보다 잘했지만 자신의 평소 실력보다 나빴을 때도 생길 것이다.

만 년 전 농업이 시작된 이래, 인간은 오두막 생활에서 주택 생활로, 두 발로 걷는 것에서 자동차 운전으로, 먹을거리를 준비하기 위해 하루 종일 걸리던 것에서 몇 초안에 전자레인지로 조리하는 것으로 변화를 겪었다. 시간이 흘러 인간은 질병에 적응했고 유전적 저항력이 일부 인구에 나타나기도 했다. 인간이 얼마나 적응력이 좋은지 놀라울 뿐이다. 이런 적응력 때문에 인간은 기후변화, 질병, 전쟁에서 살아남았다. 하지만 앞으로 보여주겠지만, 우리가 그 오랜 세월 동안 행운이 우리를 찾아와도 절대 만족하지 못하는 이유가 바로 이 적응력 때문이기도 하다.

이 과정을 현대적으로 표현하자면 다음의 가상 상황으로 설명할 수 있다. 당신은 살고 있는 지역에 아주 만족한다. 그런데 뜻밖에 높은 급여를 주는 일자리를 제안 받았다. 이제 더 부유한 지역으로 이사 갈 결심을 한다. 당신은 더 행복할까? 당신은 처음에는 기뻐하지만 곧 새로운 생활이 주는 편안함과 더 좋은 환경에 익숙해지자 더 멋진 차와 집을 가진 이웃들에게 눈을 돌리기 시작한다. 우리의 생활수준과 동년배 집단과의 비교가 계속 변함에 따라, 이 똑같은 순환이 우리의 행복을 빼앗아 간다.

적응은 직관적으로 이해하기 쉽다. 우리는 새로운 것을 소유하면 행복감을 느낀다. 단지 시간이 지남에 따라 그 기쁨이 줄어들 뿐이다. 마찬가지로 시간이 지남에 따라 부정적 사건의 고통이 흐려지는 경험을 할 수 있다.

부분 적응

적응은 좋을 때나 나쁠 때나 행복을 조정한다. 적응이 전부고 완전한가, 아니면 그냥 부분적인 것인가? 에이브, 베스, 크리스에 대한 사례를 들어 보겠다. 이들은 평균 연 소득이 5만 달러인 작은 도시에 산다. 오랫동안 에이브와 베스와 크리스의 평균 소득은 다 5만 달러였다. 그들은 이 돈으로 연간 지출을 충당했다. 그런데 갑자기 에이브가 승진을 해서 수입이 만 달러 늘었다. 베스는 급여가 그대로고, 반면 크리스는 직업을 바꾸고 급여가 만 달러 줄었다. 이런 변화가 생긴 후 에이브와 베스와 크리스의 급여는 각각 6만, 5만, 4만 달러가 되었고 이 수준이 일정하게 유지되었다.

향후 몇 개월간 이 세 사람의 행복 진동기록이 어떨 것이라고 예상하는가? 충분한 시간이 지난 후에도 그들의 행복은 변화가 있기 전과 같은 수준으로 되돌아 갈 수 있을까? 그들이 서로 모른다고 가정하자. 하지만 그들은 그 도시의 평균 소득 5만 달러를 자신이 처한 상황과 비교할 수는 있다.

급여의 변화가 있기 전 에이브와 베스와 크리스는 똑같이 행복했다. 급여가 올라가는 순간, 에이브는 급여 때문에 행복이 벅차게 커지는 것을 경험할 것이다. 이 일에 완전히 적응한 경우, 새로운 소득 수준에 적응함에 따라 조금씩 이 벅찬 증가는 잊힐 것이다. 베스의 행복 진동기록은 평이하게 유지될 것이다. 그녀의 상황은 변화가 없기 때문이다. 이에 비해 크리스는 소득이 줄었기 때문에 심각한 불행을 경험할 것이다. 하지만 시간이 지나면 그는 예전 수준의 행복을 회복하고 더 검소한 삶에 적응할 것이다.

에라스무스 대학의 버나드 반 프라그와 경제분석연구소의 아다 페레카보넬은 경제학자다. 이들은 절대 소득, 상대 소득, 건강, 결혼, 직업 같은 요인들이 삶의 만족에 어떤 영향을 미치는지 면밀하게 연구했다. 이 요인에는 심지어 소음도 포함된다. 이들은 특히 소득의 지속적인 변화가 행복에 어떤 영향을 미치는지 알아보았다. 결론은 월급 인상은 삶의 만족도 증가로 이어진다. 적응으로 예측한 것처럼 이런 식의 행복 증가는 대부분 일시적이다. 그러나 증가한 행복의 일부는 영속적으로 지속된다. 다시 말해서 우리는 완벽한 적응보다는 부분 적응을 하고 있다.

실제 이 두 경제학자들의 추정에 따르면 처음에 경험한 행복 증가에 대한 대량의 데이터 샘플을 확인하면 80%의 행복이 일시적이고 20%의 행복은 영구적이다. 이 영구적 효과는 우리가 구매하는 일부 재화의 비적응적 측면 때문이며 또한 사회 비교 개선의 영구적인 영향 때문이기도 하다. 그래서 이 데이터에 따르면 적어도 돈으로 행복을 살 수는 있지만, 우리가 기대한 만큼 살 수 있는 것은 아니다.

부분 적응은 또한 손실에서도 찾을 수 있는데, 최초 불행의 80%가 시간이 지나면서 흐려진다는 것이다. 그리고 반 프라그와 페레 카보넬은 손실이 이익보다 더 강하게 느껴진다는 것을 알아냈다. 다음의 글이 이를 반영한다. "자신이 소득이 낮은 쪽에 있으면 이 소득 격차로 인해 많은 고통이 발생한다. 반면, 높은 쪽에 있으면 이 격차가 당연한 것으로 여겨져 별로 좋아하지 않게 된다"라는 내용이다. 우리는 다음 장에서 행복의 세 번째 법칙으로 소득과 손실의 불균형을 알아볼 것이다.

행복의 재화 취득하기

우리는 모든 소유물과 경험에 똑같은 수준으로 적응하지 않는다는 점을 인식하는 것이 중요하다. 어떤 물건들은 소유하면 금방 가치를 상실하는 반면 어떤 물건은 영원히 그 소중함이 유지된다. 다음 장에서 펼쳐질 행복 법칙의 실질적인 내용은 다섯 가지 다른 형태로 분류한 재화와 활동이다. 이 책 도처에서 우리는 재화와 활동이란 용어를 번갈아 가며 사용할 것이다. 재화는 소비와 금전 사용을 중시하고 활동은 시간 사용을 중시한다.

재화와 활동은 기본 방정식의 '현실' 부분에 속한다. 다른 유형의 재화들 간의 차이를 이해하면 더욱 실질적으로 행복을 예측할 수 있고, 미래의 실망으로부터 스스로를 지킬 수 있다. 기본 재화와 적응 재화라는 두 가지 유형의 재화가 가진 핵심 차이를 소개하겠다. 나머지 세 가지 재화는 이후의 장에서 논의할 것이다.

기본 재화

바로 앞에서 살펴본 하버드 대학의 사회 비교 연구에 따르면 대다수의 응답자는 자신의 절대 소득 보다는 상대 소득에 관심을 가졌다. 동일한 연구에서 같은 질문을 했는데 다만 소득이 아닌 건강과 휴가라는 말로 질문했다. 학생들은 다른 사람들보다 휴가 일수가 짧아도 휴가 일수가 확실한 쪽을 선호했다. 하지만 이들은 또래에 비해서는 휴가 일수가 더 긴 쪽을 선호했다. 마찬가지로 사람들은 동년배들이 이미 자신보다 더 오래 행복한 결혼생활을 유지하고 있는데도 불구하고 자신이 더 오래 행복한 결혼생활을 하기 원했다. 이런 측면에서 보자면 사람들은 상대적인 이점에 편견을 가지지는 않는다. 따라서 이들의 행복은 도출된 결과의 절대적 수준에 달려 있고 동시에 타인의 결과에 별로 의존하지 않는다.

우리가 거의 적응하지 않는 재화와 경험이 있다. 우리가 이런 재화에서 얻는 즐거움은 다소 일정하다. 이런 것들을 기본 재화라고 부르고, 이 재화에는 음식, 휴식, 성생활, 건강, 운동, 그리고 친구 및 가족들과의 사교 관계가 포함된다. 이런 기본 재화의 존재는 소득 증가 후 발생하는 영구적인 행복증가 20%를 설명해준다.

우리는 배고플 때 따뜻한 음식에 감사하고 피곤할 때 숙면에 감사한다. 당연히 기본 재화에 대한 우리의 적응 정도는 거의 또는 전혀 변하지 않는다. 우리는 이 기본 재화를 비적응 재화 또는 절대적 재화라고 부를 수 있다.

적응 재화

적응 재화로 인해 생긴 행복은 빨리 소멸된다. 새 가구의 편안함, 전자 제품의 신기함, 좋은 의류와 보석 같은 적응 재화를 처음 경험한 다음, 처음과 같은 정도의 행복을 원한다면 같은 수준으로 계속 소비해야만 한다. 우리는 종종 미래의 기대가 무엇인지 예상하지 못하고 우리가 얼마나 행복할 것인지에 대해 오판한다.

우리는 적응 재화와 기본 재화를 자주 혼동하고 이들 재화에서 얻는 즐거움이 지속될 것이라고 믿는다. 하지만 모두 다 아는 것처럼 새 차를 모는 흥분은 사라지고 이전으로 다시 돌아온 자신을 발견한다. 안락함이나 전자 제품, 좋은 의류와 보석에도 같은 일이 생긴다. 물론 이 모든 재화는 기본적 기능을 가졌고 따라서 일부만 적용할 따름이다. 이런 재화를 구입한 후에도 영구적 행복은 일부 남아 있다.

기본 재화와 적응 재화의 차이를 이해하는 것이 행복을 극대화하는 핵심이다. 적응 재화에서 생기는 수익 감소를 인지하고 예측해서 기본 재화를 즐기고 감사하면, 그 결과 더 큰 행복을 이룰 더 나은 위치에 있을 것이다.

더운 날 먹는 작은 아이스크림 하나에도 감사해야 하고 친구와의 즐거운 점심이나 새로운 장소에서 즐기는 휴가에서 생기는 만족감을 인정해야 한다. 이런 경험을 믿으면 항상 이 경험을 즐길 수 있다. 적응 재화에 대해 말하자면, 현명한 방법으로 이 재화를 소비하는 것이 중요하고 이 재화의 긍정적인 효과가 시간이 흐름에 따라 줄어들 것이라는 사실을 알아야 한다.

이후 이 책에서 우리는 행복을 증대시키기 위해 세 가지 다른 유형의 재화를 다루는 방법을 정확히 설명할 것이다. 또한 기본 재화처럼 보이는 적응 재화인 '누적 재화'도 설명할 것이다. 그러나 지금은 이 재화들 간의 차이를 이해하는 것이 올바른 방향으로 가는 중요한 단계이다.

기대치가 과거의 적응과 동년배 집단의 행동에 따라 변한다는 사실을 명심하기 바란다. 기대치의 변화 법칙에 대한 두 가지 원칙, 즉 적응과 사회 비교는 살면서 행복을 극대화 시키는 방법을 이해하는 데 필수적이다. 기대치가 변하는 세 번째 방법은 현실을 보는 새로운 방법을 의도적으로 찾는 것이다. 후에 우리는 활동을 재구성하고 기대에 영향을 미치는 세 번째 방법을 탐구하기 위해 한 장을 다 할애할 것이다.

행복의 작동

잠시 시간을 내서 자신의 인생이 얼마나 만족스러운지 생각해보라. 자신의 행복
에 1점에서 10점까지 점수를 매겨보라. 1은 "매우 불행"이고 10은 "매우 행복"이
다. 그 다음 자신이 원하는 것을 사거나 경험하지 않고 행복을 증대시킬 수 있는
방법을 하나 생각해보라. 예를 들어 HD 평면 텔레비전을 새로 사는 것이 더 행복
할 것이라는 생각보다는 현재 가진 텔레비전에 더 만족할 수 있는 방법을 생각하
라. 또는 돈이 더 많았으면 하는 생각보다는 자신이 가진 것을 얼마나 더 향유할
수 있는지 알아보고 자신의 삶을 풍부하게 만들 소중한 재화나 경험에 대해 생각
해보라.

5장. 세 번째 행복 법칙 ———————— # 손실 회피

악을 두려워하는 것이 선을 기대하는 것보다 더 훨씬 강력한 인간의 행동 원칙이다.
- 존 로크

　게임을 하나 상상해보자. 공중에 동전을 던진다. 동전 앞면이 나오면 10달러를 잃는다. 동전 뒷면이 나오면 돈을 딴다. 당신이 이 게임에서 이긴다면 따는 금액이 최소 얼마가 되어야 할까? 동전의 앞면이나 뒷면이 나올 확률은 반반이다. 그러니 당신이 지면 잃는 금액과 이겼을 때 받는 금액이 같아야 공정할 것이다. 하지만 이런 경우 대부분은 공정한 게임을 원하지 않는다. 사실 대부분의 사람들은 10달러라는 잠재적 손실에 보상받기 위해서는 잠재적 상금은 25달러여야 한다고 생각한다.

　10달러 손실에서 경험하는 불행은 10달러 수익에서 경험하는 행복보다 훨씬 크다. 행복을 측정하는 단위 해피돈을 기억하자. 해피돈은 긍정적인 감정의 강도와 지속시간 그리고 부정적인 감정의 강도와 지속 시

간을 계산한다. 이 측정 단위를 이용할 경우, 10달러의 손실이 나면 -5해피돈이 발생하고, 10달러의 이익이 발생하면 훨씬 적은 점수인 +2해피돈이 생긴다. 이 사례에서 보듯이 5해피돈을 만들려면 25달러의 이익이 발생해야 하고, 그러면 손실에 대한 보상이 된다. 손실과 이익 사이의 강도의 비율은 손실 회피 계수라고 부르고, 평균은 대략 2.5점이다. 물론 어떤 사람들은 공격적인 도박꾼이고 어떤 사람은 대단히 보수적이라 손실 회피 계수는 개인과 상황에 따라 크게 달라질 수 있다. 그럼에도 불구하고 이익보다 손실을 더 크게 평가하는 경향은 널리 퍼져있고 우리를 행복의 세 번째 법칙으로 인도한다.

세 번째 법칙 - 손실 회피
손실과 이익이 똑같아도 손실이 훨씬 더 예민하게 느껴진다.

이 법칙은 네덜란드 심리학자 니코 프리다가 '쾌락의 불균형 법칙'이라고 불렀다. 카너먼과 트벌스키는 이 법칙을 '손실 회피'라고 했다. 손실 회피 법칙에 따르면 10달러 이득은 +2해피돈을 가져다 주지만 10달러 손실은 우리한테서 5해피돈을 가져간다.

손실 회피가 없는 경우, "현실 - 기대 = 행복"이라는 방정식이 그래프에 표시될 수 있다. 가로축은 현실을 측정하고 세로축은 현실과 관련된 행복을 나타내며 해피돈으로 측정된다. 가로축에는 기대치가 있는 지점을 먼저 표시한다. 이제 일직선의 증가하는 선을 그린다, 이 선이 당신의 기대 정도를 표시한 그 지점에서 수평축을 가로질러야 한다는 조건이다. 이 선이 세로축과 교차하는 곳은 행복이 제로(0)인 지점이다. 그래서 기대 이하의 현실은 불행을 산출하고 기대 이상의 현실은 행복을 산출한다. 이 선의 기울기는 임의로 선택할 수 있어서, 우리가 원하는 방식으로 행복을 잴 수 있다.

손실 회피를 설명하기 위해 직선을 마치 막대 빵을 구부리듯이 부러뜨렸다. 긍정적인 부분은 동일하게 유지했다. 부정적인 부분의 기울기를 증가시켜 긍정적인 부분 보다 적어도 두 배는 가파르게 만들었다. 불행을 측정하는 선은 행복을 측정하는 선보다 가파르다. 이 그래프에서 보듯이 우리는 행복해지는 것보다 더 쉽게, 더 빨리, 더 심하게 불행해지는 경향이 있다.

손실 회피는 보편적이다. 축구 코치, 포커 선수, 협상 중개인, 모두 다 손실에서 오는 고통이 승리에서 오는 기쁨보다 훨씬 더 심하게 느껴진다는 사실을 안다.

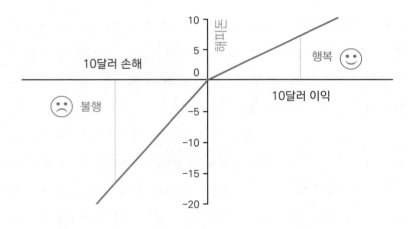

도표4. 손실 회피

손실이란 무엇인가?

당신이 일하는 부서의 모든 직원들이 해고를 피하기 위해 급여 5%를 삭감 당했다고 가정해보자. 당신의 급여는 3% 삭감되었다. 당신이 집으로 가져가는 급여는 삭감되기 전보다 적다. 하지만 5% 삭감 되지 않았다는 사실에 약간의 만족감을 느끼지 않는가? 결과를 이익으로 여길지 아니면 손실로 여길지는 기준에 달렸다.

기대치보다 나은 현실 = 이득

기대치보다 나쁜 현실 = 손실

로스앤젤레스에서 샌프란시스코로 가는 비행기 표를 89달러에 샀다고 하자. 당신은 이 구매에 기분이 좋다. 그 표의 정가가 154달러기 때문이다. 하지만 다른 승객과 대화를 시작했을 때 그 사람은 49달러에 표를 샀다는 사실을 알았다. 갑자기 당신이 산 89달러짜리 표는 그다지 좋은 가격이 아닌 것 같다. 영(0)에 있던 당신의 행복 곡선은 원래 가격 154달러라는 기준에서 49달러라는 새 기준으로 이동했다. 원래 당신은 곡선의 행복 쪽에 있었다. 기준 가격 154달러보다 적게 지불했기 때문이었다. 하지만 새로운 정보에 따라 당신의 기준은 49달러로 바뀌었다. 그리고 새로운 곡선에서 보면 당신의 구매 가격 89달러는 불행의 영역에 있다. 그래서 구매 가격 89달러는 정상 가격인 154달러에 비교했을 때는 적당한 행복을 산출했지만 옆 좌석 승객이 지불한 49달러와 비교했을 때는 심각한 불행을 초래했다.

예일대 심리학과 교수인 로리 산토스의 연구에서는 흰목꼬리감기 원숭이가 교환권을 내면 사과 조각을 주었다. 첫 번째 사람은 사과 한 조각을 주곤 했는데, 원숭이가 교환권을 내면 사과를 두 조각 주었다. 두 번째 사람은 사과 세 조각을 주었는데, 교환권을 받을 때는 사과를 두 조각만 주었다. 산토스가 알아낸 사실에 의하면 원숭이들이 두 사람들에게서 똑같이 두 조각씩 받았는데도 불구하고 두 번째 사람보다는 첫 번째 사람을 더 좋아했다. 따라서 인간이 아닌 영장류도 비교를 할 줄 알고 손실을 싫어한다.

우리가 선택한 기준점으로 스스로를 곡선의 행복 쪽에 놓는다면 행복할 가능성이 더 높을 것이다. 하지만 인간의 사촌인 흰목꼬리감기 원숭이의 행동이 보여주듯이 우리는 정확히 반대의 행동을 하도록 타고났을지도 모른다.

산업화된 사회에서 우리는 돈을 더 많이 벌고, 새로운 곳으로 이사하고, 새로운 전자 기기 구매를 통해 우리의 현실을 변화시키려는 경향이 많다. 하지만 현실에서 변화는 변화에 대한 기대를 초래하고 우리를 전보다 행복하게 만들지는 않는다.

손실 회피의 힘

손실 회피를 사용해서 선택과 행동에 최상의 영향을 미치는 방법을 알고 있는가? 예일대 교수인 이안 아이레스와 딘 칼란은 체중 줄이기나 금연 같은 개인적 목적을 성취하는 시스템을 고안했다. 이 시스템은 사람들이 500달러를 얻는 것 보다 500달러를 잃지 않으려는 노력을 더 열심히 한다는 개념을 기초로 하고 있다. 그래서 식단 조절을 시작할 때에 당신은 계좌에 500달러를 예금한다. 당신이 체중 줄이기 목표를 달성하면, 돈을 돌려받는다. 그러나 목표를 달성하지 못하면 돈은 자선단체에 기부된다.

필리핀 사람들 사이에서 저축예금 제도는 사람들이 금연하는 데 도움을 주었다. 흡연자들은 담배 살 돈을 은행에 넣어 두었다. 6개월이 지나서 검사결과에서 니코틴이 발견되면 돈은 자선단체로 갔다. 이 제도는 크게 성공했다. 사람들은 자신이 저축한 돈을 잃기 싫어했기 때문이다. 이런 사례들이 명백하게 보여주는 것처럼 손실로 어떤 틀을 구성하면 우리의 행동을 변화시키는데 도움이 되는 강력한 동기가 된다.

다른 예를 들어 보겠다. 현실은 동일한데 이득과 상실의 감정이 생길 수 있다. 당신의 차량에 연료를 채우려는 참이라고 가정해보자. 한 주유기에는 다음과 같은 표지판이 있다.

가격은 4리터에 3.15달러입니다.
신용카드로 지불하면 15센트의 금액이 추가됩니다.

다른 주유기에는 이런 표지판이 있다.

가격은 4리터에 3.3달러입니다.
현금으로 지불하면 15센트의 금액이 할인됩니다.

분명히 두 표지판은 같은 것을 의미한다. 신용카드로 지불하면 3.3달러를 내며, 현금으로 지불하면 3.15달러를 낸다는 의미이다. 그러나 이 표지판이 일으키는 감정적 반응은 아주 다르다. 어느 표지판이 지불 방법에 가장 큰 영향을 미칠까? 어느 쪽이 당신을 더 행복하게 할까? 신용카드로 15센트를 청구하는 쪽일까 아니면 현금으로 15센트 절약하는 쪽일까? 행복에 관해서라면 손실을 피하는 쪽이 더 좋을 것이다. 따라서 대부분의 사람들은 신용카드에 추가 요금이 붙는다는 말을 들으면 현금으로 지불한다. 현금을 사용하면 15센트 절약한다는 두 번째 표지판에 대한 반응을 보면 사람들은 신용카드(편리함)로 지불하든 현금(가격 할인)으로 지불하든 양쪽 다 행복해 했다. 그래서 결정에 영향을 별로 미치지 않았고 더 행복하게 만들었다.

시카고 부스 경영대학원의 리차드 탈러는 손실 회피가 우리의 삶에 어떤 영향을 미치는지 어떻게 하면 유용하게 사용할 수 있는지 다양한 방법을 탐구했다. 탈러와 UCLA 앤더슨 경영대학원의 슐로모 베나르치는 직원들이 은퇴를 위해 저축을 더 많이 하게 만들었다. 이 프로그램 "내일 더 많이 저축하기(save more tomorrow)"는 단순한 아이디어를 바탕으로 한다. 직원들은 퇴직연금에 돈을 불입하는 것에 반대한다. 퇴직연금 때문에 월급이 줄어들고 손실을 본다는 생각을 하기 때문이다. 이들은 직원들이 앞으로 받을 급여 증가분의 일부를 퇴직연금에 더하는 계획에 동참하게 만들었다. 이 계획은 성공해서 많은 회사에서 직원들의 저축을 증가시켰다.

손실회피는 구매결정과 판매결정에 영향을 미쳤다. 여러 다양한 상황과 관련된 요소들 중에서, 물건에 대한 평가는 우리가 그 물건을 소유하고 있는지 아닌지에 달려 있다. 우리 소유가 아닌 선글라스가 있는데, 이 선글라스를 소유하는 게 이익이라고 여겨진다. 이 선글라스를 위해 우리가 기꺼이 지불할 수 있는 최대 금액은 50달러라고 하자. 반대로 현재 가지고 있는 안경이 있고, 이 안경이 없는 것은 손실로 여겨진다. 기꺼이 안경을 팔기 위한 최소의 금액은 약 두 배인 100달러가 될 것이다. 이것을 '소유효과'라고 말한다.

무한 경쟁

의사결정분석 수업에서 우리는 학생들과 작은 게임을 한다. 경제학자들이 '소모전'이라고 부르는 이 게임에서 우리는 5달러 지폐를 경매로 판다. 좀 재미없는 일처럼 들릴 것이다. 여기에 반전이 있다. 이 경매에서 최고가를 제시한 응찰자는 5달러를 받는다. 하지만 최고가 응찰자와 두 번째 높은 응찰자는 다 응찰가를 지불해야 한다. 따라서 승자의 순 이익은 5달러에서 그의 응찰가를 뺀 것이다. 차점자는 자신의 응찰가를 다 잃는다.

우리는 수년 동안 경영학 석사과정 학생들과 이 게임을 했고 매번 다음과 같은 일이 일어난다.

처음 입찰을 할 때는 아주 빨리 5달러에 접근한다. 예를 들어 4.5달러라는 높은 응찰가가 나오고 4달러라는 두 번째 높은 응찰가가 나온다. 갑자기 두 번째 높은 응찰가가 5달러로 높아진다(이전 응찰가 4달러를 손해보지 않으려 함). 그러나 다른 쪽이 5달러 50센트를 부른다. 언뜻 보기에는 실제 가치보다 높게 입찰하려는 것이 황당해 보이지만 응찰자는 2등을 하고 4달러 50센트를 잃기 보다는 경매에서는 이기고 50센트를 잃고 싶어 한다. 이 게임은 보통 7달러나 8달러 정도로 입찰이 된다. 아무도 지고 싶어 하지 않기 때문이다. 대체로 게임이 끝났을 때 경매의 승자는 아주 불행하다. 결국 그는 5달러 한 장을 가지려고 8달러를 지불했다. 패자는 더욱 불행하다. 순 손실이 7달러이기 때문이다. 축하 받을 사람이 아무도 없다.

우리가 실생활에서 사회 비교 게임에 갇혀 있을 때도 같은 일이 생긴다. 우리 대부분은 친구들 중에서 처음으로 최신 기기를 소유했다는 것에서 쾌감을 누렸음을 인정해야 한다. 첫 번째가 되면서 얻은 행복은 사라지고, 영광을 누리려고 지불했던 할증료도 영원히 사라진다. 결국 우리는 순간의 행복은 그만한 가치가 없다는 것을 알게 되지만 너무나 솔깃해서 거부하기 어렵다.

행복의 작동

해외여행을 갈 때 여행하는 동안 경험할 수도 있는 손실 충당을 위해 일정한 예산을 짜라. 그러면 택시 운전사가 바가지를 씌우거나 선글라스를 잃어버렸다는 사실을 알았을 때 그렇게 기분 나쁘지 않을 것이다. 우리는 다 손실을 싫어한다. 하지만 폭넓은 견해를 가진다면 사전에 기대치를 조정했기 때문에 손해 봤다는 기분을 피할 수 있다. 마찬가지로 연초에 자동차 수리, 깨진 유리창, 주차 등의 예상치 못한 금전적 손실이 있을 경우를 대비한 예산을 준비하라. 어떤 손실이 발생하더라도 예산 한도가 있는 한 그다지 심하게 기분 나쁘지는 않을 것이다.

──────── # 감성 감소

행복의 양이 재산의 양과 같은 비율로 계속 증가하지는 않을 것이다.
- 제레미 벤담

　라디오 청취자 참여 방송에서 만 달러 상금을 획득한 기분과 10만 달러 복권에 당첨된 기분을 비교해보라. 우리가 전에 말한 것이 사실이라면(이익과 관련된 행복은 현실의 직선에서 기대를 뺀 것이다), 복권은 라디오 참여에서 상금을 탄 것보다 열 배는 더 많은 해피돈을 당신에게 주어야 한다. 맞는 말인가? 직관적으로 우리는 복권으로 횡재한 것이 더 행복함을 알지만 열배 정도는 아니다. 다른 말로 하자면 이득에 대한 감성 감소가 있다.

　행복이나 불행은 간단하게 기쁨이나 비극이라는 극단으로 흐를 수 없다. 기본적으로 행복과 기준을 넘은 소비 간의 직선 관계는 지나치게 단순화 된 것이다. 현실과 행복의 관계를 더욱 정확하게 하려면 우리는 감성 감소를 설명할 필요가 있다. 감성 감소는 행복의 네 번째 법칙이다.

네 번째 법칙 – 감성 감소

행복은 현실과 기대의 차이에 비례하지 않는다. 그보다는 현실이 기대에서 멀어 질수록 행복은 느리게 증가한다.

감성 감소의 법칙에 의하면 자극을 두 배로 늘린다고 감정 반응의 강도가 두 배로 늘어나는 것은 아니다. 예를 들어 더운 날에 아이스크림을 한 입 먹으면 시원하고 맛있다. 두 입 먹으면 맛이 좋지만 처음보다는 맛이 덜하다. 세 번째는 두 번째 보다 맛이 떨어진다. 사실 아이스크림은 다 먹을 때까지도 맛있지만 우리가 인식하는 좋은 맛은 서서히 감소한다.

행복의 에스(S) 곡선

행복의 세 번째 법칙이 보여주는 바에 의하면, 그래프의 불행쪽 선이 가파르다는 것을 볼 수 있고, 네 번째 법칙은 이 선들을 더욱 곡선으로 만들어 한 단계 더 나아갈 것이다. 조합하면 우리의 법칙은 이 기본 방정식으로 시작한다.

현실 - 기대 = 행복

그리고 이 공식을 더 정확하게 바꾸면 다음과 같다.

현실의 에스 곡선 - 변하는 기대치 = 행복

여전히 행복이 불행보다 완만하게 증가한다는 것을 알 수 있지만, 이제는 현실이 기대에서 멀어질수록 행복의 증가폭은 줄어든다. 그리고 그래프도 점차적으로 수평이 되어간다. 따라서 긍정적인 경험이 클수록 행복은 적게 만들어지고 부정적인 경험이 심각할수록 고통은 적게 만들어진다.

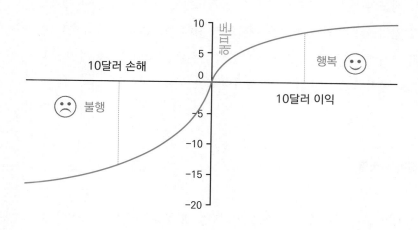

도표5. 행복의 S곡선

우리가 경험하는 모든 사건에서 마음은 우리가 직면한 현실을 세상에 대한 기대치와 비교한다. 이것은 우리의 첫 번째 법칙이다. 반복적으로 사건을 경험함에 따라 우리의 게으른 마음은 현실과 기대치의 간격을 최소화 시키려고 한다. 기대치가 현실을 쫓아오기 때문에 우리는 일상에서 현실과 기대치 간의 차이를 발견하진 못할 거라고 예상한다. 이것이 두 번째 법칙이다. 부정적인 비교는 긍정적 비교가 행복을 증가시키는 것의 두 배 이상으로 행복을 감소시킨다. 이것이 세 번째 법칙이다. 덧붙이자면 행복은 현실과 기대치 간의 차이에 비례해서 커지지 않는다. 대신 큰 이득과 큰 손실 모두에 감성 감소가 존재한다. 이것이 네 번째 법칙이다.

네 번째 법칙은 현실이 동일한데도 불구하고 우리 기분이 좋아지거나 나빠지는 이유를 이해하는데 도움이 된다. 이 S곡선은 단순한 공식으로 네 개의 법칙을 같이 설명하는 방법이다. 정해진 순간에 S곡선은 우리가 어느 정도의 현실을 경험하고 확실한 기대치를 가질 때 얼마나 행복할지를 알려준다. 미래의 행복을 예측하기 위해 우리는 기대치 수준의 변화를 고려해서 S곡선을 그려야 한다. 이 곡선은 기대치가 증가하면 오른쪽으로 움직이고 기대치가 감소하면 왼쪽으로 움직인다.

행복 최적화

이제 인간 심리학에 대한 우리의 간단한 모형을 활용할 순간이다. 묘약을 만드는 두 가지 기본 재료는 현실과 기대치다. 현실은 당신이 소유한 자동차, 당신이 하는 활동, 아니면 당신이 사는 지역이다.

우리는 행복 운영의 모형을 만들기 위해 기대치의 변화에 대한 구체적인 가정을 세워야 한다. 기대치는 과거 및 타인과 함수관계에 있음을 기억하라. 단순화시키자면, 우리는 기대치 설정에서 과거의 역할에 초점을 둔다. 예를 들어, 우리는 기대치 변화라는 단순한 법칙을 제시한다. 우리는 매일 기대치가 변한다고 말한다. 다음날의 기대치, 이 새로운 기대치도 오늘의 기대치와 동일하지만, 오늘 현실과 기대치의 차이에 따라 소폭 상승하거나 하락한다. 오늘의 현실이 기대치보다 낮다면 이 새로운 기대는 오늘의 기대보다 높을 것이다. 우리는 마케팅 교수인 룩 와디우가 제안한 다음의 적응 방정식을 사용한다. 이 방정식에서 기대의 변화는 이득과 손실에 비례한다.

적응 속도 x (현실 - 기대치) = 기대치의 변화

적응 속도는 0과 1 사이의 숫자이며 기대치가 변하는 속도를 조절한다. 적응 속도는 재화의 범주나 활동 유형에 따라 변할 수 있다. 적응 속도가 1과 같아지면 기대치가 지금의 현실에 즉각 적응한다는 것을 의미한다. 적응 속도가 0과 같아지면 기대치나 기준치가 절대 변하지 않는다는 사실을 의미한다. 적응 속도가 10% 낮아지면 새로운 현실에 적응하는데 적어도 10일이 걸린다는 것을 의미한다.

이제 우리는 겨우 기초라고 할 간단한 인간 심리학 모형을 가지고 있지만 적어도 이 모형은 핵심적이며 완벽하다. 즉 이 모형은 얼마나 많은 행복을 다양한 현실의 시나리오에서 경험할 것인지 예측할 충분한 요소를 가졌고, 이는 우리에게 이제 행복 공식이 있다는 사실을 의미한다.

이 공식이 완벽하지 않지만 일련의 법칙을 구성하고 구체적인 출발점을 제시한다. 바로 우리가 연구하고 싶은 것이다. 예를 들어 우리가 앞서 제시한 새로운 기대치를 계산하는 공식은 사회 비교를 설명하지는 못한다. 지금은 더 단순한 공식이 적합하다. 우리의 행복 법칙을 시험해보도록 하자.

세 친구가 지니를 만나다

친한 친구 셋이 휴가를 가기로 하고 짐을 꾸렸다. 목적지는 멕시코 치첸이차에 있는 고대 마야 유적지였다. 그곳에서 이들은 자연을 접하고 산을 오르고, 고대 문명을 공부하면서 시간을 보냈다. 여행을 하던 중 어느 화창한 오후에 일행인 프랭크가 바닥의 뭔가에 발이 걸려 넘어졌다. "아야!" 프랭크는 산 너머까지 울려 퍼질 정도로 크게 비명을 질렀다. "길 한가운데 이게 뭐야?" 프랭크 바로 뒤에 있던 머라이어가 얼른 바닥에 무릎을 꿇더니 이상하게 생긴 물건을 손에 쥐고 일어났다. 머라이어는 "반짝이는 금색 병이네"라며 잭에게 다가갔다.

친구들이 머라이어가 그 물건을 살피는 모습을 보는데 갑자기 병 속에서 이상한 연기가 나오더니 '펑'하는 소리와 함께 마야 여성의 모습을 한 지니가 공중에 나타났다. 이들은 놀라 입을 벌린 채 지니가 행하는 의식을 보았다. 지니는 그들에게 정확히 50일 동안 백 개의 귀한 동전을 쓸 수 있는 기회를 주겠다는 놀라운 말을 했다. 지니는 "이 동전을 꿈의 삶 안에서만 사용할 수 있고, 자동차든 보트든 여행이든 파티든 어떤 것이든 간에 소비하는 데만 쓸 수 있다"라는 조건을 달았다.

이 친구들은 느린 대중교통을 이용해서 통근했기 때문에, 이후 50일 동안 횡재한 동전 백 개로 누가 더 좋은 통근 수단을 이용해서 제일 행복해질 지 시합하기로 했다. 이들이 빌릴 수 있는 차는 경제적인 차, 중형차, 대형차, 그리고 고급 스포츠카였다. 차를 하루 빌리는 데에는 경제적인 차는 동전 하나, 중형차는 두 개, 대형차는 세 개, 고급차는 네 개의 동전이 들었다. 이들은 또한 버스를 무료로 탈 수 있었다. 이들에게는 각자 총 백 개의 동전이 있었기에 이 동전을 현명하게 사용해서 적절한 기간에 맞는 적절한 유형의 차를 대여해야 한다. 내용을 더 읽기 전에 당신이라면 이런 상황에서 어떻게 할지 생각해보라. 25일 동안 고급 스포츠카를 빌려 동전 백 개를 쓰고 남은 25일 동안 버스를 타겠는가? 아니면 50일 동안 중형차를 빌려서 동전 백 개를 쓰겠는가? 세 사람이 어떤 계획을 세웠는지 살펴보도록 하자. 이 사례에서 우리가 초점을 맞추는 것은 적응이라는 심리과정의 이해다. 그러므로 사회 비교의 영향은 무시한다.

벼락부자 잭

잭은 복권에 당첨된 것 같은 기분이 들었다. 그는 참을성 없이 처음 25일 동안 꿈꾸던 포르쉐를 임대해서 신나는 현실을 즐기기로 결정한다. 물론 포르쉐는 하루에 동전 네 개가 들고 25일 후에는 동전이 바닥나서 딜러에게 차를 반환하고 남은 25일간은 버스를 타야 한다. 이 결정으로 그의 행복 진동기록에 만들어질 점수는 얼마인가? 그는 총 얼마의 해피돈을 얻을까?

처음에 잭은 정말 행복했고, 차를 모는 동안 차의 성능과 자신에게 부여되는 지위를 즐겼다. 그의 기대가 미처 적응하지 못했기 때문에 그는 시끄러운 음악을 감상하며 고속도로에서 속도를 내서 엄청난 흥분과 신선함을 느꼈다. 첫날 그는 8해피돈을 얻었다. 이런 흥분과 즐거움은 그가 익숙해짐에 따라 서서히 사라졌다. 기대치가 적응됨에 따라 현실과 기대치의 격차가 줄어들었다. 포르쉐로 인해 생긴 해피돈은 7점, 5점, 4

점, 3점으로 줄더니 시간이 흐르자 2점이 되었다. 25일째가 되자 그의 즐거움은 크게 줄었고, 과거의 흥분과 기쁨은 이제 더 이상 존재하지 않았다. 그는 포르쉐를 몬 첫 25일간 얻은 총 110해피돈을 그럭저럭 즐겼다.

잭은 차를 딜러에게 반환 할 때 엄청난 불행을 경험한다. 이 불행의 강도는 과거의 긍정적 순간을 훨씬 능가하는 일종의 부정적인 타격이었다. 그는 버스로 통근한 첫 날 부정적인 해피돈 16점을 받는다. 그 순간에 잭은 남은 25일간 이 불행이 지속될 것이란 예감이 들었다. 하지만 다행히도 그렇지는 않다. 기대치는 현실과 기대치 사이의 격차를 줄이며 하향 적응한다. 불행은 지속되지만 그 강도는 줄어들고 50일에 가까워지면 잭은 괜찮아 질것이다. 하루에 4해피돈씩 잃을 뿐이다.

잭은 이 예산으로 얼마치의 행복을 샀을까? 행복 진동기록 또는 매일의 행복은 현실에서 기대를 뺀 것으로 계산된다. 총 행복은 곡선과 제로(0)선 사이의 영역에 있다. 잭의 경우 기록된 행복과 제로(0)선 사이의 영역은 첫 25일간은 110해피돈으로 긍정적이었지만 이후 25일간 215해피돈을 잃는다. 그래서 총 해피돈은 -105점이다. 잭에게 동전 100개가 생겨 뭔가를 사는 데 사용했는데 어떻게 마이너스가 가능한 걸까? 그의 행복은 긍정적이거나 최소한 제로는 되야 하는 것 아닐까? 아마도 손실 회피가 이를 설명할 수 있을 것이다. 차 반환 후 잭의 불행은 차를 소유한 동안의 기쁨보다 훨씬 크다. 그는 마치 첫 주에 한 달 용돈을 다 써 버리고 좌절한 채 집에 죽치고 앉아 나머지 날을 보내는 십대 소년 같다.

안정적인 프랭크

다음은 병에 발이 걸려 넘어진 프랭크다. 프랭크는 잭의 계획이 순진하고 미숙하다고 생각하며 자신은 더 잘할 수 있다고 믿는다. 프랭크는 잭만큼 차를 좋아하지만 처음에 느꼈던 흥분을 가라앉히고 장기적인 관점으로 생각하려고 애쓴다. 그는 더 낮은 가격의 차를 임대하기로 한다. 그러면 더 오랜 기간 동안 즐기며 타는 것이 가능하다. 그는 동전 백 개를 정해진 일 수인 50일로 나눠서 이 수준에 맞는 비용을 책정했다. 그래서 프랭크는 하루에 두 개의 동전이 드는 중형차를 임대한다. 이는 잭의 고급차 반에 해당하는 금액이다.

프랭크의 방법은 적응 속도가 0인 세상에는 아주 똑똑한 해결책이다. 문제가 되는 유일한 법칙은 첫 번째 한 모금이 두 번째 보다 훨씬 좋고 두 번째가 세 번째 보다 좋다는 감성 감소의 법칙인데, 최적의 해결책은 시간에 맞춰 고르게 소비를 분산하는 것이다. 즉 매일 한 모금씩 마시는 것이다.

적응 속도는 0%가 아니라 10%이기 때문에 프랭크는 시간이 지날수록 경험하는 행복이 줄어든다. 그는 처음에는 하루에 6해피돈씩 얻고 아주 신이 난다. 물론 이 점수는 포르쉐를 빌린 잭이 가진 8점보다는 적다. 적응이 되면서 기대치는 시간에 따라 증가하지만 프랭크의 행복은 날이 갈수록 작아진다. 50일째가 되는 날 그는 완전히 적응해서 하루에 생기는 해피돈이 1점도 되지 않았다. 잭과 프랭크 사이에는 중요한 차이가 하나 있다. 프랭크는 부정적인 감정을 경험하지 않을 것이다. 프랭크는 포르쉐를 몰지는 않았지만 적어도 포르쉐를 본 다음에 버스를 타는 난처함은 피했다.

사실 프랭크는 잭보다 훨씬 잘했다. 프랭크가 얻은 총 행복은 긍정적인 해피돈 110점이다. 잭의 부정적인 해피돈 105점에 비교하면 상실 회피가 얼마나 강력한지를 이 계산이 보여준다.

대다수의 사람들은 익숙해진 생활수준을 바꾸기 싫어한다. 습관의 동물인 인간은 생활수준과 습관을 유지하는 방법을 알아낸다. 예를 들어 부유한 사람들은 돈이 줄기 시작해도 작은 집으로 이사하는 것보다는 매일 나가는 지출을 줄여 큰 저택에 그냥 거주하기도 한다. 대조적으로 대 저택에 살아본 적이 없는 보통 사람들은 많지 않은 수입으로 작은 집에서 즐겁게 살 수 있다.

프랭크가 잭보다 훨씬 낫다는 것을 알 수 있는 것은, 사람들이 행복을 위해 고군분투하면 행복을 잃지 않을 것이란 점을 증명했기 때문이다. 이는 사람들은 오랫동안 소비를 유지해온 활동과 소비재를 그대로 유지하거나 늘린다는 것을 의미한다. 소비습관의 지속은 행복 법칙의 논리적 결과다. 실제로 장기간에 걸쳐 재화를 소비했는데 이 습관이 감소하면 손실이 발생할 것이다. 예를 들어 당신이 일주일에 한번 아파트 청소할 사람을 부르는 것이 익숙한데 이 비용을 줄여야 해서 직접 청소를 한다면, 손실이 클 것이고 당신을 불행하게 만들 것이다. 항상 스스로 그 일을 해왔다면 그 일이 습관이기 때문에 큰 부담이 되지 않는다. 사실 미래 행동을 예측하는 최고의 방법은 과거의 행동이며 미래 소비를 예측하는 최고의 요소는 과거의 소비다.

복권 당첨자들, 할리우드 스타들, 스포츠 영웅들은 많은 돈을 벌고 사치품에 돈을 소비한다. 이들은 스스로에게 종종 이런 질문을 한다. 왜 이렇게 돈이 많은데 행복을 살 수 없을까? 간단히 말하자면 적응했기 때문에 다 잊은 것이다. 적응이 우리의 잠재의식 속에서 발생한다면 우리는 적응을 예상함으로써 우리에게 몰래 다가오지 못하게 하고 한 수 앞서 갈 수 있다. 그 방법을 알아보자.

신중한 머라이어

공학자라는 우리 직업은 이 행복이란 문제를 잘 정립된 최적화 문제로 설정하는 일이다. 잘 정립된 최적화 문제란 무엇일까? 잘 정립된 최적화 문제는 세 가지 요소로 구성된다. 첫 번째 요소는 결정 변수이다. 50개에 달하는 이 결정 변수는 50일 동안 하루에 얼마나 지출할지 구체화하기 위해 필요한 것이다. 두 번째 요소는 이 결정 변수를 제약하는 것이다. 주요 제약은 총비용이 예산을 충족시켜야 한다는 것이다. 그래서 50가지의 결정 변수의 합은 100과 같아야 한다. 두 번째 제약은 결정 변수가 긍정적인 정수(0, 1, 2, 등등)가 되어야 한다는 것이다.

세 번째 요소는 목적 함수, 즉 우리가 최대화 하고 싶은 함수다. 목적 함수는 기간별로 현실과 기대를 계산한 것에 근거한다. 현실은 얼마나 사용할 것이지 우리가 결정해서 정해진다. 두 번째 법칙은 기대치가 적응할 것을 지시한다. 이런 적응이 발생하는 한 가지 가능한 방식은 현재 기대와 현재 소비의 가중 평균으로 다음 기간의 기대치를 계산하는 것이다. 일단 기간별로 현실에서 기대치를 빼고 이후 S곡선을 이용해서 그 기간의 행복을 계산한다. 50개의 기간 동안 이렇게 하면 행복 진동기록을 만들 수 있다. 모든 기간에 얻은 행복의 합은 총 행복을 나타내는데,

이것이 우리의 목적 함수다. 목적 함수가 어떻게 결정 변수에 의존하는지 관찰해보라. 질문은 이것이다, 결정 변수의 어떤 배열이 실현 가능한가, 또한 결정 변수의 어떤 배열이 목적 함수에 대해 가장 높은 값을 산출하는가?

컴퓨터는 잘 정립된 최적화 문제를 다루는 데 능하다. 문제가 너무 복잡하지 않으면 컴퓨터는 많은 조합을 시도할 것이며 결정 변수에 최상의 배열을 해줄 것이다. 결정 변수의 최상의 배열은 목적 함수의 가능 값을 가장 높게 산출할 것이다. 컴퓨터는 이런 배열을 실현 가능하게 한다. 즉 모든 제약이 충족되도록 처리할 것이다. 문제가 너무 크거나 복잡한 경우 컴퓨터는 최적의 해결책에 근접한 해결책을 만들어낼 것이다.

이 세 친구들은 여전히 병 속 지니 체험을 누가 가장 잘 했는지 알고 싶어 한다. 땅에서 병을 꺼낸 머라이어는 컴퓨터를 잘 다룬다. 동전 100개를 주는 상황에 직면해서 그 동전을 사용하는 최선의 방법을 알아내기 위해 그녀는 주머니에 든 휴대용 컴퓨터를 얼른 꺼내서 스프레드시트에 행복 문제를 입력하고 동전을 사용할 최적의 방법을 찾기 위해 해결사 도구를 사용했다. 그녀의 휴대용 컴퓨터는 이 백 개의 동전 사용으로 가능한 최대의 행복을 표시한 진동기록을 보여주었다.

머라이어의 해결책은 많은 제약과 인내를 수반하고 있어서 자신에게 이 해결책을 시행할 충분한 용기와 의지력과 확신이 필요했다. 이 해결책에 따르면 그녀는 처음 이틀간은 버스를 타야 한다. 그리고 하루에 하나의 동전으로 임대할 수 있는 차를 빌린다. 최적의 프로그램의 요구에 따르면 그녀가 여러 날 동안 이 차를 보유해야 한다. 25일째가 되기 바로 전 그녀는 더 나은 차로 바꿀 수 있었다. 왜 이렇게 오래 기다려야 할까? 이렇게 하지 않으면 그녀의 기대치가 너무 빨리 증가할 것이고 빠른 기대치 증가에는 돈이 많이 들기 때문이다. 빠른 기대치 증가는 남은 날에서 행복을 뺀다. 기대치가 후에 증가하도록 이 증가를 늦추면 돈이 덜 든다. 실제 머라이어는 마지막 8일 동안 포르쉐를 사용하는 등 두 가지의 기대치가 더 증가하는 경험을 할 수 있었다. 머라이어는 우리 모형의 한도 내에서 가능한 최대의 행복인 +145해피돈을 획득했다. 머라이어는 부자도 아니고 유전적으로 더 행복해지고 싶어 하는 사람도 아니었다. 행복 법칙은 잭과 프랭크에게 한 것과 같은 방식을 그녀에게 적용했다. 머라이어는 그저 좀 더 똑똑했고, 행복이 어떻게 작동하는지 이해했다. 그녀는 더 행복한 경험을 설계할 줄 알았다.

머라이어의 최적 해결책은 '소비의 분산'과 '증가 순서 정하기'의 적절한 균형이다. 소비의 분산은 감성 감소를 줄이고 증가 순서는 적응을 늦춘다.

두 남자들 보다 현명한 머라이어는 이렇게 결론 내린다. "잭은 인내심이 없다. 그는 처음에 제일 큰 쾌락을 추구했기에 기준 이상의 소비를 유지할 수 없었고 손실의 감정을 피할 수 없었다. 프랭크는 이 점을 알았고, 손실을 피하기 위해 가장 단순하게 행동 했다. 그는 소비가 감소하지 않는 것에 만족했다. 하지만 초기 구매에 비용이 많이 들고 처음에 그가 경험한 적응은 전반적인 행복을 제한했다." 이런 분석 후 머라이어는 이 도전에 대한 해결책을 알아내고 행복의 비밀이 크레센도 전략, 즉 작은 것에서 점점 커지는 전략을 사용하는 것임을 알았다. 이 전략을 실현하기 위해서는 처음에 낮은 수준의 소비를 유지하고, 새로운 습관을 시작하는 적절한 시간을 찾는 것이 중요하다. 머라이어는 크레센도의 논리를 이해했다. 지속적으로 행복을 유지하고 싶다고 가정하자. 그렇게 하기 위해서는 "변함없는 행복을 누리고 싶은 사람은 몇 번이고 변해야 한다"는 공자의 충고를 따를 필요가 있다. 머라이어처럼 하라. 소비를 서서히 증가시키는 계획을 유지하고 현실과 기대치 사이에는 항상 격차가 있음을 명심하라.

이런 개념을 실행에 옮기는 한 가지 방법은 바로 최고의 물건을 소유하는 것이 아니라 시차를 두고 점점 더 좋은 물건을 구입하는 것이다. 과테말라 중앙은행에 근무하는 한 친구는 새 오토바이를 구입할 때 이런 개념을 실행에 옮겼다.

"최근에 혼다 트위스터 250을 샀다. 이 오토바이 때문에 행복하다. 하지만 더 강력한 엔진이 탑재된 새로운 오토바이를 사고 싶다. 후보자가 둘이다. 하나는 트라이엄프 보네빌이고 다른 하나는 BMW R1150R 모델이다. 기술적으로는 BMW 오토바이가 훨씬 성능이 좋다. 체인대신 차축이 자동 변속된다(유지 보수비가 덜 든다). 또한 ABS 브레이크에 서스펜션 시스템이 더 낫다. 일반적으로 이 오토바이는 실제 크기나 엔진으로 볼 때 다른 오토바이보다 더 크고 더 비싸기도 하다. 내가 만일 남은 생에 단 한대의 오토바이를 사야 한다면, 이 BMW를 살 것이다. 다른 한편으로 트라이엄프 오토바이는 복고풍의 스타일로 대단히 매력 있다. 이 높이가 더 낮다는 점도 마음에 든다. 그래서 나는 값이 더 쌀 뿐만 아니라 더 작은(더 낮고, 덜 위협적인) 오토바이가 필요한 인생의 한 시기에 있다고 믿는다. 그래서 결론은 이렇다. 지금 트라이엄프 오토바이를 사서 장점과 특징을 다 즐긴다. 결국 막연한 미래에 BMW R1150R 오토바이나 비슷한 모델을 산다. 이 말이 처음부터 가능한 최고의 오토바이를 사지 말라는 뜻은 아니고 오토바이의 품질에 대한 계획을 키우는 것이다. 기대치 변화라는 이 이론에 따르면 이는 지속 가능한 행복 계획과 호환되는 또 다른 이점을 가졌다. 내가 이해하기로 행복은 절대 수준의 소비를 달성하는 기능이라기보다는 연속적인 소비의 향상을 달성하는 기능이기 때문이다."

그렇다! 이 전략이야말로 올바른 방식이다! 아마 당신은 자신의 삶에서 이 같은 사례를 떠올릴 수 있을 것이다. 그때는 당신이 의식적으로 자신의 행복을 최대화할 수 있는 소비 결정을 분석했을 때이다.

제일 좋은 것은 마지막까지 아끼기

잭이 25일간 하루에 동전 네 개로 포르쉐를 빌린 걸 기억 하는가. 그가 차를 반납했을 때 그의 최종 결과는 105점의 행복을 잃은 것이었다. 그가 마지막 25일간 포르쉐를 빌렸더라면, +115점의 행복을 달성했을 것이다. 따라서 제일 좋은 것을 마지막까지 아끼는 것은 행복을 보장받는 간단한 방법이다. 이는 크레센도 전략을 사용했기 때문이다.

한 무리의 친구들이 크로아티아로 휴가를 떠났다. 크로아티아에는 꼭 가봐야 할 국립공원이 있는데 크르카와 플리트비체다. 많은 사람들이 크르카보다 플리트비체가 더 경관이 좋다고 생각했다. 이 친구들은 크르카 국립공원에 먼저 갔고 대단히 즐거운 하루를 보냈다. 이 공원에는 멋진 폭포와 독특한 수도원이 있는데 수도원은 강의 조그만 섬에 자리 잡고 있었다. 삼 일 후 이들은 플리트비체를 방문했고 아름다운 여러 폭포와 호수를 보고 깜짝 놀랐다. 공원을 관광하느라 보낸 이틀 동안 멋진 추억이 쌓였다. 이후 여행에서 이 친구들은 한 커플을 만났다. 이 커플은 플리크비체에 이미 들렀고 이후 크르카에 갔다가 막 돌아온 참이었다. 커플은 플리크비체에 비해서 크르카가 별로 멋지지 않다고 느꼈다. 사실 커플은 크르카에서 보낸 시간을 실망한 것 같았다. 커플의 생각이 맞다, 크르카는 플리크비체를 방문하고 며칠 지나지 않아 갈 정도의 가치는 없는 것 같다. 하지만 플리크비체를 가기 전에 크르카를 갔다면 정말 좋았을 것이다.

가장 중요한 것은 어떤 것의 타고난 가치가 아니라, 그 가치 있는 것을 앞서 본 것과 비교하는 방식이다.

동일한 자원이라도 순서와 배치를 달리한다면 다른 수준의 행복을 창출해낸다. 대부분의 경영진은 성공적 경영의 핵심이 생산성을 극대화하여 기대치를 관리하는 것임을 잘 알 것이다. 기본적으로 이렇게 하기 위해 가능한 방법이 두 가지 있다. 첫 번째는 기대 이상의 보상을 약속한 후에 기대에 미치지 못한 보상을 하는 것이다. 두 번째는 기대에 미치지 않는 약속을 한 후에 기대를 초과하는 보상을 하는 것이다. 만약 당신은 행복이 증가하는 순서와 관련이 있다고 확신한다면 기대에 미치지 않는 약속과 초과하는 결과가 적절한 방법이란 사실에 동의할 것이다.

승진과 보너스와 휴가, 그리고 업무량 감소 같은 약속은 지키기 쉽다. 경영자들은 일시적으로 노동자가 한층 더 열심히 일하게 만들 수 있다. 하지만 이런 약속들이 이행되지 않으면 직원들은 급격하게 사기가 저하될 것이다. 신뢰성을 구축하려면 기대 이하의 약속을 하고 기대 이상의 결과를 내는 것이 낫다. 어떤 회사에서 간부 셋이 대표 자리를 차지하기 위한 경쟁을 했다. 이중 한 사람이 회사를 위한 야심에 찬 발전 계획을 제시했다. 그 제안은 대단히 인상적이고 원대해서 이사회는 이 사람을 대표의 직책에 임명하기로 결정했다. 하지만 그가 제안한 계획은 곧 실현 불가능한 것으로 판명되고 일 년 후 그는 회사에서 해고를 당했다.

손실 모방하기

당신이 열두 번째 날을 맞은 잭이라고 가정해보자. 지금까지 당신은 예산 절반을 사용했고 오십여 개의 동전이 남았다. 남은 38일을 위한 예산이다. 갑자기 당신은 하루에 동전 네 개라는 현재의 비용을 유지할 수 없다는 것을 깨달았다. 25일 간 하루에 동전 네 개를 지출하며 처음의 계획을 유지해서 차를 돌려준 다음 -105점이라는 불행 점수로 끝날 것인가? 분명히 더 나은 전략이 있어야 한다.

다음의 문제를 컴퓨터에 입력해보자. 남은 38일 동안의 총 행복을 최대화하라. 남은 52개의 동전이라는 예산을 고려해볼 때 현재 기대치는 제로라기보다는 현재 소비 수준인 4에 가깝다.

컴퓨터가 이 문제를 위해 제시한 해결책은 다음과 같다. 최상의 해결책은 포르쉐를 즉시 반환하고 며칠 간 버스를 타는 것이다. 이 방법으로 잭은 큰 상실을 경험하겠지만 그의 기대치는 매일 새로운 상황에 적응할 것이다. 게다가 감성 감소의 법칙에 따라 이 최초의 불행은 어떻게든 충격이 완화될 것이다. 일단 기대가 충분히 떨어지면 머라이어가 했던 것을 따라 한다. 서서히 경제적인 차를 몰다가 포르쉐로 돌아가는 것이다.

허리를 졸라매야 할 시간이 오면, 최적의 전략은 고통을 초기 단계에서 시작하는 것이다. 여기에서 목표는 가능한 빨리 기대치를 낮추는 것이다. 정해진 시간이 되면 우리는 새로운 상황에 적응할 것이다. 한 가지는 확실하다. 시간이 걸린다.

역경은 기대치를 낮추고 새로운 비교거리를 만들어 우리가 더욱 절대적인 조건과 더 넓은 시각으로 세상을 볼 수 있게 한다. UCLA의 심리학 교수 앨런 파두치는 자신의 책『행복, 기쁨 그리고 판단력』에서 과거에 가장 불행했던 것들이 미래의 행복을 증가시킨다고 주장했다.

복잡한 문제 해결

동전 백 개와 50일이 아니라 동전 세 개와 사흘이 주어졌다고 가정해 보자. 첫 날에 동전을 사용하지 않거나 한 개나 두 개, 아니면 세 개를 다 사용할 수도 있다. 첫 날에 동전을 사용하지 않으면 이틀째 사흘째 되는 날 많은 가능성이 있다. 첫 날에 동전 세 개를 다 사용하면 그 다음 날에는 아무것도 남은 게 없다. 첫 날에 동전 두 개를 사용한다면, 두 가지의 가능성이 남아 있다. 즉 마지막 동전을 둘째 날이나 셋째 날에 사용한다. 이 논리는 우리에게 총 열 가지의 가능성을 알려준다.

가능한 열 가지의 방법중에 하나를 고른다. 매일의 소비 및 적응 속도가 변한다는 것을 알기에 우리는 매일 현실에서 기대치를 빼고 비교하면 된다. 이를 통해 각각의 가능성과 관련된 매일의 행복과 총 행복을 계산할 수 있다.

우리가 배운 건 무엇일까? 놀랄 것 없이 행복의 측면에서 가장 높은 점수를 매기는 이 세 가지 계획은 바로 소유물이 적은 것에서 많은 것으로 상승하는 것이다. 소비는 절대 줄어들지 않는다. 이 경우 최선의 순서는 (0, 1, 2)이고 차선은 (0, 0, 3)이고 마지막은 (1, 1, 1)이다. 대조적으로 처음에 모든 동전을 다 사용하는(3, 0, 0)은 가장 불행한 배열이라고 할 수 있다. 문제가 비교적 작은 경우 컴퓨터는 모든 가능성을 열거할 수 있다.

문제가 복잡할 경우 컴퓨터는 '암시적 열거 기법'을 사용해서 수백만 개 중에서 최적의 조합을 찾는다. 이것이 세 친구 중에서 가장 현명한 머라이어가 50일 동안 자신의 동전 백 개를 소비하는 최적의 방법을 찾는데 사용했던 것이다.

문제가 더 복잡할 경우에도 컴퓨터는 거의 최적에 가까운 해결책을 찾을 수 있다. 확실하게 최선은 아니라 할지라도 개인적 주관을 방정식으로 만들어서 우리의 직관을 확실히 억제한다. 물론 이 모든 것은 결정 변수, 제약 조건, 목적 함수 같이 명확한 문제라는 가정을 전제한다.

멋진 신세계 뒤집기

올더스 헉슬리의 『멋진 신세계』는 폭력이 존재하지 않고 과학기술에 중독된 세상에서 사는 인간의 현실을 그렸다. 이곳은 계획에 따라 모든 것이 만들어진다. 예를 들어 아기는 실험실에서 태어나고 사람들은 우울증을 겪지 않으려고 약물을 복용하며 감각을 자극하는 영화가 가장 인기 있는 오락이다. 이런 통제된 사회에서 한 남자가 젊은 여성과 만나는데 이들의 관계가 발전하는 것을 이 사회가 허용하지 않는다는 것을 알게 되면서 그는 전체 시스템에 의문을 제기하기 시작한다. 헉슬리는 우리가 당연하게 여기는 많은 것들에 의문을 제기한다. 사회적 행복은 과학기술과 통제를 통해 만들어질 수 없다는 것이 그의 메시지다.

우리가 제안하는 것은 '멋진 신세계를 뒤집는' 것이다. 이 뒤집힌 세상에서는 최정상 수준의 과학기술을 물려받지 않는다. 오히려 증가하는 많은 과학기술을 개선하는 실험을 하는 것이다. 그렇게 하기 위한 핵심은 극단적으로 낮은 단계에서 시작하는 것이다. 이 가상의 세상에서 인간의 행복을 극대화하기 위해 아이들은 중세 시대 같은 사회에서 태어난다. 즉 민주주의, 전기, 플레이스테이션, 텔레비전, 인터넷, 휴대폰이 존재하지 않는다.

처음에 아이들에게 음식과 주거지와 의료 같은 기본적인 것들만 제공한다. 아이들이 다섯 살이 되었을 때 전기를 제공하면 아이들은 무척 기뻐하고 흥분할 것이다. 점차적으로 배터리로 움직이는 장난감이나 에스컬레이터 같이 전기로 사용 가능한 기기들이 나타난다. 그 기기가 아이들에게 엄청난 기쁨을 가져다줄 것이다. 아이들이 열 살이 되면 텔레비전이 나타난다. 물론 흑백이다. 삼 년이 지나면 컬러텔레비전이 등장할 것이다. 이런 형태가 아이들이 중년이 될 때까지 계속되어, 그때서야 비로소 컴퓨터, 휴대전화, 인터넷이 등장한다.

물론 이는 상상이고 비현실적인 가능성일 뿐이다. 그래도 메시지는 분명하다. 행복을 극대화하기 위해 당장 모든 것을 만들 필요는 없다. 어린 아이들은 최고의 물건을 가지는 데 익숙하지 않기 때문에 괜찮다. 최적의 접근방식은 시작을 낮은 곳에서 하고 기준을 낮게 잡고 그런 다음 높은 곳으로 움직이는 것이다. 좋은 것을 본 적도 가진 적도 없으면 알지도 못하는 법이다. 우리 동료 한 사람이 이렇게 말했다. "아이들을 비싼 놀이 공원에 데려가는 건 가능하면 늦게 가는 것이 좋아. 일단 한 번 가면 매년 가고 싶어 하거든."

새로운 스포츠나 취미를 시작할 때마다 이 접근법을 쉽게 적용할 수 있다. 가능한 최고로 좋은 용품을 사기 보다는 간소한 중고품으로 시작한 다음 서서히 상위등급으로 바꿀 것을 권한다. 당신이 처음 몇 번의 수업 후에 그 스포츠나 취미를 그만 두었을 때 비용을 절약하는 것에도 이 접근법이 도움이 된다.

과학기술이 우리 세대에 거듭해서 발전되었음을 의심할 바 없다. 우리의 모형에 따르면 컴퓨터와 휴대전화는 여러 가지 이점을 제공해서 행복을 상당히 증가시켰다. 과학기술이 아무리 놀랍다 하더라도, 과학기술이 행복에 한 기여를 보면 과학기술의 성장 속도도 중요하지만 과학기술의 개선 자체가 더욱 중요하다. 예를 들어 자동차나 비행기 같이 석유로 움직이는 기술을 보라. 우리가 이런 기술에 익숙하다는 점에서 보면 이런 기술은 충분히 발달했다. 우리는 이 기술의 효율 면에서 중요한 돌파구를 기대하지는 않는다. 그래서 이런 기술이 행복을 만들 가능성은 오히려 한계가 있다. 물론 우리가 현재 살고 있는 이 사회에서는 이 기술이 절대적으로 필요하다.

그럼에도 불구하고 우리가 절대적인 균형감을 가지는 게 가능하다면, 석유는 가장 놀라운 축복이며 우리에게 값싸고 쉽게 접할 수 있는 에너지 자원을 제공하고, 다양한 방법으로 우리 사회를 변화시키고 인간이 처한 상황을 자유롭게 해주었지만 이제는 오염과 혼잡한 도로라는 단점을 경험함에 따라 이 축복의 에너지 자원에 대한 불행감은 커져가고 있다는 것을 알게될 것이다. 사실 통근은 불행의 큰 원인이다. 하지만 이렇게 절대적인 균형감을 가지는 것이 어렵지 않다. 그냥 하루는 걸어서 출근해보라(8시간이 걸릴지도 모른다). 그러면 통근에 감사하기 시작한다.

석유를 기반으로 하는 기술이 우리에게 더 나은 미래를 향한 희망을 주고 더 작은 단위로 증가하는 것이 가능했다면 우리를 위해 더 좋았을 수도 있다. 대조적으로 전자 기술은 여전히 개선될 여지가 많고 우리의 믿음을 지속시키는 능력을 가졌다. 물론 이 기술 수준이 안정되면, 흥분도 시들해 질 것이다. 우리의 연구 노력과 창의성을 통해 새로운 기술이 미래에 나타나기를 희망한다. 아니면 언젠가 우리의 두뇌를 훈련시켜서 상대적인 관점보다는 절대적인 관점을 가짐으로써 더 행복해지는 법을 배우는 것이 훨씬 나을지도 모른다.

여기 크레센도 개념을 적용한 다른 예가 있다. 한 커플이 새 집으로 이사하자 이들은 최선이 무엇인지 궁금해졌다. 주택 담보 대출을 더 많이 받아서 한번에 집을 꾸미는 것이 좋을까, 아니면 커플의 경제적 상황 개선에 맞춰 비싸지 않은 가구를 산 다음 조금씩 집을 바꾸는 것이 좋을까. 우리의 모형이 권하는 바는 분명하다. 항상 적은 것에서 많은 것으로 움직인다. 물론 집이 완벽하게 갖춰지면, 잭이 그랬던 것처럼 행복이 크게 상승할 것은 분명하다. 하지만 머라이어는 점점 커지는 순서를 계획해서 더 많은 행복을 누렸다. 미래를 위해 개선의 여지를 남겨 두면 이자도 절약되고 새로운 국면에 도달할 기회도 생긴다. 또한 이로 인해 총 행복이 증가되는데, 이것이 바로 우리의 궁극적인 목표다.

요약하자면 우리 모형은 절약하라는 상식적인 충고를 한다. 예산이 한정되어 있다면 값비싼 소비는 미루는 것이 낫다. 사건의 순서를 바르게 선택하고 항상 증가하는 방향으로 가야 한다는 사실을 명심하라. 크레센도 철학은 기대에서 행복을 얻는다. 머라이어도 미래를 보면서 낙관적인 사람이 될 수 있었다.

행복의 작동

다음에 여행 계획을 세울 때 자신의 여행일정표의 순서를 어떻게 정할 것인지 전략적으로 생각하라. 가장 웅장한 박물관이나 해변이나 신전을 먼저 방문하기 보다는 여행 말미를 위해 그 경험을 아껴. 일정의 순서를 가장 별로인 곳에서 가장 웅장하고 신나는 곳으로 정하라. 호텔을 정할 때도 같은 방식으로 하라. 그렇게 하면 여행 초기에 방문하는 장소에서 즐거움이 덜 할지라도 정말로 기억에 남는 경험을 쌓을 수 있을 것이다.

7장. 다섯 번째 행복 법칙 ——————————— 포만

높은 산을 보러 갔다, 바다를 보러 갔다. 내 집 문간에서 한 번도 본 적이 없는, 옥수수대 끄트머리에서 반짝이는 이슬 한 방울. - 라빈드라나드 타고르

    이미 소개했던 네 번째 법칙은 행복을 최대화하기 위해 필요한 습관 형성 및 크레센도 전략을 이해하는데 아주 유용하다. 하지만 우리는 여전히 삶에는 습관 이상의 것이 있다는 점을 이해하기 위한 필수적인 중요한 요소를 하나 놓치고 있다. 이 요소는 삶의 향신료인 다양성이다. 앞으로 논의하겠지만 다양성은 다섯 번째 행복 법칙의 결과다.

    당신이 바하마에서 일주일간의 휴가를 보내고 돌아왔다고 가정하자. 당신은 다양한 칵테일을 홀짝이며 아름다운 해변에서 휴식하며 휴가를 보냈다. 휴가가 끝나자 당신은 집으로 돌아와 일상의 업무로 다시 뛰어들었다. 이어지는 금요일 오후에 친구가 전화를 해서 온라인에서 좋은 가격으로 성 바톨로뮤에서의 막바지 주말여행을 찾았다고 말한다. "믿

기지 않을 거야, 매일 수영장에서 좋은 음료를 제공한대!"라고 친구는 흥분하며 소리쳤다. 멋진 여행인 것 같지만 바로 지난 주에 바하마에서 돌아왔기 때문에 갈 이유가 없었다. 끔찍하게 추운 겨울을 몇 달 보냈거나 직장에서 힘든 시간을 겪은 후라면 정말 관심이 있었을지도 모르지만 지금은 아니다. 왜 그럴까? 만족한 해변의 휴가를 즐겼기 때문이다.

다섯 번째 법칙 - 포만

최근에 소비했다면 그다음 소비에서는 행복의 강도가 줄어든다. 최근 절제했다면 그다음 소비에서는 행복의 강도가 커진다.

바다사자가 10킬로그램 이상의 청어를 먹어야만 행복하다는 사실을 해양 생물학자가 알아내는 것은 어려운 일이 아니다. 식사를 마친 후 바다사자는 파도가 부서지는 바위에서 햇살을 맞으며 느긋하게 앉아 있다. 바다사자의 행복 진동기록은 +10해피돈으로 하루 중 가장 높은 점수다. 행복 진동기록은 시간이 흐르는 동안 순간행복을 재는 가상의 기록임을 기억하자. 해피돈으로 측정한 총 행복은 진동기록과 제로(0)선 가운데 영역이다. 간단한 질문을 하나 해보겠다. 청어 10킬로그램이 바다사자에게 항상 10해피돈을 줄까? 만일 바다사자가 몇 시간 전에 먹이를 먹었다면, 추가로 10킬로그램의 물고기를 그만큼 맛있게 먹지는 않았을 것이다. 하지만 바다사자가 이틀 동안 먹지 못했다면 아주 허기졌을 것이고 오늘의 청어 10킬로그램이 진심으로 반가웠을 것이다. 아마도 10해피돈 이상의 행복을 주었을 것이다.

음식이나 휴가와 마찬가지로 많은 다른 즐거운 경험들이 있다. 이 즐거움은 당신이 마지막으로 그 경험을 한 이후 경과한 시간에 달려있다. 이 일은 재화나 경험의 소비가 시간이 흐름에 따라 기억이 줄어들게 되기 때문에 발생한다. 이는 음식의 포만 정도 같은 방식의 역할을 한다.

당신이 어떤 배우의 열렬한 팬이 아닌데도 바로 지난 주에 본 영화를 또 보겠는가? 어느 정도 시간이 흐른 후에 그 영화나 휴가의 추억에 대한 이미지가 흐려지면, 마치 처음인 것처럼 다시 한번 같은 경험을 즐길 수 있을 것이다.

특정한 음식을 먹고 생기는 기쁨이 얼마나 큰지에 대해 생각하려면, 우리가 얼마나 배가 부른지 아니면 우리의 포만이 어느 정도인지 고려할 필요가 있다. 배가 부르면 포만 정도는 긍정적이고, 배가 부르지도 고프지도 않으면 포만 정도는 제로(0)이고, 배가 고프면 포만 정도는 부정적이다. 포만 정도는 우리가 최근에 소모한 양에 따라 다르다. 시간이 경과하면 이런 포만 정도는 낮아진다. 포만 정도는 적응 정도에 따라 다르다. 매운 음식에 익숙하지 않은 사람은 금방 한계에 도달할 것이다. 금방 적응하는 사람들은 매 끼마다 매운 음식을 많이 먹을 수 있다.

어떤 종류의 즐거움도 지속적으로 행복을 만드는 것은 불가능하다는 한계가 있다는 점은 피할 수 없는 신경학적 사실이다. 뇌에 신호가 더 자주 갈수록 뇌가 새 정보를 처리하는 능력은 떨어진다. 이로 인해 우리가 만족할 가능성이 낮아진다. 이는 소위 불응기 때문이다. 이 불응기 동안 단세포는 일시적으로 같은 신호를 다시 보낼 수 없다. 가려운 곳을 긁을 때도 마찬가지다. 긁기로 인해 가려운 곳 주변에 신경에 지나치게 집중되고 정작 가려운 곳은 반응을 덜하게 된다. 하지만 몇 초 후에 가려움이 그 전 보다 훨씬 심해진다. 그래서 이전과 같은 편안함을 느끼려면 더 심하게 긁어야 한다.

만일 당신이 세상에서 제일 부자라고 해도 너무 많이 가졌다는 포만감 때문에 행복은 감소된다. 돈이 무한정 많다고 해서 즐거움이 무한정 생기지는 않으며, 다양성과 참신함이 실제 행복을 증가시킬 수 있다는 것을 이해하기 위해 포만감을 설명하는 것이 필수적이다.

포만은 감성 감소 법칙과 밀접한 관련이 있다. 기본적으로 뭔가에 즐거움을 느꼈다면 우리는 포만감을 느끼게 된다. 더 많이 가진다고 더 많은 즐거움이 생기는 건 아니다. 하지만 한동안 뜸했다면 우리는 간절함이 커져서 큰 즐거움을 느낀다. 그때 간절함은 충족된다. 그래서 포만감이 낮으면(하루 동안 잘 먹지 못했다), 소비(저녁 식사)가 동일해도 포만감이 높은 때(늦은 점심을 배부르게 먹었을 때)와 비교해서 더 큰 즐거움이 생긴다.

포만감이 어떻게 우리의 체계에 들어맞는가? 기본 행복 방정식을 떠올려 보라.

현실의 S곡선 - 포만에 따라 조정되는 기대치의 변화 = 행복

포만을 설명하기 위해 행복의 S 곡선에 적응하는 방법을 정확히 알려 줄 것이다. 우리는 일정 시간에 획득한 행복이 기대 수준과 포만 정도에 따라 다르다는 사실을 알게 될 것이다. 간단한 예를 들어 보겠다.

피자 한 쪽을 얼마나 맛있게 먹을까? "경우에 따라 다르다"라고 당신은 대답한다. 어떤 경우 말인가? "배가 고프면 더 맛있다"라고 당신은 대답한다.

제일 좋아하는 피자 한 조각을 먹은 후에(+5해피돈을 얻었다고 하자), 여전히 배고프다. 그래서 두 번째 조각을 먹었다. 이 두 번째 피자 조각에서 획득할 거라고 기대한 즐거움이 얼마나 되는가? 아마도 두 번째 조각으로 생긴 총 만족은 조금 적을 것이다. +2해피돈이라고 하자. 이는 감성 감소 법칙 때문이다.

배고플 때 피자 한 조각이 당신에게 +5해피돈을 주고, 한 조각을 먹은 후에는 +2해피돈을 줄 수 있다. 이유는 피자를 먹기 전에는 포만 정도(S라고 한다)가 제로에서 시작하기 때문이다. 하지만 첫 번째 조각을 먹자마자 S는 1이 된다. 포만 정도는 소비를 하면 증가하고 소비가 없다면 시간이 지나면서 제로로 되돌아간다.

저녁 6시에 피자 한 조각을 먹어서 얻는 즐거움이 얼마나 될까? 당신은 정오에 이미 피자 한 조각을 먹은 후다.

저녁 6시의 포만 정도는 S=0.5와 같다고 가정해보자. S곡선에서 행복을 계산하는 방법은 포만 정도에서 시작하는 것이다. S에서 피자 한 조각 더한 S까지 증가한 행복은 이 특정한 피자 조각이란 만족을 준다. 이 경우 0.5에서 1.5로 증가한 행복은 +3해피돈을 부여한다. S=0일 때 0에서 1까지 증가한 행복은 +5해피돈을 부여한다. 그리고 S=1일 때 1에서 2조각으로 증가한 행복은 +2해피돈을 부여한다. 따라서 한 조각의 피자가 포만 정도를 위해 생성하는 해피돈을 계산할 수 있다.

그래서 소비가 발생하면 행복이 산출되고 배고픔을 줄인다. 소비를 나중에 하면 기준치인 포만 정도에서 시작하는 즐거움이 제공된다. 소비가 없는 기간 동안 포만 정도가 소멸되는 속도를 포만 속도라고 부른다.

우리의 법칙은 기본 재화가 적응 재화보다 더 많은 포만을 만든다고 예측한다. 적응 재화의 경우 소비를 하면 기대치가 증가한다. 기대치가 커질수록 미래의 소비로 형성되는 포만이 적어진다. 그 이유는 포만 누적은 기대치를 초과하는 소비 기능이기 때문이다. 소비가 높지만 기대치가 똑같이 높으면, 포만이 거의 없다. 대조적으로 비적응 재화나 기본 재화에 대한 기대치는 서서히 움직인다. 그러나 포만은 절대 수준의 소비를 토대로 쌓여간다.

적응하면 포만이 줄어든다고 말할 수 있다. 즉 일단 습관이 형성되면 소비자는 포만을 느끼지 않고도 많은 섭취량을 유지하는 게 가능하다. 모든 사람이 음악을 즐기지만 음악 스타일에 대한 취향은 시간에 따라 변화한다. 예를 들어 클래식 음악에 익숙한 사람은 포만을 경험하지 않고 하루 종일 클래식 음악을 들을 것이다. 하지만 클래식 음악에 익숙하지 않은 사람이 MP3 플레이어를 구입해서 교향곡을 감상한다면, 5분만 감상해도 쉽게 포만을 느낄 것이다. 나중에 이 사람이 클래식 음악을 감상하는 습관을 들였다면 그는 하루 종일 교향곡을 감상할 수 있을 것이다.

이는 아담 스미스가 『국부론』에서 말한 것과 유사하다. "사람의 위장은 용량이 적어 모든 사람은 음식에 대한 욕구가 제한적이다. 하지만 건물이나 의류, 도구, 가정용 가구 등의 편리함과 장식품에 대한 욕구는 제한이나 한계가 없는 것 같다"라고 말했다.

과소비의 저주

"미다스의 역병"이란 이야기는 로봇이 사회에 필요한 것 이상으로 과잉 생산하는 세상을 묘사한다. 이런 사회에서 가난한 사람들은 미친 듯

한 소비를 강요받는다. 가난한 사람들은 몇 백 평이나 되는 무도회장이 딸린 무질서하게 난립한 저택에 산다. 그러나 가난한 사람들은 불행하다. 이렇게 많은 소비를 해도 뒤처질 수밖에 없기 때문이다. 대조적으로 부자들은 작은 주택에서 작은 차를 몰고 간단한 도구를 가지고 검소하게 산다. 상류층 사람들은 일할 수 있고 실제로 더 행복하다. 가난한 사람들을 괴롭히는 끊임없는 소비로부터 해방되었기 때문이다.

우리 연구에서 소비가 증가하면 행복이 감소하는 반직관적인 결과가 발생한다는 점을 수학적으로 증명하였다. 과도한 소비를 하면 우리의 감각은 포화상태에 이르고 결국 즐거움이 줄어든다.

한 연구에 따르면 복권 당첨자들은 평상시의 일상 활동이 전보다 훨씬 즐겁지 않다고 한다.

당신이 상으로 와인 여섯 병을 받거나 박물관 입장권을 여섯 장 받는다고 가정하자. 이것들은 오랜 시간에 걸쳐 사용할 수 있다. 상식적으로 보면 오랜 시간에 걸쳐 소비를 분산해야 한다. 우리는 수학적으로 소비를 분산시키는 최적의 지속 시간을 결정할 수 있다. 포만도가 높은 상품이나 경험이라면, 포만도가 낮은 상품에 비해 더 오랜 기간에 걸쳐 소비를 분산시켜야 한다. 앞으로 와인은 여섯 주에 걸쳐 여섯 병을 다 마실 수도 있겠지만, 박물관은 넉 달 동안 한 번밖에 가지 않을 수도 있다. 그러니 여섯 번을 다 경험하려면 거의 이 년이나 걸린다. 파티, 외식, 여행에 관해서는 약간 속도를 늦추어서 포만 때문에 즐거움이 둔화되지 않도록 하는 게 현명하다.

적응과 포만에 대한 탐구와 개발

사무엘 존슨의 소설 『라셀라스』에서 아비시니아의 왕자는 세상의 모든 안락함이 제공되는 '행복 계곡'에서 산다. 그러나 그 생활이 지루해서 그곳을 벗어나 외부세계를 경험하겠다는 계획을 세운다. 그의 철학가 친구가 물었다. "주변을 돌아보고 원하는 것 중 어떤 것이 여기 없는지 말해주시죠. 아무것도 원하지 않는다면 어떻게 불행할 수가 있나요?" 왕자가 대답했다. "저 아이들과 양이 서로 쫓아다니는 것을 보니 뭔가 추구할 것이 있다면 행복 할 것 같다는 생각이 들어. 하지만 원하는 걸 다 소유하니까 한 시간이든 하루든 정확히 다른 날과 같다는 걸 느꼈네. 하루가 한 시간보다 더 지루하다는 점만 빼면 말이야. 이미 지나치게 즐거웠어. 내가 갈망할 뭔가가 필요해."

포만이 축복일까? 저주일까? 최근에 적응 정도를 넘는(영화관에서 팝콘을 너무 많이 샀다) 소비를 했다면 당신은 포만을 경험한 것이다. 포만이 되면 자연스럽게 참신함과 다양함에 대한 관심이 생긴다. 당신은 아마 이런 생각을 할 수도 있다. "팝콘의 포만 수준이 하락했으니 코카콜라나 좀 마셔야겠어"라고.

적응과 포만은 갈등을 일으킨다. 적응은 가진 게 많을수록 더 많이 원하는 효과를 만든다. 이 논리는 완벽한 자제심(마약을 끊는다)이나 소비율 증가(사치를 지속한다)를 유발한다. 이와 대조적으로 포만은 정반대의 한계 효과를 낳는다. 바로 가진 게 많을 수록 원하는 게 없다. 그 결과 다양성을 추구하려는 욕구로 이어진다. 우리의 행복 법칙이 정확하다면 우리는 적응과 포만에 대한 소비 할당을 최적화시켜 이 두 힘 사이의 긴장을 느껴야 한다.

경쟁적인 활동 중에서 선택이 가능하다면 시간이 지남에 따라 어떤 일이 생길까? 최적의 접근법은 어떤 것일까? 간단히 설명하기 위해 테니스와 골프 두 활동을 가지고 생각해보자. 매주 어느 운동이 좋은지 결정해야 한다. 포만 속도와 적응 속도가 두 활동 다 동일하다면 최적의 계획은 두 활동을 번갈아 하는 것이다.

두 활동 중 골프가 더 높은 적응 속도를 가지고 있다면 어떨까? 최적의 계획은 다음과 같다. 첫 번째 주에는 테니스와 골프를 번갈아 하는 게 낫다. 테니스, 골프, 테니스, 골프 이런 식이다. 몇 주가 지나면 테니스보다 골프에 더 빨리 적응하고, 그러면 골프에 치우치기 시작하는 것이 좋다. 골프, 골프, 테니스, 골프, 골프, 테니스, 골프, 이런 식이다. 결국 최적의 행동은 테니스를 포기하고 영원히 골프로 전환하는 것이다.

최적의 모형은 '탐구와 개발' 계획을 따르는 것이다. 포만으로 유발된 다양성 추구 행동 때문에 당신은 테니스와 골프를 계속 바꿔 가면서 해야 한다. 즉 우리는 많은 다양성과 더불어 탐구 단계로 시작한다. 골프 적응 정도가 테니스 적응 정도를 능가하면, 당신은 골프를 취소하지 않기 위해 시간이 갈수록 테니스를 덜 할 가능성이 높다. 어떤 시점에서 당신은 골프만 계속하는 걸로 결정할 것이다. 이것은 개발 단계이며 우리가 가장 좋아하는 것들을 계속한다. 사실 평상시의 관찰에 의하면 젊은 사람들은 자신의 활동에서 다양성을 추구하는 반면 나이든 사람들은 굳어진 습관에 정착하는 경향이 있다. 할아버지가 늘 신문을 읽거나 체스 게임을 하거나 볼링을 치곤 했던 게 기억나는가?

적응이 잘 안되면 다양성과 참신함이 최적화 된다. 적응이 잘 되면 다양성과 참신함이 최적화 되지 않으며 이때 우리는 습관을 잘 지켜서 더 잘하게 된다.

어렸을 때 라파엘은 사업하느라 바쁜 어른 만큼 일정이 빡빡했다. 그는 학교 수업이 끝나면 일주일에 두 번 유도를 갔고, 일주일에 세 번 수영, 매일 컴퓨터 수업에 갔다. 학교에서도 자전거 타기나 축구 같은 방과후 활동에 참여하는 건 말할 필요도 없다. 십대 시절에 그는 도보여행, 등산, 경마를 했다. 그러다 스물여덟의 나이에 그는 자신의 진정한 열정을 발견했다. 바로 다이빙이었다. 십오 년 후 다이빙은 여전히 라파엘의 열정 속에 남아 있었고, 그는 전 세계의 바다를 찾아다니며 해양 생물과 난파선을 탐험했다.

어린 아이들의 과외 활동에 폭발적인 비판이 일었지만 결국은 좋은 생각이었다고 판명될 지도 모르겠다. 어린 시절에 여러 활동을 하면 시야가 넓어질 뿐 아니라 이 활동의 적응과 포만에서 파생된 행복을 대조할 수도 있다. 이후의 삶에서는 가장 큰 즐거움을 끝없이 주는 몇 가지 활동을 계속할 수 있다.

다양성과 크레센도

앞에서 우리는 단일 적응 재화에 집중했고 최적 예산 할당은 증가하는 순서로 해야 한다는 방안을 제시했다. 다양한 재화에 직면할 때 무엇이 최적 예산 할당인가?

때로 활동(자전거 타기, 골프, 테니스)이나 활동의 질, 아니면 예산(더 비싼 자전거 용품을 구입하거나 더 좋은 골프장에 가거나 더 비싼 식당에 간다)에서 선택해야 할 가능성이 있다. 어떻게 이 모든 요소들을 작동시켜서 행복을 최적화 할까?

우리가 이 복잡한 문제를 컴퓨터에 입력하고 최적화를 실행시키면 우리가 얻는 해결책은 다음과 같다. 소비는 여러 재화와 활동이 번갈아 오가고, 이에 대한 예산 할당은 시간의 흐름에 따라 증가한다. 이런 유형의 사례를 들자면, 오락(식당, 연극, 콘서트)을 번갈아 하는 사람일 경우, 시간이 지나 이 오락의 미적 즐거움에 익숙해짐에 따라 이 오락(더 비싼 식당, 더 비싼 연극, 더 비싼 콘서트)에 대한 예산이 더 늘어난다.

소박한 삶

우리는 적응과 포만에 대처하는 두 가지 현명한 방법을 살펴보았다. 첫 번째는 '탐구와 개발'이라는 전략으로, 먼저 다양한 활동을 시도하고 다음에 그중 몇 가지를 정한다. 두 번째는 '다양성과 크레센도'를 합치는 것이다. 우리가 참여하기로 정한 활동에 대해서는 시간이 지나면서 증가하는 예산에 대한 계획을 확실히 세워야 한다. 우리가 묻고 싶은 세 번째 질문이 있다. 바로 얼마나 많은 습관을 들일 것인가 하는 질문이다.

이 질문에 답하기 위해 우리는 다음의 사례를 들어 기본 방정식을 세운다. 당신은 세 가지 저녁 활동 중에서 선택을 한다. 체육관에 가기, 영화관에 가기, 댄스 수업 참석하기. 매번 체육관에 가야 할까, 아니면 이 세 가지 활동을 번갈아 해야 할까?

이 세 가지 활동이 포만 속도와 적응 속도가 동일하다는 점에서 이 활동들이 비슷하다고 가정하자. 우리는 포만의 일반 속도는 고정하고 적응의 일반 속도는 변화를 준다. 우리의 법칙은 최적의 순서를 위한 세 가지 패턴을 만들어낸다.

- 먼저, 적응의 일반 속도가 낮을 경우, 최적의 계획은 세 가지 활동을 번갈아 하는 것이며 따라서 포만의 효과에 대응한다.
- 두 번째는 적응의 일반 속도가 일정할 경우, 최적의 계획은 세 활동 중 두 활동을 번갈아 하고 세 번째 활동은 완전히 무시하는 것이다.
- 마지막은 적응의 일반 속도가 높을 경우, 최적의 계획은 이 활동들 중 하나를 선택해서 계속하는 것이다.

적응 속도가 낮은 재화와 활동의 경우, 다양성은 포만의 효과를 경감시킨다. 적응 속도가 증가하면, 우리는 계속 활동들을 번갈아 하고 싶다. 하지만 총 활동 수를 줄이는 것이 낫다. 적응 속도가 충분히 높은 극단적인 경우에 사람들은 번갈아 하는 것을 싫어하고 한 가지 활동만 계속 하는 것을 선호할 수도 있다. 이런 이유로 다양한 적응 속도를 가진 재화의 차이를 고려해볼 때 적응력이 높은 것을 소비하지 않는 것이 낫다. 이런 것들에 집착할 수 있기 때문이다.

다시 말하면, 우리가 참여할 수 있는 많은 활동과 습관이 있다. 당신이 필요로 하는 시간과 돈과 동기가 다 있다고 해도, 행복을 최대화 하는 것은 이 활동을 다 하는 것도 아니고 지나치게 제한적으로 활동 하는 것도 아니다. 최적의 유형은 몇 가지 선택한 습관들을 번갈아 가며 하고 다른 습관을 행복하게 자제하는 것이다. 이는 저녁 활동과 운동에도 마찬가지고 어떤 음식을 먹을지, 어떤 친구들과 함께 시간을 보낼지 정하는 선택에 있어서도 마찬가지다.

당신은 불교 철학에서 말하는 소나와 비나(바이올린의 한 종류) 이야기를 아는가? 부처가 정신적 수양을 추구하는 뛰어난 음악가인 소나에게 줄이 느슨해진 비나로 음악을 연주해 달라고 청했다. 소나는 웃으면서 부처에게 줄이 너무 느슨해서 음악을 연주할 수 없다고 말했다. 그러자 부처가 줄을 아주 단단하게 조였다. 그 결과 고음의 소리가 났다. 소나는 부처의 손에서 비나를 받아서 음을 맞추고 아름다운 음악을 연주했다. 이 사례를 통해 부처는 너무 많은 것과 너무 적은 것 사이의 중도가 깨달음의 길이라는 것을 소나에게 알려 주었다. 서양문화에서 아리스토텔레스는 "덕은 중간에 위치한다"라는 금언으로 중도의 개념을 자세히 설명했다.

총 행복은 소수의 길들여진 재화만을 꾸준히 택하는 것으로 극대화될 수 있을 것이다. 이것이 바로 어떤 부모들은 아이들이 시간이 많이 들거나 돈이 많이 드는 습관을 가지지 못하게 하려는 이유일지도 모른다. 인류학자 레나토 로잘도는 사람들을 편안하고 행복하게 하는 평범함과 일상을 가져다주는 것은 반복이라고 주장한다.

우리의 포만 법칙은 다양성과 참신함이 도움이 된다는 상식적 개념을 비틀었다. 하지만 우리는 적응 법칙과 결합해서 총 습관 수를 조정하는 것이 최선임을 보여준다. 믿기 어렵겠지만, 우리는 이 주장을 수학적으로 증명했고, 이것을 소박한 삶의 정리라고 부른다. 우리의 법칙은 시간이 흐름에 따라 잘 정립된 습관에 집중하면 더 행복해진다고 주장하는 바이다. 이를 재미있게 말하자면, 어느 정도 나이가 들면 헨리 영맨이 한 것 같은 반응을 해도 괜찮다. "음주의 위험에 대해 읽을 때, 나는 독서를 포기했다."

갈망

우리가 행복이라고 부르는 것은 엄청나게 억눌러온 욕구의 만족에서 생긴다.
– 지그문트 프로이트 〈문명 속의 불만〉

샌디에이고 유니온 튜리뷴 지는 2008년 5월 12일 다음과 같은 제목의 글을 실었다.

"비영리 단체를 지원하기 위해 하루에 1달러어치만 먹는 여성."

이 기사의 내용은 이렇다. "겨우 30달러로 30일 동안 먹고 살겠다는 결론을 내렸을 때 마리아 가제브스키는 '큰 과일 샐러드 한 접시' 외에는 아무것도 생각나지 않았다. 그녀는 샐러드 생각만 해도 웃음이 절로 났고 '색과 향과 비타민이 풍부한 과일은 지금 너무 좋아 보인다'라고 말했다."

가제브스키는 한 달 동안 갈색과 베이지색 음식을 주로 먹었다. 바로 오트밀, 현미, 렌틸콩, 핀토콩, 땅콩버터, 마카로니, 밀 빵이다. 그래서 하루에 평균 1400칼로리 정도만 섭취했고 체중이 4킬로그램 정도 줄었고 우리가 당연하게 여기는 다양한 식사를 하는 것이 사치임을 알게 되었다. "우리는 저녁 식사로 중국음식을 먹거나 또 피자를 먹는데 익숙하다. 하지만 그렇지 못한 사람들도 많다"라고 가제브스키는 말했다.

마리아 가제브스키에게 가장 좋아하는 피자 한 조각 먹는 게 얼마나 즐거운 일인지 물어 보자 그녀는 +10해피돈이라고 대답했다.

어떻게 이럴 수가 있을까? 우리가 본 바로는 피자 한 조각은 5해피돈이었다. 행복의 S곡선이 피자 한 조각에 대해 긍정 측에서 5라고 판독하는데 10해피돈을 얻는 것이 가능할까? 우리의 이론에 일관성이 있다면 마리아가 시련을 겪는 동안 어떤 일이 일어났는지 알 수 있다. 절제하는 동안 적응 정도 이하(음식의 경우 이 말은 하루 2,500칼로리 미만의 섭취를 의미한다)의 소비를 유지했다. 따라서 부정적인 포만이 쌓이고, 이로 인해 충족되지 않는 욕구가 생긴다. 이 S곡선에서는 행복이 포만 정도의 증가로 계산된다는 점을 떠올려 보라. 따라서 포만 정도가 부정적일 때 부정 측의 곡선 기울기 때문에 증가가 크게 발생한다. 수학적인 용어로 이 갈망은 상실의 S곡선 기울기에서 발생한다. 다시 말해 갈망은 행복의 세 번째 법칙과 다섯 번째 법칙의 결합으로 생긴다.

우리의 체계에서 부정적인 포만 정도가 누적된 때는 적응이 정도 이하인 소비가 충분한 기간 동안 지속된 때다. 즉 가제브스키의 경우에서처럼 한 달은 충분한 시간이다. 그리고 부정적인 포만은 갈망으로 이어진다.

갈망은 중독에 대한 연구에서 광범위하게 연구되었다. 갈망은 주로 다양한 항목의 설문지를 통해 참가자들이 작성한 자기 보고로 측정된다. 어떤 연구원들은 갈망이 비소비로 인해 발생한 뇌 활동의 불균형 때문에 생긴다고 주장한다. 갈망에 대한 경험적 연구는 주로 음식과 약물과 알코올과 흡연 같은 것에 초점을 둔다. 예를 들어 초콜릿은 가장 갈망하는 음식이다. 특히 여성들에게 그렇다. 갈망은 환경적 요인에 의해 유발될 수 있다. 예를 들어 스키 애호가에게는 첫눈의 징후가 환경적 요인이고, 해변에서 여름을 보낼 계획을 하는 사람에게는 봄이 되어 맞는 첫 번째 온화한 날이 요인일 것이다. 모두 경험한 것처럼, 오랫동안 원하는 경험을 갈망한 다음 마침내 스키장이나 해변에 도착하면 엄청난 즐거움이 생긴다. 따라서 높은 강도의 감정을 경험하려면 약간의 부족함으로 고통을 겪어야 한다. 예를 들어 추운 날씨에 아주 오랜 하이킹을 한 다음에는 정말 따뜻한 목욕에 감사함을 느끼고 몇 시간 동안 서서 공연을 본 다음에는 앉는다는 것만으로도 만족감을 느낀다.

마케팅 담당자는 욕구를 불러일으키기 위해 고급 휴양지에서의 짧은 숙박 같은 것을 홍보 도구로 사용한다. 마찬가지로 기념일 축하를 위한 외출을 더 즐겁게 만들려면, 기념일 전에 단순하고 일상적인 삶을 이어가며 특별한 행사를 피하면 된다.

포만의 법칙이 시사하는 바는 다음과 같다. 욕구의 강화를 일으키기 위한 자발적인 자제심은 소비가 다시 시작된 후 경험한 행복을 극대화시킨다. 인도에서는 아슈타미가 시작되기 전 8일 동안 사람들은 소박한 음식(과일과 물)만 먹고 고기와 생선과 향신료는 먹지 않는다. 향신료를 사용하지 않는 것이 특히 힘든 이유는 이들이 향신료가 든 음식에 익숙하기 때문이다. 아슈타미 당일에는 풍성한 음식으로 크게 기념행사를 한다. 일정 기간의 행사와 절제는 무슬림의 라마단 같은 종교에서 일반적이다. 이런 행사들은 특히 즐겁다.

우리가 포만을 구체화할 때 우리의 모형이 예측한 바는 다음과 같다. 최대의 만족은 최초의 사치 다음에 즉시 얻어지는 것이 아니라 적절한 시간 동안 절제한 후에 얻어지는 것이다. 예를 들어 친구가 오늘 밤 파티에 가서 첫눈에 미친 듯이 사랑에 빠졌다고 가정해보자. 이 연인들은 밤새 춤추고 내내 홀딱 반해 서로의 눈만 바라본다. 이들은 결국 마지못해 집으로 가고, 가능하면 빨리 서로 만나기를 고대한다. 질문은, 이들의 다음 만남으로 얻는 행복을 최대화하기 위해서 언제 다시 만나야 할까?

행복의 법칙은 그들이 바로 다음 날 만나지 않아야 한다고 말한다. 그들이 전날 밤의 만족을 여전히 유지하고 있기 때문이다. 너무 오래 기다려도 안 된다. 그들이 시작한 로맨스가 사라지고 상대방 없는 삶에 순응할 수 있기 때문이다. 그러니 가능하다면 며칠 정도 기다려서 갈망이 커지도록 하고 그런 다음 재회를 하면 서로 최대의 기쁨을 누릴 수 있다.

우리가 이 부분에서 대단히 로맨틱하지 않고 진정한 사랑을 피자 한 쪽이나 골프 한 게임 치는 것으로 취급 한다는 생각이 든다. 하지만 좋건 나쁘건 모든 노력을 통해 각자의 행복을 유도하려고 적응과 포만과 갈망이란 동일한 메카니즘를 사용한다.

관심사 개발하기

우리가 다양한 관심사를 가지고 있다면 단조로움을 느끼기 시작할 때 하나의 흥미 거리에서 다른 흥미 거리로 옮겨갈 수 있다. 물론 관심사가 너무 많으면 적절한 발전을 저해할 수 있기에 우리가 개발해야 할 흥미 거리의 수와 사용 가능한 시간 사이에 이상적인 균형이 있어야 한다. 다양한 활동에 관심 있는 사람들은 그렇지 않은 사람보다 더 행복해 보인다. 운동 경기 관람, 독서, 정원 가꾸기, 친구나 가족들과 식사하기, 야외 활동에 참가하기, 새로운 장소 구경하기, 새로운 사람들과 사귀기 이런 것들을 좋아한다면 자신의 자유 시간 대부분을 즐거운 활동으로 보낸다. 은둔자들이 고립해서 아무 문제없는 삶을 산다는 낭만적인 견해와는 반대로 은둔자들이 행복한 삶을 영위하지 못한다는 것도 사실이다. 다양성이 삶의 향신료 같다는 상투적 문구는 놀랍게도 타당한 말이다.

그러나 다양성 자체가 기쁨의 주된 요인은 아니다. 그보다는 기쁨의 주요 동력인 다양성이 만들어낼 참신함과 놀라움이 주된 요인이다. 꽃이

핀 넓고 비옥한 초원에서 다양성은 눈에 잘 띄지 않는다. 바위가 울퉁불퉁한 땅에 핀 봄의 야생화는 강렬한 놀라움으로 다가온다. 대부분의 사람들이 계절의 변화에 감사함을 갖는 게 이 때문이다. 다양한 날씨와 초목은 보기에는 새롭다. 하지만 열대 지역에서 항상 보는 녹색 풍경이 장관이긴 해도 1년 내내 그곳에 사는 사람들에게는 흥미롭지 않을 수도 있다.

우리의 뇌는 너무 긴장하고 있어 참신함이 주는 즐거움을 만끽하지 못한다. 원숭이 연구를 다시 생각해보라. 원숭이들이 항상 받던 사과가 아니라 건포도를 받았을 때 그들의 신경세포는 이 반가운 변화에 반응하며 강하게 활성화 되었다.

우리의 행복을 향상시키기 위해 할 수 있는 한 가지 일은 가능할 때마다 단순하고 참신한 경험을 찾는 일이다. 예를 들어 최근의 연구에 따르면 결혼한 부부는 함께 새로운 경험을 시도해서 과거의 로맨스를 다시 되살릴 수 있다. 이로 인해 이 부부가 처음으로 사랑에 빠졌을 때 작동되었던 뇌 회로의 같은 부위가 활성화 되었다. 매년 기념일에 같은 식당을 방문하거나 같은 해변 휴양지를 방문하는 것이 낭만적으로 보일 수도 있으나 매번 새로운 장소를 가보는 것이 실제로 더 낫다.

행복의 작동

전에 해본 적이 없거나 오랫동안 하지 못했던 일을 매달 적어도 한 번은 해보라. 전에 만든 적이 없는 음식을 요리하거나 동네 공원에서 하는 태극권에 참여해보라. 아니면 아이들과 연을 날려라. 그게 무엇인지가 중요한 게 아니다. 그것이 기억할 만하고 행복을 만드는 새로운 경험이란 사실이 중요하다.

인간 삶의 비참함과 무질서의 거대한 원인은 하나의 영구적인 상황과 다른 상황 간의 차이를 과대평가해서 생기는 것 같다. 「**도덕 감정론**」 - 아담 스미스

주머니에서 구겨진 복권을 꺼내 초조하게 당첨 번호와 맞춰본다. 번호 하나가 당첨 번호와 일치하자 심장이 쿵쾅거린다. 실제 백만 달러라는 거액의 상금이 당첨되었다는 사실을 완전히 파악하기까지 세 번이나 확인한다. 당신은 충격을 받고 몇 분 되지 않아 기쁨으로 아찔하다.

이제 펄쩍 뛰던 것을 멈추고 완전히 낯선 사람을 껴안고는 묻는다. "지금부터 일 년 간 얼마나 행복할까요?" 당신은 아마 엄청나게 행복할 거라고 기대할 것이다. 결국 당신의 삶은 극적으로 바뀌었다.

미래가 행복할 것이라고 예측하면 얼마나 좋을까? 이 질문을 하기 위해 심리학자 대니얼 카너먼과 재키 스넬은 8일을 연속해서 한 집단의 실험 대상자들에게 각기 다른 맛의 아이스크림이나 요구르트를 제공했다.

대상자들에게 실제 좋아하는 맛과 예상한 맛을 물었다. 가장 놀라운 결과는 실제 좋아하는 맛과 예상한 맛은 거의 관련이 없었다.

편견은 예측을 할 때 생기는 체계적 오류이다. 예를 들어 교통 상황에 대해 일관되게 낙관적인 사람은 편견이 있는 사람이다. 행복 예측의 편견은 여기저기 난무하지만, 그중에서 주요 편견이 하나 있다.

여섯 번째 법칙 – 현재주의

미래의 선호도 및 감정은 실제보다 더 현재의 선호도 및 감정과 비슷할 것이라고 예상한다.

사람들은 자신의 선호도가 바뀔 것이라는 점은 거의 생각하지 않는다. 사실 선호도와 감정은 우리가 생각하는 것보다 더 자주 바뀐다. 사람들은 감정 상태가 고조되어 있을 때 자신의 강렬한 분노가 빨리 소멸될 것임을 예상하지 못한다.

당신이 복권에 당첨되면 현재의 행복한 상태를 기반으로 미래의 행복을 예측할 것이다. 하지만 안타깝게도 그 예측은 너무 낙관적인 것으로 판명이 났다. 연구원들이 옳다면 지금부터 일 년 간 당신의 행복 수준은 복권이 당첨되기 전과 크게 다르지는 않을 것이다. 불행히도 당신의 윤택함은 당신이 상상한 것 같은 지속적인 힘을 가지고 있지 않다.

현재주의로 인해 우리는 미래 행복 예측을 잘하지 못한다. 우울을 예로 들어 보자. 우울은 스스로 자라나는 절망적인 상태다. 우울한 사람은 오랫동안 그런 상태에 남아 있고 싶어 한다. 우울을 강하게 만드는 것은 미래에 대한 어두운 상상이다. 하지만 연구에 따르면 사람들은 예상한 것보다 더 빨리 우울에서 회복된다.

우리는 고소득이나 승진, 아니면 고등학교 때 연인과의 결혼이 행복을 낳을 것이라고 확신한다. 우리는 안전하지 않은 성관계를 하지 않을 것이라고 예상한다. 이는 자제력이 없고 무책임한 사람들만 하는 행위이기 때문이다. 하지만 우리는 흥분해서 유혹에 저항하지 못하여 예상과는 반대로 행동한다. 회복 중인 알코올 중독자나 도박꾼은 자신의 의지력을 과대평가 한다. 그들이 일단 술집이나 카지노에 들어가면 음주나 도박에 굴복할지도 모른다.

우리는 식당이 음식 값을 바가지 씌우면 화가 나고, 시험에 떨어지면 슬프고, 해변의 휴가에서 비가 내리면 실망스러울 것이라고 정확하게 예측한다. 그러나 이런 부정적인 상황에서도 부정적 감정은 오래 지속되지 않는다. 이런 경험을 하는 순간에는 이런 감정들이 영원히 머물 것처럼 보인다. 우리는 감정 반응의 방향이나 위치나 비관적인 면을 예측할 때는 잘 맞추는 경향이 있다. 하지만 이런 감정 반응의 지속 시간이나 강도를 정확하게 예측하지는 못한다.

낭만적 사랑은 우리가 믿는 감정 상태가 영원히 지속될 것이라고 믿는 전형적인 예다. 너무나 많은 낭만적 동화의 마지막 구절이 그 증거이다. "그리고 그들은 영원히 행복하게 살았습니다." 인간관계에 대한 연구에 따르면 낭만적 사랑보다는 가능하면 많은 성격적 특성(둘 다 외향적이고 사교적이거나 둘 다 내성적이거나 둘 다 체계적이거나 즉흥적이거나 둘 다 위험 회피 또는 위험 추구)을 공유하고 공통의 사고방식과 가치관을 가지는 것이 행복한 관계에서 더 좋은 변수다. 성격적 특성과 유사한 태도를 공유하면 일상의 갈등을 최소화할 수 있고 관계를 원활하게 만들 수 있다. 로미오와 줄리엣이 함께 행복한 삶을 살았을지 아닐지를 우리는 절대 알 수 없다. 십중팔구 이들은 다른 대다수 연인들처럼 살면서 가족을 꾸리고 여행을 하면서 우여곡절을 겪었을 것이다. 하지만 방해 받는 사랑이 시간이 지남에 따라 평범한 생활 문제로 단조로운 사랑보다는 더 나은 이야깃거리다.

우리는 이제 현재주의가 함축하는 바를 몇 가지 알아보겠다.

적응 편견

많은 감정에 있어서 우리는 현실과 기대를 비교해서 행복을 만든다고 한 것을 기억해보라. 현재주의의 한 특정 형태는 현재의 기대를 투영하는 것이다. 이 특정 형태를 적응 편견이라고 한다. 우리는 기대치가 많이 변하지 않을 거라고 생각하기 때문에 미래의 행복은 미래 현실과 현재 기대의 차이에서 생긴다고 예측하며 이는 다음과 같다.

미래 현실 - 현재 기대치 = 예측한 행복

현실에서 기대치는 변할 것이며 실제 행복은 미래 현실과 미래 기대치 사이의 차이에 의해 발생할 것이다. 이는 다음과 같다.

미래 현실 - 미래 기대치 = 실제 행복

적응 편견은 더 나은 삶이나 더 힘든 삶에 적응하는 것이 어떤 것인지 상상하기 어렵게 만든다. 우리는 삶에서 실패한 관계, 실직, 가장 좋아하는 팀이 큰 경기에서 지는 것 같은 부정적인 사건을 겪은 후에 평범한 상태로 돌아간다는 것을 잘 안다. 그러나 우리는 이 적응이 얼마나 빨리 일어나는지를 과소평가 한다. '시간이 모든 상처를 치유한다'라는 속담도 있지 않은가. 우리가 생각하는 것 보다 훨씬 더 빨리 치유된다.

가장 극적인 사례는 복권 당첨자 사례이다. 그는 복권에 당첨된 이후 일 년 간 행복하지만 엄청나게 더 행복하지는 않았다. 마찬가지로 하반신이 마비된 사람들은 그런 일을 겪은 후 일 년 만에 새로운 상황에 거의 완전히 적응했다. 우리는 예상했던 것 보다 훨씬 더 빨리 좋은 상황과 나쁜 상황에 적응한다.

적응 편견은 단순한 학문적 호기심이 아니다. 적응 편견은 삶의 균형적 결정에 영향을 미칠 수 있다. 대다수 사람들은 해변가 주택과 더 높은 사회 지위를 가지고 싶어 한다. 이런 것들을 가지면 실제 행복을 얻을 수 있다. 하지만 우리가 알고 있듯이 우리의 기대치 또한 올라가고, 더 높은 생활수준에 적응한다. 해변가 집이 생기면 얼마나 좋을까 하는 현재의 인식 때문에, 우리가 그것에 적응할 것이라는 상상을 못하기 때문에, 우리는 해변가 주택이 우리에게 대단한 행복을 가져다줄 것이라고 믿게 된다. 이토록 원하는 생활 방식을 뒷받침하기 위해 우리는 더 열심히 일해야 한다. 그리고 이로 인해 가족이나 친구들과의 시간, 심지어 잠잘 시간까지 빼앗긴다. 따라서 여가 시간이 서서히 줄어들고 건강과 더불어 총 행복은 시간이 지나면서 줄어들 수 있다.

당신의 소득과 지위가 개선되지 않아야 한다는 말은 아니다. 우리가 제안하는 것은 주의하지 않으면 사악한 게임에 사로잡힐 수도 있다는 것이다. 이 게임에서는 더 높은 물질적 행복을 추구하는 당신의 야망이 당신의 소중한 시간을 앗아갈 가능성이 높다. 사교 관계와 가족과 행복을 보장하는 다른 지역사회 활동을 할 소중한 시간 말이다.

적응 편견은 우리의 기대치가 높아질 것이란 점을 보지 못하고, 우리의 인식을 왜곡시켜서 부와 명성이 총 행복보다 낫다는 인식을 갖게 한다. 배우 미셸 파이퍼는 말했다. "나는 영화업계에서 모든 것을 성취했다. 명성, 존경, 상, 돈, 사랑까지도. 하지만 이런 소중한 것들을 소중히 여길 본질적인 요소가 없었고 즐길 시간이 부족했고 가족들과 함께 할 시간이 없었다."

일과 여가의 조화로운 균형은 행복한 삶을 성취하기 위해 필요하다. 우리는 적응 편견에 대한 인식으로 인해 당신이 더 나은 생활방식을 선택하고 개인 생활과 직장 생활 사이의 적절한 규형을 유지하는데 도움이 될 것이라고 믿는다. 세계에서 가장 부유한 사람인 워렌 버핏도 유대를 형성하기 위해 자신의 생활방식을 잠시 멈추고 다시 균형을 잡아야 했다. 우리가 미래 적응 정도를 정확하게 예측할 수 있다면 이 경고는 불필요할 것이다. 적응 편견으로 인해, 미래에 더 행복해지기 위해서는 우리가 지금 생각하는 이상의 물질적 풍요가 있어야만 가능할 것이다.

포만 편견

당신은 배고플 때 식료품을 더 많이 사는 경우가 있는가? 만일 그렇다면, 당신 혼자만 그런 게 아니다. 한 대표적인 연구에서는 연구원들이 일부 쇼핑객들에게 머핀을 주고 다른 사람들에게는 주지 않았다. 머핀을 받은 사람들은 받지 않은 사람들보다 물건을 적게 샀다. 배고픈 쇼핑객들은 음식을 과잉 구매하는 경향이 있다. 우리는 배고플 때는 계속 배고플 것이라고 예측하고 배부를 때는 계속 배가 부를 것이라고 예측한다. 점심을 배부르게 먹은 후에는 저녁 메뉴를 생각도 하기 싫고, 적어도 다시 배고플 때까지는 음식을 생각하고 싶지 않다.

현재주의로 인해 적응 편견(우리의 기대치가 변하지 않을 것이라고 생각한다)을 갖게 된다는 것을 알게 된 것처럼, 또한 현재주의로 인해 포만 편견을 갖게 되고 현재의 포만 정도가 많이 바뀌지 않을 것이라고 믿게 된다.

소비자의 현재 포만 정도가 낮을 때 과잉 구매를 유도하기는 마케팅의 수단으로 사용되었다. 예를 들어 사람들이 스키 타기를 갈망하면 스키 시즌 초기에는 실제보다 더 자주 스키를 타러 갈 것이라고 예상한다. 따라서 사람들은 열흘 패키지로 스키를 예약할 것이다. 스키 시즌이 전개되고 스키에 대한 포만 정도가 증가하면, 소비자들은 결국 스키 패키지를 더 이상 이용하지 않을 것이다. 너무 친숙한 다른 사례는 크리스마스와 새해 연휴 후에 자주 나오는 피트니스 회원권 할인이다. 사람들은 새해에 체중을 감량하고 몸매를 유지하려는 결심으로 겉보기에 괜찮은 거래에 투자한다. 성실하게 운동하는 것은 보통 몇 주가 지나면 사라진다. 할인 받은 회원권은 회원보다는 헬스클럽에 훨씬 더 좋은 거래가 된다.

사비는 카약을 타러 가고 싶어 했던 친구다. 그는 열흘 간 여행을 계획했다고 우리에게 말했다. 우리는 사비에게 지금은 카약이 너무 하고 싶지만 며칠 지나면 싫증날 수도 있다고 말했다. 사실 사비는 우리말을 듣고 여행을 엿새로 줄였다. 그는 실제 여행에서는 카약을 나흘 동안 탄 후에 충분히 탔다고 생각해서 남은 이틀은 독서를 하며 보냈다. 다음에 당신이 유람선이나 휴양지 여행 상품을 구매하면 여러 날 동안 같은 장소에 머무르는 것과 관련해서 포만을 확실하게 예측하라.

반복적 미루기

대표적인 한 연구에 의하면 아이들만 방 안에 있게 하고, 벨을 울려서 실험자를 호출할 수 있다고 아이들에게 말해주었다. 아이들에게 실험자를 즉시 호출하면 작은 사탕 한 개를 받을 거라고 말했다. 하지만 아이들이 15분 동안 실험자가 오기를 기다리면 더 큰 사탕을 한 개 받을 수 있다고도 말했다. 어떤 아이들은 즉각적인 보상을 더 원했고, 기다림의 보상으로 받을 수 있는 더 큰 사탕은 포기했다. 그 외의 아이들은 더 큰 사탕을 위해 기다리는 쪽을 선호했다. 기다리는 쪽을 선호한 아이들은 더 성공적인 인생을 살았다. 여기서 우리는 또 다른 연구 결과에 초점을 맞춘다. 사탕이 앞에 보이자 아이들은 기다리기 어려웠다. 현재주의는 이 결과를 이렇게 설명한다. 사탕이 보이고 냄새가 나서 사탕에 대한 욕구가 증가되었기 때문에 그 순간의 감정이 의사 결정을 인도했다고 말이다.

지나치게 순간적 감정에 중점을 두는 현재주의로 인해 사람들은 좀 미루는 게 장기적으로 보면 이익이라는 것을 알면서도 근시안적으로 행동하고 즉각적인 만족감을 선택하게 된다. 우리 모두는 손을 뻗어 시계 알람을 끄고 다시 잠드는 경험을 한 적이 있다. 결국 잠자리에서 일어나는 불편함은 목전에 있고 사무실에 일찍 출근해서 생기는 이점은 멀리 있다.

최근의 연구에 따르면 우리의 뇌는 즉각적인 보상이나 지연 보상에 다르게 반응한다. 대뇌의 변연계는 감정에 반응하고 근시안적인데, 이 변연계는 사람들이 즉각적인 보상을 선택하면 활성화 된다. 측면 전두엽 피질은 더욱 신중한 시스템으로 현재와 미래의 보상을 저울질 하고 지연 보상이 선택될 때 반응한다. 즉각적인 보상이라는 유혹이 너무 구미가 당기기에 우리는 이런 편견을 극복하기 위한 제어 기구를 만든다. 즉 알람시계를 침대에서 떨어진 곳에 둔다. 아침에 알람을 끄기 위해 비틀거리는 일이 귀찮을 테지만 사무실에 늦지는 않을 것이다. 트럭 운전사는 졸음 때문에 핸들을 잡고 있는 손이 느슨해지면 알람 소리가 나는 장치를 사용한다.

다음의 사례는 시간 경과에 따른 의사결정에 있어서 현재주의가 주는 효과를 설명한다.

가장 좋아하는 아이스크림 맛을 생각해보라. 그것이 라즈베리라고 하자. 지금 라즈베리 아이스크림 하나를 먹겠는가, 아니면 한 주 기다려서 두 개를 먹겠는가?

두 번째 상황을 생각해보자. 4주 기다려서 라즈베리 아이스크림 하나를 먹겠는가, 아니면 5주 기다려서 두 개를 먹겠는가?

현재주의 때문에 사람들은 일주일을 기다렸다가 아이스크림 두 개를 먹는 것보다는 지금 한 개 먹는 쪽을 택할 것이다. 두 번째 상황에서 이 사람들은 5주를 기다려서 두 개 먹는 것을 더 좋아할 수도 있다. 이것이 의미하는 바는 이들이 지금 당장은 5주 후에 두 개 먹는 쪽이 낫다고 말할 수도 있지만 시간이 지나면서 즉시 먹을 수 있는 아이스크림 한 개의 유혹에 빠지게 되어 즉각적인 더 작은 보상을 받아들이게 된다는 것이다.

마케팅 담당자들은 현재주의에 대해 안다. 이들은 더 많이 팔기 위해 이 방식을 활용한다. 소비자들은 재정 상태가 그다지 좋지 않을 때조차도 "지금 구입하고 후에 지불하는" 상품에 매료된다. 많은 소비자들은 대단히 싼 가격으로 휴대폰을 파는 광고에 관심을 가지는데, 실제로 휴대폰을 공짜에 팔기도 한다. 그러나 많은 부가 서비스와 비싼 요금제에 훨씬 많은 돈을 지불해야 하는 경우가 많다. 사람들은 값이 싼 전기 기구가 대체로 전기가 많이 들고 수명이 다할 때까지 유지비가 더 비싸다고 하더라도 싼 것을 구매한다. 현재주의는 자극 고조 상태에 의해서 악화된다. 사람들은 에이즈 같은 병에 걸리는 대가를 치르는데도 불구하고 무방비의 성관계를 한다. 충분한 신념이 구축된다면 "그냥 안돼라고 말해"라는 이 구호는 훌륭한 구호이고 효과가 있다. 아니면 피임기구를 챙기는 것이 원하지 않는 임신을 피하는 더 효과적인 해결책이 될 것이다.

알코올, 흡연, 약물, 기타 나쁜 습관에 중독되면 인생을 망칠 수 있다. 순간 감정의 힘은 강력하며 충동적인 선택은 재앙을 초래할 수 있다. 순간의 충동을 피하기 위해 조치를 취하는 것이 더 분별 있는 행동이다. 율리시스는 선원들이 귀를 막게 하고 스스로를 돛대에 묶어서 안전하게 사이렌의 섬을 지나 항해했다. 다른 많은 선원들은 사이렌의 노래에 매혹 당해서 섬 주변의 바위에 부딪혀 죽고 말았다.

현재 얼마나 많은 미래를 느낄 수 있을까 하는 것은 결과의 중요성에 달려 있다. 출발하기 3개월 전에 모험으로 가득한 여행의 즐거움을 예상하기는 쉽다. 반대로 친구들과의 저녁 약속이나 연극 관람 같은 평범한 일은 그 일이 있기 며칠 전까지는 예상되는 즐거움이 별로 없다. 다른 말로 하면 미래에 생기는 결과가 작을수록 미래의 행복이나 불행을 중요시하지 않는다.

최근에는 총비용을 알기 어렵게 만드는 할부 중심의 신용거래로 소비자들에게 물건을 파는 것이 일반적이다. 일부 마케팅 담당자들은 일일 지불의 형태로 구입 가격을 짜맞춘다. "하루에 삼 달러만 내면 헬스클럽의 모든 혜택을 누릴 수 있습니다"라는 식이다. 매일 지불 금액이 소액인 것처럼 해서 소비자가 이 상품 가격이 적정하다고 믿게 만든다.

한 영국 대학의 교수가 유언장도 남기지 않고 갑자기 사망했다. 조사결과 그에게는 상당한 재산이 있었던 것으로 판명되었다. 그의 방에는 유산을 대학에 남기기 위한 서류가 있었지만 미처 작성되지는 않았다. 아마도 그다음 날 서류를 작성하려고 했던 것 같았다. 이 교수는 가까운 가족이 없어서 돈은 결국 먼 친척에게 상속되었고 그가 원했던 대로 대학으로 가지는 못했다.

우리 모두에게 친숙한 속담이 있다. '오늘 할 수 있는 일을 내일로 미루지 마라'라는 속담이다. 충분히 할 수 있는 간단한 말 같지만 많은 사람들은 이런 지혜를 자주 무시하고 반복해서 미룬다. 현재주의가 왜곡시켜서 생겨난 결과가 미루기이다. 현재주의는 미래에 받을 혜택을 번거로운 일을 한다며 우리의 인식을 왜곡한다. 미래의 혜택이 약간 지연된다고 해서 힘든 것도 아니다. 이 유언장에 오늘 사인하거나 내일 하거나 그게 무슨 대수인가, 이 컴퓨터를 오늘 백업하거나 내일 하거나 그게 무슨 대수인가? 이 왜곡된 계산의 순수한 효과는 성가신 일은 내일 하는 게 좋을 것 같다고 생각하게 만든다는 점이다. 현재주의의 모순적인 결과는 내일 또다시 미룰 것이라는 사실을 우리가 알지 못한다는 사실이다. 이 점이 함정이다.

마음의 소리에 귀 기울여라. 감정은 현명하다.

인간이 올바르게 볼 수 있는 것은 마음이 있기 때문이다. 정말 중요한 것은 눈에는 보이지 않는다.
- 앙투안 드 생텍쥐페리

우리가 순간의 감정을 과장하는 경향이 있긴 하지만 그런 감정을 무시해서는 안 된다. 감정은 이성적일 필요가 없다. 감정은 그 안에 지성을 숨기고 있다(이상하게 들릴 수도 있지만 우리의 뇌는 모든 것을 자연스럽게 이해하려 한다. 우리의 웃음이나 울음소리도 이해하려 한다). 감정이 그러는 것에는 이유가 있다고 생각한다. 감정과 기분은 가까운 미래에 행복을 예측하도록 설계되었다. 많은 사례를 보아 "마음이 가는 곳을 따르라"는 말은 아주 적절한 표현이다. 말콤 글래드웰은 책 『블링크』에서 직관적인 의사 결정은 감정을 무시하는 분석적인 접근 방식을 앞선다고 주장했다. 물론 그는 숙달된 직관이 더 뛰어나다는 사례를 보여주기도 한다.

뇌 연구원인 안토니오 다마시오는 다음의 연구 결과로 유명하다. 그 것은 감정을 느끼지 못하는 사람들은 의사 결정에 뒤떨어진 사람들이며 이들은 자신의 행동으로 인한 결과를 감지하지 못한다는 것이다. 데이비드 흄의 말에 의하면 "이성은 열정의 노예다." 이런 열정은 모든 행동의 원동력이다. 이런 동력이 없으면 우리는 타성적이고 활동할 수 없거나 이성적이지 않을 것이다.

종종 내면의 목소리가 바른 길을 가리킨다. 예를 들어 육체적 고통은 몸에 문제가 있음을 나타낸다. 실수로 뜨거운 난로를 건드리면 고통 때문에 얼른 손을 뒤로 뺀다. 반대로 즐거움은 무언가를 열렬히 찾는다는 신호다. 즉 우리가 끊임없이 칼로리가 높은 음식을 먹는 것은 그 맛을 즐기기 때문이다.

부정적인 감정은 우리 삶의 일부이며 그 누구도 감정적인 어두움을 겪지 않았다면 완전한 인간의 삶을 살았다고 주장할 수 없을 것이다. 역설적이지만 부정적인 감정은 우리에게 행복으로 향하는 길을 보여주기 위해 존재한다. 예를 들어 슬픔은 우리에게 약간의 도움이 필요하다고 사회에 보내는 신호일 수 있다. 외로움으로 인해 우리는 편안한 가정을 떠나 사회생활을 하고, 결국 우리에게 행복을 주는 지속적인 관계를 맺을 친구를 찾게 된다.

감정은 변화에 대한 강렬한 동력을 제공한다. 예를 들어 낭만적 사랑은 우리가 쉽게 극적인 변화를 견디게 할 정도로 강하고 오래 지속된다. 얼마나 많은 사랑 이야기가 있는가, 그 이야기에서 사람들은 사랑하는 이와 더 가까워지기 위해서 자신의 삶을 뒤죽박죽으로 만든다.

감정은 또한 사회적 지능을 가지고 있다. 당신이 불공정한 대우를 받았다고 느끼면 화가 치밀 것이고 그 사람을 처벌할 방법을 찾고 정의를 요구할 것이다. 자신이 다치는 한이 있더라도 말이다.

헤라클레스는 그리스에서 가장 위대한 영웅이었다. 그는 지구상에서 가장 힘 센 사람이고 세속의 어떤 힘으로도 물리칠 수 없는 인물이었다. 그의 감정은 빨리 흥분했고 자주 통제력을 상실했다. 그는 분노로 아내와 아이들을 죽였다. 심지어는 너무 덥다고 화살로 태양을 쏘며 위협했다. 하지만 그는 고귀한 정신을 가졌다. 그래서 자발적으로 처벌을 받아 자신의 악행에 대한 대가를 치렀다. 그의 속죄를 "헤리클레스의 과업"이라고 하는데, 열두 개로 이루어졌고 각 과업은 어렵고 위험했다. 때로 그는 다른 사람들이 무죄임을 밝혀줄 때조차도 스스로를 벌했다.

헤라클레스가 분노를 통제하기 위해 이성을 사용했다면 완벽한 영웅이 되었을 것이며 분노했을 때 저지른 잘못 때문에 자신을 따라다닌 슬픔을 피할 수도 있었을 것이다.

순간의 감정은 곧 닥칠 위험을 우리에게 경고할 수도 있지만 동시에 우리를 근시안적 행동으로 이끌 수도 있다. 따라서 마음은 때론 온건해야 하며, 머리의 지배를 받아야 한다.

현재주의와의 투쟁

만일 당신이 현재주의의 실재를 납득한다면, 더 많은 자제력을 가지고 자신을 더 행복하게 만들 방법을 선택하는 것이 더욱 쉬워진다.

여기에 현재주의에 대처하기 위한 네 가지 권장 사항이 있다.

1. 다른 사람들의 직접적인 경험에 의존하라. 즉 물건이나 경험이 얼마나 많은 행복을 만들어낼 것인지 추측하지 말고, 이미 그 제품을 가진 친구나 그 경험을 해 본 친구에게 물어보는 편이 더 낫다. 친구가 어떤 도시나 나라를 방문하고 정말로 좋다고 말해주면 당신도 같은 의견을 가질 것이다.

2. 원래의 계획을 고수하라. 당신이 어떤 계획을 세웠다고 가정하자. 그것을 계획A라고 하자. 계획A는 토요일에 회의 참석하는 것이다. 하지만 토요일이 되자 당신은 회의에 빠지고 싶고 스포츠 경기를 보기 위해 집에 있고 싶다. 이것이 계획B다.

두 계획 중 어느 쪽이 더 나은가, A 아니면 B? A가 어느 정도 타당하기 때문에 좋다. B는 그 순간에 우리가 하고 싶은 것이기 때문에 좋다. 현재주의 법칙이라는 관점에서 보면 우리가 권하는 것은 원래의 계획을 고수하라는 것이다. 항상 그렇게 한다면, 대개는 A가 실제 더 낫다는 사실을 알게 될 것이다. 경우에 따라 B가 더 나았을 수도 있다고 인식할 수 있다. 그건 중요하지 않다. 계속 원래의 계획을 고수하라. 그렇게 하면, 시간이 지남에 따라 계획의 변화에 의해 생기는 혼란 없이 자신이 선호하는 것을 더 잘 알게 될 것이고 원래의 계획을 선택할 때 자신의 판단력을 향상시킬 수 있을 것이다.

3. 정신력. 근육처럼 정신력도 운동으로 증가되는 것으로 알려졌다. 그러나 장시간 동안 지속적으로 정신력을 사용해야 하다면 정신력은 약해지기도 한다. 스탠포드 대학의 마케팅 교수인 바바 쉬브는 의사 결정에서 마음과 정신의 역할을 관찰하기 위해 영리한 실험을 했다. 핵심 아이디어는 인지 부하를 유도하는 것이다. 인간 정신에 부담을 주어 사람들이 정신을 덜 사용하게 만드는 것이다. 여기에 그 실험 방식이 있다. 실험에 참가한 사람의 절반에게 여덟 자리 숫자(높은 인지 부하)를 기억하라고 말한다. 나머지 반은 세 자리 숫자(낮은 인지 부하)를 기억하라고 말해준다. 다음에 그들은 과일 샐러드와 초콜릿 바 중에서 선택을 해야 한다. 세자리 숫자 그룹의 실험 참가자에 비해서 여덟 자리 숫자 그룹에서 더 많

은 참가자가 초콜릿 바를 선택했다. 높은 인지 부하 상태에서 머리는 더 바쁘고 마음(또는 직관)에 대한 통제가 느슨해진다. 신중한 선택은 과일 샐러드(오래 생각하고 과식을 피한다)를 권했고, 순간 감정은 초콜릿 바(칼로리가 높고, 맛이 좋고, 지금 먹을 수 있다)를 권했다. 그러니 다음에 손님에게 자신이 만든 케이크를 대접하기 전에 손님에게 전화번호를 하나 외워 보라고 하라, 아니면 그들이 스도쿠를 푸는 동안 케이크를 권하면 어떤가!

4. 순간의 감정을 조절하라. 예를 들어 다이어트를 하고 싶다면 진흙으로 만든 초콜릿 케이크 한 조각을 상상하는 게 낫다. 이런 생각을 하면 케이크를 먹지 않게 될 것이다. 우리를 통제하는 순간 감정을 피하기 위한 또다른 방법은 스스로를 속이는 것이다. 그렇게 하기 위해 우리는 스스로에게 미래의 유혹에 굴복하게 될 것이라고 경고한다. 예를 들어 나중에 낮잠을 잘 것이라고 스스로에게 경고하면 시간에 맞춰 일어나기 쉽다. 또는 느닷없이 갖고 싶은 멋진 스마트폰이나 오토바이를 보았을 때 내년에 이걸 살 거라고 스스로에게 확신을 주면 된다. 때가 되면 다른 문제들 때문에 정신이 없을 것이고 우리는 이 유혹을 쉽게 극복할 수 있을 것이다.

행복의 작동

현재주의가 많은 방법으로 자신의 삶에 영향을 미친다는 사실을 깨달아라. 이번 주에 아이들과 오랫동안 계획했던 자전거 타기를 하거나 친구들과 외출을 하라. 우리는 다이어트와 운동 계획을 미루는 경향이 있다. 오늘 해야 할 일에 너무 열중하기 때문이다. "내일은 절대 오지 않는다"라는 말과 오늘이 다이어트와 운동 계획을 시작할 최고의 날임을 스스로에게 상기시켜라.

행복의 해답

*A New Approach
for Building a Joyful
Life by Manel*

- 3부 -

행복한 인생
만들기

9장 ——————— 행복의 보물: 기본 재화

돈을 들이지 않고 즐거움을 얻는 사람이 최고의 부자다.
- 헨리 데이비드 소로

  1978년 코너티켓 대학의 연구원들은 자동차, 주택, 수영장 같은 고가의 소비 품목 스물네 가지를 목록으로 만들고 이 품목을 소유한 한 무리의 성인들에게 질문했다. 먼저 연구 대상자들이 받은 질문은 '이 품목 중에 몇 개를 가지고 있는가?'이며, 두 번째는 '당신이 살고 싶은 좋은 인생에 대해 생각할 때, 목록에 있는 것들 중에 어떤 것이 좋은 삶의 일부라고 생각하는가?'라는 질문이었다.

  연구 결과에 대해 크게 놀랄 것은 없었다. 이 결과에 따르면 이 사람들은 안락한 삶을 살기 위해서 그들이 이미 가진 것보다 더 많은 것들이 필요하다고 생각했다. 사실 응답자들은 25세에서 44세 사이의 나이로 목록에 있는 고가품을 평균 2.5개 소유했지만 이들에 따르면 이상적인 것은 평균 4.3개의 품목을 가지는 것이었다. 16년이 지나서 같은 사람들을 다시 인터뷰했다. 이 시점에서 이들은 목록에 있는 품목을 대단히 많이 소유했다. 그러니 이들은 자신이 좋은 삶에 가깝다고 생각하지 않을까? 그런데 적응에 대해 지금 알아본 것을 고려해볼 때 당신은 이미 대답을 알고 있다.

마치 러닝머신 위를 달리고 있는 것처럼 사람들은 자신이 좋은 삶에 가깝다고 생각하기 위해 더 많은 것을 필요로 했다. 평균적으로 소유해야 한다고 느끼는 품목 수가 이제는 5.4개로 늘었다.

이 연구의 결론은 이전의 열망이 충족됨에 따라 물질에 대한 새로운 열망이 발생하며, 그로 인해 우리는 더 열심히 일하고, 또다시 똑같은 상황에 있는 자신을 보게 된다. 새로운 것을 원하는 자신 말이다. 이것이 적응이라는 과시 재화의 본질이다.

물질주의에 대한 최근의 연구에 따르면 소비재와 물질 소유에 대한 과도한 우려는 긍정적 성장 결과에 반비례한다. 서식스 대학의 헬가 디트마르가 주도한 물질적 부에 대한 사회 심리학 연구에 따르면 사람들은 물질적인 것이 자신의 행복을 만족시키지 않으면 실망감을 느끼고 예전보다 훨씬 덜 행복하다고 생각한다. 소비에 대한 우리의 기대는 대기에 존재하는 이산화탄소의 수준과 같다. 일단 특정 수준이상으로 증가하면 감소시키기가 아주 어렵다. 우리는 일종의 감정적인 '지구 온난화'에 직면했다. 너무나 빨리 소비하는 데 익숙해지면 우리의 미래 행복은 위험에 처한다. 전형적인 한 사례는 자신이 늘 알고 있던 생활방식을 따라 잡을 수 없는 부유한 부모의 자녀들이다.

적응 재화가 행복을 배달할 수는 있지만 이는 적은 것에서 많은 것으로의 소비 형태를 선택할 경우에 한해서다. 그러나 불행하게도 현재주의는 삶의 선택에서 크레센도 전략을 시행하려는 우리의 능력을 방해한다. 실제로 적응 재화는 신뢰할 수 없는 행복의 원천이며 우리를 실망에 취약하게 만든다. 비슷한 어려움이 과시 재화에도 발생한다. 이 재화는 다른 사람들과의 비교를 토대로 행복을 준다. 왜 우리는 자신의 행복을 이웃의 손에 맡기는 것인가, 우리가 그들의 소비 습관을 통제할 수 없기 때문인가?

적응과 사회 비교에 대처하며 겪는 어려움을 고려해볼 때, 행복해지는 것은 가능한 건가? 행복할 수 있는 극히 쉽고 간단한 방법이 있을까? 이번 장과 이어지는 장에서 우리는 행복 배달을 장담하는 세 가지 유형의 재화와 활동에 대해 알아볼 것이다. 이들은 적응 법칙을 부인하지만 다른 방법들이 있다. 첫 번째 유형으로 시작한다. 바로 기본 재화이다.

기본 재화

당신이 어딘가에 처박아 둔 낡은 사진첩의 먼지를 턴 게 마지막으로 언제인지 기억하는가? 그 사진들을 다시 한번 살펴보고 자신을 정말 행복하게 한 것이 무엇인지 찾아보라. 어떤 순간에 만족스럽게 웃고 있는가? 아마도 생일파티 때 친구들이 집으로 와서 함께 딸기 파이를 먹으며 즐거운 시간을 보낸 그 순간일 것이다. 혹은 어느 더운 여름밤에 저녁을 먹으며 오랜 친구들과 수다를 떤 때였을 것이다. 그때 나눈 수많은 이야깃거리들은 수 년 동안 교제한 사람들과 관련된 것들이었다.

친구나 가족과 시간을 보내고, 일요일 아침에 크로와상을 먹고 커피를 마시며, 오랫동안 듣지 못했던 음악을 감상하는 것은 우리를 끊임없이 행복하게 만드는 재화의 사례들이다. 이 재화는 적응이나 사회 비교의 적용을 받지 않는다.

2006년 웨일즈에 위치한 맥도날드의 직원이 거의 이백만 달러에 달하는 복권에 당첨됐다. 18개월 후 그는 원래 자신의 일자리로 돌아왔고 동료들이 그리웠다고 말했다. 그는 BBC에 이렇게 말했다. "내가 가장 운이 좋은 사람인건 분명해요. 복권에 당첨되고, 아내는 축구가 중요하다는 걸 알아주고, 이제 예전 일자리로 돌아왔으니까요." 거액의 복권에 당첨된 후에도 그는 여전히 매일 출근하고, 현명한 결정으로 행복을 증가시킬 것이다. 행복을 배달하기 위해 자신의 오랜 생활방식을 여전히 신뢰하기 때문이다.

음식과 같은 기본 재화들은 행복 법칙의 적용을 받는다. 즉 우리가 감성 감소를 경험하면 기본 재화는 포만을 생성한다. 기본 재화 소비가 기준 이하면 우리는 부정적인 감정을 경험하고, 소비가 기준 이상이면 즐거움을 경험한다. 기본 재화를 특별하게 만드는 것이 우리의 두 번째 법칙이다. 기본 재화의 경우 적응이 아주 적거나 없고, 사회 비교의 적용을 받지 않는다. 기대치나 비교 기준은 거의 변하지 않는다. 따라서 행복은 과거의 소비 및 타인의 사치와 관계 없다. 적응 재화와 과시 재화가 상대적이라면 기본 재화는 절대적이다.

그러므로 기본 재화는 적은 것에서 많은 것으로 라는 전략을 계획할 필요 없이 시간에 따라 일정한 비율로 소비된다. 명심해야 할 유일한 것은 기본 재화와 관련된 포만이다. 결과적으로 다양성을 충분히 보장하고 충분하게 간격을 두고 소비하는 한, 기본 재화는 확실하게 행복을 배달해 줄 것이다.

만일 우리가 기본 재화를 팔 작정이면, 광고 문구는 "만족도 보장"이라는 글귀가 될 것이다. 그 광고로부터 얻는 게 얼마가 되던 간에 그 광고는 여전히 같은 방식으로 당신을 미소 짓게 할 힘을 가졌기 때문이다.

배가 너무 고파서 집에 도착하자마자 부엌으로 달려가 아무거나 뱃속에 넣은 때를 생각해보라. 어제 점심 때 맛있게 먹고 남은 차가운 닭고기 한 조각이었나? 기본 재화는 항상 이런 것이다. 기본 재화는 항상 당신을 행복하게 만든다.

하지만 기본 재화를 경이로운 목록으로 만드는 게 음식 뿐만은 아니다. 경제학자 티버 시토브스키는 음악, 문학, 예술 같은 문화 재화가 주택이나 자동차 같은 안락 재화보다 쾌락 적응의 대상이 되는 경우가 적다고 주장한다.

적응 재화와 기본 재화 간의 차이를 분명히 하기 위해서 다음의 사례를 살펴보자. 당신의 상사가 당신의 실적 상승을 위해 당신에게 시간을 주기로 결정했다. 당신이 원한다면 다음 한 달은 금요일 오후마다 개인적인 시간을 사용할 수 있다. 당신의 목표가 행복을 극대화하는 것이라면 다음의 두 가지 중에서 어떤 것을 선택하겠는가?

1. 프리랜서 일을 구한다. 어차피 그 주의 나머지는 근무할 것이고 몇 시간 더 바쁘게 일한다고 해서 큰 차이는 없을 것이기 때문에, 여분의 돈이 생기면 차의 고급 휴대용 GPS를 살 수 있다.
2. 친구의 초대를 받아 학창시절 급우들 모임에 합류한다. 이 친구들과 매

주 금요일 오후에 살사 댄스 수업에 참가한다. 수업 후에는 함께 한 잔 하며 새로운 동작을 연습한다.

행복의 법칙을 적용하고 어떤 선택이 최고의 행복을 만드는지 살펴보자. 첫 번째 선택에서 당신의 차에 설치될 새 GPS 시스템이 얼마나 좋은지에 대해 생각함에 따라 당신의 기대치는 상승한다. 그것을 산 후에 잠깐 동안의 행복을 즐긴다. 그러나 곧바로 적응하고 행복은 곧 원래 수준으로 줄어든다.

친구들과 살사 댄싱 수업을 듣는 두 번째 선택이 더 안전하다. 기본 재화와 마찬가지로 우정은 항상 행복을 가져다준다. 따라서 이 경험에서 생긴 즐거움은 더 오래 갈 것이며 금요일마다 행복을 만들어 줄 것이다.

몇 주 동안 더 열심히 일해서 추가로 수입이 생기는 것은 좋다. 하지만 문제는 이런 형태가 반복될 가능성이 있다. GPS 시스템을 구입한 후에는 새 평면 텔레비전이나 멋진 스테레오 시스템을 갖고 싶어 할지도 모른다. 당신은 그 달의 금요일 오후 자유시간이 끝난 이후에도 적응 소비를 지속하기 위해 다른 프리랜서 계획에 참여하고 싶을 수도 있다.

더 자주 미소 짓기

어떤 재화가 적응 재화인지 아닌지 어떻게 알 수 있을까? 여기 간단한 테스트가 있다. 마음속에 어떤 재화나 활동을 떠올려 보라. 이것을 X라고 부르겠다.

X는 기본 재화인가? 자신에게 다음의 질문을 해보라.

1. 내가 X를 사는지, 체험하는지 아는 사람이 없는데도 여전히 X를 갖고 싶은가?
2. 내가 지금부터 5년 후에도 지금처럼 X를 즐길까?

(대답이 둘 다 '그렇다' 이면, X는 기본 재화다.)

집으로 걸어가는 중에 팝콘 가게를 지나간다고 하자. 팝콘의 버터 녹는 냄새가 너무 좋고, 팝콘을 사고 싶은 갈망이 생기고 일단 팝콘을 먹으며 큰 만족감을 느낄 것이란 예상이 든다. 그래서 팝콘을 한 봉지 사서 집에 도착하기 전에 다 먹는다.

몇 주가 지나서 똑같은 경로로 집으로 가는 중에 같은 상황에 직면하고 한 번 더 팝콘을 사서 맛있게 먹는다. 이 버터 팝콘을 기본 재화로 분류하겠는가?

음식은 기본 재화의 가장 단순한 예다. 음식은 인간에게 행복의 주요 원천이다. 분명히 배고픔은 맛의 즐거움을 강화시킨다. 하지만 음식의 부족이나 폭식한 결과 음식에 넌더리 나서 발생한 배고픔은 둘 다 고통의 근원이다. 적절한 음식을 적절한 양으로 적절한 시간에 먹는 사람들은 좋은 맛을 즐길 뿐만 아니라 건강상의 이점도 챙긴다. 타인들과 함께 먹는 음식은 영양학적으로도 좋고 사회적으로도 좋다. 그래서 이런 일과 관련된 즐거움은 기대하던 즐거움이며 기억되는 즐거움이다.

음식이 기본 재화이긴 하지만 적응을 경험하는 음식도 몇 가지 있다. 고추나 커피나 맥주를 생각해보라. 당신이 이것들을 처음에 맛보았을 때는 좋아하지 않았을 것이다. 하지만 이제는 고추로 음식 양념하는 것을 좋아하고 커피나 맥주도 좋아할 것이다.

우리에게 기본 재화가 있는 것과 마찬가지로 기본 불량 재화도 있다. 이 기본 불량 재화는 우리가 영구적인 불행을 얻게 되는 활동과 소비이며 시간이 지나도 기대치가 적응하지 않는다. 기본 재화와 불량 재화는 같은 동전의 양면이고, 이 재화들은 적응력이 없는 감정의 지도라는 구조를 기반으로 한다.

세 가지 범주의 기본 재화와 불량 재화가 실험을 통과 했다. 바로 신체의 욕구, 마음의 욕구, 정신의 욕구다.

신체의 욕구는 음식, 건강, 주거지, 성생활, 그리고 휴식이다. 이것들이 부족하면 다양한 형태의 고통이 생긴다.

마음의 욕구는 회사, 연줄, 사랑, 소속감이다. 이것들이 부족하면 고독이 발생한다.

정신의 욕구는 평화, 안전, 신뢰, 희망, 아름다움, 이해심이다. 이들이 부족하면 두려움과 불안이 생긴다.

신체의 욕구

우리는 대체로 건강을 삶에서 아주 중요한 요소로 생각하는 경향이 있다. 건강이 좋다고 우리가 행복해지지는 않는다. 하지만 만성 통증이나 가벼운 통증 같은 건강 문제가 있으면 행복이 줄어든다. 대다수의 사람들은 건강이 좋은 것을 당연시하고 좋은 신체를 유지하면 불행을 피하는 데 도움이 될 것이란 사실을 간과한다. 우리가 말하는 기준은 건강한 상태를 의미한다. 현대 의학이 여러 형태의 고통을 완화시킬 수 있는 것은 축복이다.

통증이 동반되지 않는 건강상의 제약은 적응이 가능하다. 좋은 예가 하반신 마비다. 부상을 당해 휠체어를 필요로 하는 쇠약한 사람들을 대상으로 한 연구에 따르면 사고를 당한 직후 그들의 행복 수준은 떨어졌다. 당연한 일이다. 하지만 겨우 일 년 후 이들은 사고를 당하기 전에 설정된 행복과 같은 정도의 행복으로 돌아왔다.

건강과 마찬가지로 음식이나 주거지 같은 기본 재화가 결핍되면 계속 불행할 것이라는 점을 쉽게 상상할 수 있다. 그러나 우리는 이런 것들을 당연시 하고 이들이 우리 삶에 미치는 긍정적인 효과에 감사하지 않는다.

성은 아마도 인간에게 가장 강력하고 즐거운 경험일 것이다. 설문 조사에서 성이 모든 활동 중에서 가장 즐거운 것으로 평가되었다는 것이 놀랄 일은 아니다. 성생활의 평균 행복은 5점 만점에서 4.7로 평가되었다. 다음으로 높은 평가를 받은 활동은 먹는 일이며 5점 만점에 4점이다. 종의 번식에 있어 성의 역할은 분명하다. 우리는 앞서 감정이 똑똑하다고 주장했다. 감정은 우리에게 위험이 닥쳤다고 경고하고 보상이 있을 것이라고 알려준다. 성적 욕구도 비슷하게 똑똑하다. 두 사람 사이에 발생하는 화학 반응과 처음으로 서로를 끌어당기는 매력에 대해 첫눈에 반한다고 표현한다. 이는 과장이 아니다. 우리는 앞서 "머리는 때로 마음을 견제해야 한다"라는 말을 했다. 잠재적인 짝을 선택함에 있어 본능이 옳을 수도 있다. 하지만 '그렇다'라는 말을 하기 전에 생각을 좀 하면 장기적이고 안정적인 관계를 유지하는 데 도움이 될 수 있다. 다윈조차도 결혼에 대한 장점과 단점을 기록했다. 마음과 머리가 엠마와 결혼하라고 말했기 때문에 다윈은 엠마와 결혼했고 열 명의 아이를 가지게 되었다.

굶주림과 갈증과 성은 우리 뇌에서 즐거움을 느끼는 중심부위를 뒤흔드는 가장 기본적이고 원시적인 충동이다. 성행위를 하는 동안 특히 절정의 강렬한 기쁨을 느끼는 뇌의 영역은 활성화가 높아진다. 이때 편도체같이 위험과 걱정을 느끼는 뇌 영역은 꺼진다. 연구원들에 따르면 성적 만족에 도달하는 남성과 여성의 핵심적 차이는 여성의 경우 상대 남성을 신뢰할 때만 뇌의 위험과 경고 센터가 활성화되지 않는다는 것이다.

우리는 음식과 물과 성관계를 기본 재화라고 말한다. 사적 관계와 타인을 돕는 자선도 기본 재화다. 굶주림이나 성적 욕구가 만족되었을 때 밝아진 뇌 부위가, 자선을 베푸는 행동을 생각했을 때도 똑같이 밝아졌다는 것은 놀라운 일이 아니다.

성이 즐거움을 강화시키는 원천이라면 왜 승려들은 순결을 지키는데 행복한가? 우리의 행복 진동기록은 이를 명백한 역설로 설명한다. 승려들은 먹고 자고 사교하고 영적 활동을 함으로써 모든 즐거움을 얻는다. 게다가 그들은 소박한 기대치를 가지고 상대적으로 스트레스가 낮은 환경인 수도원에서 산다. 그래서 그들의 행복 진동기록은 그다지 자주 제로(0)선 아래로 떨어지지 않는다. 그들은 비교적 일정하면서 높게 제로선(0) 위의 행복 수준을 유지한다. 그들이 성생활의 즐거움을 경험하지 않았을 수도 있다. 하지만 그들의 긍정적 감정에서 부정적 감정을 뺀 값은 현대 사회에서 삶의 방향을 찾으려는 일반인보다 더 높다.

마음의 욕구

당신이 마음속으로 명상을 하면서 '행복한 장소'로 가고 싶을 때, 그 장소는 어디일까? 고립된 열대 해변이나 잘 보존된 스키장, 아니면 아름다운 토스카나의 언덕을 상상할지도 모르겠다. 그러나 현실에서 당신은 집이나 가까운 곳에서 가족 및 친구들과 더 크고 더 오래 지속되는 행복을 누릴 지도 모른다.

사회학자 루트 베엔호벤과 그의 팀은 세계 인구의 3분의 2에 상당하는 91개국으로부터 행복 데이터를 수집했다. 그는 덴마크가 세계에서 가장 행복한 사람들이 사는 곳이고 스위스가 바짝 뒤를 쫓고 있다는 결론을 내렸다.

상위권 국가들은 민주주의 전통이 길고, 안정적인 정부 하에서 남성과 여성이 동일한 권리를 누리고 있다. 예를 들어 스위스는 국민투표제를 갖추었고 시민들은 정치적 의사 결정자를 선출할 뿐 아니라 문제를 제기할 발언권을 가졌다.

흥미롭게도 이 연구의 상세한 내용에 따르면 덴마크 사람들의 92%는 어떤 종류의 단체에 소속되어 있는데 이 단체들은 스포츠에서 문화적 관심사에 이르기까지 다양하다. 외롭지 않기 위해 우리는 활동적인 사회생활을 추구하고 우정을 유지하고 안정적인 관계를 즐겨야 한다.

미국의 사회복지사 샌디 카틀리지는 자신의 카드(브리지) 모임이 즐거움의 원천임을 잘 알고 있다. 매주 수요일 저녁 그녀는 다른 세 명의 여성을 만나 와인을 마시고 카드를 치며 수다를 떤다.

"브리지에 대한 나와 친구들의 열정에 함께 한다는 즐거움이 더해져서 우리를 미소 짓게 하는 이유가 되었어요. 브리지와 내 친구들은 내 인생에서 가장 중요한 두 가지 요소예요. 브리지를 하는 친구들과 같이 있으면 즐겁지 않을 수가 없어요. 우리는 휴가로 이삼 일간 해안이나 산으로 여행을 가기도 해요. 물론 함께 어울려 각자의 집에서 놀기도 하지요. 음식과 와인은 우리가 함께 시간을 보내는 또 다른 중요한 이유예요. 우리는 서로의 삶과 행복과 슬픔과 실망과 즐거운 행사를 공유해요. 우린 서로 잘 알고 서로의 가족에 대해서도 잘 알아요. 함께 아이들의 삶을 축하 하고, 일도 함께 하죠. 그래서 때때로 처리하고 의논해야 할 일이 있으면 열정을 가지고 처리한답니다. 브리지 게임 자체는 정신적으로 아주 힘들고 변화무쌍한 게임이라서 진지하게 할 때도 있고 그냥 재미로 할 때도 있어요. 물론 우리 모임은 재미있고 우리 자신이 지나치게 진지하다고 생각지 않아요."

누군가가 행복한지 아닌지 어떻게 예측할 것인가? 행복을 예견하는 최상의 보편적인 요소는 그 사람이 사회적 유대 관계를 형성한 사람들의 숫자와 그 사람들의 우수함이라는 사실이 드러났다.

사람들은 타인과 있을 때 더 행복하다. 좋은 공동체를 만드는 것은 구성원간의 신뢰이다. 심리학자들이 성격 테스트의 도움으로 찾아낸 결과에 따르면 자신의 물질적 소유물보다 공동체를 더 생각하는 사람은 더 행복하며, 사회적 평안과 건강은 대인관계의 신뢰와 연관된다.

정신의 욕구

오랜 세월에 걸쳐 우리는 주변 세상에 대해 많은 지식을 축척했다. 입자와 행성, 식물과 동물에 대한 지식 그리고 우리 자신에 대한 지식은 정말 놀랍다. 화성에서 물을 발견했다거나 푸른색 눈동자를 가진 사람들은 약 만 년 전 발생한 단 한 번의 유전적 돌연변이와 관련되었다는 뉴스는 우리의 호기심을 자극한다. 새로운 과학기술과 더불어 우리는 전문가들이 제공하는 테드 강연, 동물의 생태, 역사과학 전문 채널 같은 즐거운 지식 프로그램을 쉽게 접한다. 이런 프로그램은 우리의 정신을 자극하고 호기심을 불러일으킨다.

에피쿠로스(그리스의 철학자)는 신체의 즐거움 보다는 정신의 즐거움에 더 큰 중요성을 부여했다. 그에게 있어 이상적인 상태의 정신은 고요함이며 두려움이나 고통이 없는 상태다. 마음의 평화는 고요함을 가져다 줄 뿐 아니라 건강과 행복에도 긍정적인 효과를 준다. 존 카밧진은 자신의 책 『마음챙김 명상과 자기치유』에서 마음 챙김 명상을 통해 마음의 평화를 이루는 방법을 설명한다. 마음 챙김 명상은 스트레스 감소, 신체 건강, 질병과 상처로부터의 회복에 긍정적인 효과를 가졌다. 카밧진은 명상이 건선이 있는 사람을 치유하고 면역 체계에 반응해서 항체를 개선시키고 즐거움에 대한 뇌의 활동력을 높인다는 것을 증명했다.

많은 사람들에게 종교적 관습에 따라 보낸 시간은 정신의 평화와 마음의 희망을 가져온다. 여러 연구에 따르면 종교적 관습과 행복 사이에는 긍정적인 상관관계가 있다. 그 효과는(정신의 평화와 마음의 희망으로 인한) 사회에서 받는 지원을 훨씬 능가하고 사람들이 단합된 교회 공동체에 소속감을 가지게 한다.

캘리포니아 대학의 의료 인문학과 겸임교수인 노먼 커즌스는 『환자가

인지하는 질병 분석』에서 웃음 요법을 사용하여 퇴행성 질환에서 회복한 자신의 이야기를 자세하게 기록했다. 생명을 위협하는 질병에 걸려서 유머와 쾌활함으로 생긴 긍정적인 감정이 치료 과정에 도움이 되었던 것 같다. 부정적인 감정은 신체에 부정적인 생화학적 변화를 일으킬 수 있다. 부두교가 그런 식으로 작용한다. 부두교 의사는 환자를 죽이지 않는다. 환자가 자신을 죽일 뿐이다. 커즌스는 다음과 같이 기술했다. "병이 난 모든 사람은 하나가 아니라 두 가지 질병으로 의사에게 간다. 하나는 진단이 내려진 질병이고 다른 하나는 공포라는 이름으로 진행되는 강력한 질병이다." 긍정적인 태도(사랑, 희망, 신념, 웃음, 삶의 의지, 창의성, 장난기, 목적, 쾌활함, 결심)에 집중함으로써 우리의 뇌가 신체에 이익이 되는 생화학적 변화를 만들도록 유도할 수 있다.

우리가 이 장에서 쭉 본 것처럼, 삶의 기본 재화를 인정하고 감사하는 만큼, 오늘 그리고 앞으로 매일 더 큰 행복을 경험할 것이다.

행복의 작동

기본 재화에 대한 가장 좋은 점은 기다릴 필요가 없다는 점이다. 기본 재화를 반복해서 탐닉해도 이 재화는 항상 배달될 것이다. 예를 들어 숙면을 취하는데 도움이 되는 편안한 새 매트리스 구입을 미룰 필요가 없다. 휴식은 기본 재화고 당신은 항상 이에 감사할 것이다. 혹은 가족들과 함께 하는 간단한 식사에 감사하는 시간을 가지라. 마음을 다해 식사하라, 정말로 그 일에 집중하고 식사에 감사하라.

우리는 자신만의 정원을 가꾸어야 한다.
- 볼테르

한 여행자가 열심히 일하는 석공 세 사람과 맞닥뜨렸다. 그는 차례대로 각자에게 무엇을 하고 있는지 물었다. 첫 번째 석공이 말했다. "이 대리석 덩어리를 연마하고 있소." 두 번째 석공이 말했다. "토대를 준비하고 있소." 세 번째가 말했다. "성당을 짓고 있소." 자신의 작업을 계속 남아 있는 과업으로 여긴 사람은 세 번째 석공이었다. 성당 건축이 진전될수록 그의 행복은 계속 커질 것이다.

위스콘신 대학의 캐롤 리프는 우리의 감정과 기분을 나타내는 '쾌락적 행복'과 삶의 목적을 가지고 개인의 성장을 지속하며 타인과의 좋은 관계를 유지하는 '기분 좋은 행복'을 구별한다. 많은 철학자와 사상가는 즐거운 삶과 의미 있는 삶으로 구분했다. 우리는 지금까지 당신이 즐거운 삶을 구축하는 데 도움이 되는 행복 법칙을 보여 주었다. 이제 우리는 같은 법칙이 어떻게 당신이 의미 있는 삶을 구축하는 데 도움이 될 것인지를 알아본다.

어떤 활동에 참여할 때 자신의 노력이 성당의 벽을 쌓아 올리는 석공의 돌처럼 누적 된다고 생각하자. 혹은 새로운 언어를 배울 때 새로운 단어들이 당신의 어휘가 된다고 생각하자. 이런 활동들은 양동이에 누적된다. 기본 방정식을 상기해보라. 감정은 현실과 기대치의 비교로 유발된다. 누적된 활동을 구별하는 것은 방정식의 '현실' 부분이다. 누적된 활동에서 방정식의 현실 부분이 지금까지 누적된 총 노력이다. 즉 양동이에 저장된 물의 총 양이다. 양동이는 성당이고, 지금까지 우리가 배운 단어들이고, 우리가 했던 여행의 추억들이다. 누적되지 않은 재화(적응 재화, 기본 재화, 과시 재화)에서 현실은 오늘 마친 활동의 양이며, 오늘 우리가 쌓은 돌이며, 오늘 우리가 양동이에 담은 물이다. 그 차이는 미묘하지만 중요하다.

호스를 이용해서 양동이에 물을 채울 때 양동이로 쏟아지는 물줄기를 지켜보라. 매일 몇 리터의 물이 양동이로 들어가고 당신은 이 양에 집중한다. 당신은 양동이에 비축된 물과 물의 총 양을 볼 수 있다. 물줄기는 일정하지만 수위는 계속 증가한다. 물줄기와 비축된 물 사이의 관계는 단순하다. 비축은 물줄기가 누적된 것이다. 이 양동이를 고려하면 우리는 자동적으로 증가 유형을 알 수 있다.

누적되는 현실

첫 번째 세로 줄은 덜 목표 지향적인 과정을 나타낸다. 두 번째 세로 줄은 누적된 행동을 나타낸다. 물줄기가 일정한 비율로 쏟아져도 물이 양동이에 계속 누적되기 때문에 계속 증가한다.

여기에서 요점은 '우리를 채우는' 이런 재화는 기본 방정식을 따른다는 것이다. 만일 현실이 저장된다면, '저장된 현실 정도'에서 '이 저장된 현실 정도에 대한 기대'를 뺀 비교에 의해 감정이 유발될 수 있다.

누적된 현실 - 변하는 기대치 = 행복

누적 재화와 활동의 경우, 감정은 저장된 양과 기준(또는 기대)의 비교에 의해 유발될 수 있다. 기대치 움직임의 법칙도 같은 방식으로 작동한다. 즉 기대치는 누적된 현실 정도를 쫓아간다.

표1. 현실이 누적된다는 관점

물줄기(오늘 물을 붓다) 계산하지 않는다	비축(양동이에 저장된 물) 계산한다
연결되지 않는 행동	목표를 향한 진전
일자리 공부 활동 운동 연습 악기 연주	경력 학위 취득 계획 기술 개발 학습 누적
연속되지 않는 감정	인생 이야기

기쁨과 슬픔	인생 책의 일부
즐거운 성	관계 구축
아이 돌보기	가정 꾸리기
소비	누적
기기 보유	수집
기념품 구입	이것을 수집한 것에 추가
이익	순가치

펠리페는 아주 연구 실적이 좋은 연구원이다. 그는 훌륭한 연구 잡지에 연간 세 편의 논문을 실었다. 그런데 현재 그는 두 편의 논문만을 실었다. 그는 행복할까 아니면 실망스러울까? 그가 실망한다고 예상할 수도 있다. 왜냐하면 그의 연구 실적이 감소했기 때문이다. 펠리페가 누적 방식으로 자신의 연구 경력을 본다면, 그는 총 열 두 편의 논문에서 열네 편으로 증가했음을 알 수 있다. 모든 논문을 계산한다는 생각이 그를 행복하게 만든다.

펠리페가 현실에 대해 '물줄기' 견해를 취한다면 그는 자신의 현재 논문 편수를 이전 연도의 논문 편수와 비교할 것이다. 그러나 펠리페가 현실에 대해 '양동이' 견해를 취한다면 그는 자신의 현재 총 산출량인 열네 편의 논문을 전년도까지 총 산출량인 열 두 편의 논문과 비교할 것이다. 물줄기 견해와 양동이 견해 둘 다에서 비교의 기준은 현실을 따라 가는 것이다. 그러나 양동이 견해에서 새로운 논문은 항상 행복을 가져다 준다. 열 네 편의 논문을 발표한 현실은 열 두 편이란 기준선보다 위에 있기 때문이다.

재화가 누적된다고 간주할 때 기대치가 현실을 쫓아간다면, 기대치는 현실을 따라 잡고 제로상태의 행복을 가져다 줄 것인가? 우리가 누적을 멈추면 대답은 '그렇다'이고, 누적을 일정한 비율로 계속하면 대답은 '아니다' 이다. 양동이가 일정한 속도로 채워짐에 따라 누적된 현실은 계속 증가한다. 기대치는 항상 이런 누적 현실을 쫓아가지만 따라잡을 수 있을 정도로 빠르지는 않다. 누적재화는 일정한 속도로 소비될 때 자동적으로 크레센도 효과를 내는 특성이 있다. 우리가 알고 있는 것처럼 크레센도는 현실과 기대치 사이의 격차를 지속적으로 벌리기 때문에 일정한 흐름의 행복을 만드는 것이다.

생각해보니 누적 방정식은 우리가 보통 사용하는 말로 흔하게 표현되는 것이었다. 알버트는 과거에 우리 학생이었다. 그는 이 년 전에 결혼하고 최근에 첫 아이가 생겼다. 우리가 행복에 대한 대화를 하던 중 그가 말했다. "아시다시피, 몇 년 동안 히피 생활을 했는데 그 생활이 저를 채워주지는 못했어요." 그리고 한 친척이 자신의 친구에 대해 언급했는데 그 친구는 자신이 불안정한 관계에 있음을 끊임없이 자각하는 사람이었다. 그 친척은 "그녀는 정말 좋은 시간을 보냈지만 관계를 지속적으로 발전시키지는 못했어요"라는 말을 했다.

정원 가꾸기는 누적 활동의 좋은 사례다. 메리는 정원 가꾸기를 좋아했다. 초기의 성장 시기에는 흙을 준비하고 꽃과 채소를 심는데 시간을 보냈다. 몇 주 지나지 않아 메리는 자신이 심은 식물이 작은 묘목에서 풍성한 식물로 자라는 것을 지켜보았다. 메리는 변화에 익숙하지 않기 때문에 행복 정도는 꾸준하다. 즉 꽃 봉우리가 나타나고 정원에는 아름다운 색과 향기로 서서히 생기가 돈다. 행복하기 위해서 가능하면 많은 취미 생활을 누적 하라. 누적 활동의 또 다른 예는 순례다. 유럽에서는 스페인 북부의 산티아고 성당으로 향하는 전통적인 순례가 있다. 이것은 '산티아고 순례길'로 알려져 있다. 걷기 시작할 때 카드를 한 장 받게 되고 가는 곳마다 카드에 경로가 기록된다. 경로를 따라 목적지에 도착하면 그곳에서 카드에 도장을 찍어 주기 때문이다. 순례길을 걷는 동안 잠시 길을 잃은 친구들은 실망한다. 길을 잃은 동안 추가로 걸어간 거리는 계산되지 않기 때문이다. 순례길을 따르지 않는 걷기는 누적되지 않는다. 따라서 그런 걷기는 행복하지 않다. 사실 순례길을 걷는 동안 발에 물집이 잡히고, 탈진, 배고픔, 갈증이란 신체적 경험을 한다. 시골길을 걷는 것은 낭만적일 수도 있지만 현실에서 그 길은 위험하거나 풍경도 그다지 볼만하지 않을 수도 있다. 목적지에 점점 가까워지고 그날 만나는 사람들과 교류하고, 좋은 음식을 먹고, 충분한 수면을 취할 거라는 예상이 마음을 긍정적인 감정으로 가득 채운다. 이 경험 자체는 누적 재화가 되고 영원히 보존된다.

삶의 의미를 찾기 위해서 사람들은 누적되거나 아니면 마음속에서 누적되는 것처럼 생각되는 재화를 필요로 한다. 우표 수집가에게 새로운 우표 취득은 그냥 새 우표 하나 생기는 것이 아니라 전체 우표 수집에 있어 더 큰 업적을 쌓는 것이다.

스포츠 팀, 종교 단체, 자선 기관, 환경보호단체, 국가 등 강력한 집단의 정체성은 개개인의 노력을 저장하는 양동이라고 할 수 있다. 따라서 이런 조직에 공감하는 사람은 이들의 노력과 지원이 이 특별한 양동이에 저장된다고 생각한다. 마치 안전금고에 저장하는 것처럼 말이다.

우리는 오래 지속되거나 누적되는 것들에 기여하기를 원한다. 정치 활동이나 종교 단체에 기부되는 수백만 달러를 생각해보라. 사실 사람들은 병원 운영비용을 기부하는 것보다는 병원 건축에 더 많이 기부할 것이다.

왜 벽돌(병원 건축)에 기부한 1달러를 일회용 장갑(병원 운영비용)에 기부한 1달러보다 더 높게 생각하는 걸까? 이유는 단순하다. 벽돌은 계속 남아 있을 것이고 기부자에게 오래 지속되는 것에 기여했다는 느낌을 주기 때문이다.

유능한 사업 지도자의 주요 특징은 비전의 제시, 즉 의미 있는 목표를 향해 총력을 기울이는 방법을 제시하는 능력이다.

누적 활동에는 두 가지 중요한 유형이 있다. 목표와 관계다. 이를 논하기 전에 누적 재화의 긍정적인 측면과 부정적인 측면을 더 잘 이해해 보자.

동전의 양면

누적 재화와 기본 재화는 매우 비슷하게 작동한다. 두 재화는 반복해서 좋은 흐름의 행복을 얻을 수 있는 확실한 방법이다. 당신은 어려운 목표를 정하고, 그 목표에 몰두하고, 행복해진다. 당신은 관계를 시작하고, 좋은 감정이 흐르기 시작한다. 기본 재화와 마찬가지로 누적 재화를 소비하는 최적의 방법은 거의 일정한 비율로 소비하는 것이다.

우리가 목표에 도달했거나 기술을 다 습득했기 때문에 누적 과정이 중단되면, 행복 진동기록은 중립 수준으로 돌아가고 그에 따라 기대치는 마침내 누적된 현실 수준을 따라 잡을 것이다.

기본 재화의 큰 결점은 재화의 수가 얼마되지 않는다는 것이다. 누적 재화는 기본 재화와 같은 특징을 가졌지만 재화의 수가 많아서 거의 끝이 없다. 이것이 바로 동전의 밝은 면이다. 하지만 우리가 알아야 할 어두운 면이 있다.

누적 재화와 기본 재화 사이에는 중요한 차이가 하나 있다. 경우에 따라 누적 재화는 영구적이다(논문이 발표되면 목표는 달성된다). 하지만 어떤 경우에 누적 재화가 저장되어 있는 양동이가 파손되어 저장된 재화는 분실 될수 있다. 그러면 큰 손실이 감지된다. 새로운 현실이 제로이기 때문이다. 그리고 기대치는 양동이가 파손되기 전 수준이 된다.

우리가 MP3에 저장된 노래를 들으며 길을 걷는 중에 누군가가 이 MP3를 훔친다면 어떻게 될까? 노래 하나 하나는 다 특별한 순간을 나타낸다. 사실 저장된 노래가 사라진다면, 저축한 것이 사라진 것처럼 우리는 엄청난 손실을 겪는다. 저장된 노래에 누적해 두었던 모든 즐거움이 갑자기 사라진다. 우리가 친구에 대한 신뢰를 잃어버렸을 때와 같은 일이 생긴다.

누적 재화 손실은 삶의 여러 분야에 부정적인 영향을 미친다. 많은 사람들에게 직업은 인생의 가장 중요한 목표에 해당한다. 사람들의 노고는 경력이라는 양동이에 저장된다. 성공적인 직장 생활 중간에 실직한 사람은 많은 불만과 불행을 겪게 된다. 대부분의 불행은 경력이라는 양동이가 손상되거나 파손되는 것에서 발생한다.

미국의 한 설문 조사에 따르면 일반 대중의 30%가 아주 행복하다고 말했고, 실직한 사람의 경우 11%만 아주 행복하다고 말했다. 사회 심리학자 마이클 아가일에 따르면 실직자들은 보통 권태롭고 자부심이 낮다. 일하는 것이 돈만 위해서는 절대 아니다. 일이 실제로 우리 행복에 유익

하다는 사실이 이미 입증되었다.

일하지 않는 것은 실직과 다르다는 점에 주목해야 한다. 예를 들어 은퇴한 사람들은 스스로 많이 행복하다고 평가한다. 그들의 경력 양동이는 파손되지 않았다. 그냥 채우기를 멈추었을 뿐이다. 영국에서는 은퇴한 남성의 36%와 은퇴한 여성의 35%가 대단히 즐겁다고 생각한다. 대조적으로 일자리를 가진 남성의 23%와 일자리를 가진 여성의 17%만 같은 생각을 했다. 그러나 은퇴한 사람들은 동료가 그립고 쓸모 있는 사람이라는 느낌이 그립다고 말했다.

누적 재화에 있어서 행복 진동기록은 네 가지 분명한 단계를 보여준다.

1. 누적 재화는 누적되는 동안 넘치는 행복을 생성한다.
2. 일단 누적 과정이 중단되면, 행복은 중립 수준으로 돌아간다.
3. 누적 재화를 상실하면 우리는 불행을 경험한다. 시간이 지나면서 우리는 중립 수준으로 돌아간다.
4. 누적 과정을 다시 시작하는 것으로 행복은 회복될 수 있다.

누적 재화를 상실하지 않는다면 이 네 단계를 경험하지 않는다. 하지만 네 단계가 발생할 가능성은 충분히 있다. 누적 재화 손실은 대단한 불행을 야기한다. 일자리를 잃거나, 오랜 관계가 해체되거나, 사랑하는 사람이 죽거나 하는 일은 불행의 정도에 큰 충격을 미친다. 설문 조사에 따르면 이혼 직후 사람들은 오랜 기간 동안 불행을 경험하고, 우울과 혼란을 겪기도 한다. 이런 상황에서 사람들은 일반적으로 다시 행복해지기 힘든 시간을 보낸다. 손실이 너무 커서 기준에 적응할 시간이 많이 필요하다. 정신과 의사를 찾아가는 등의 지름길이 상황을 더 잘 이해하고 처리하게 만들 수도 있지만 이 필연적인 단계를 없앨 수는 없다. 결국 기대치는 새로운 누적 현실 정도에 적응하겠지만 비누적 재화의 경우 보다는 더 많은 시간이 걸릴 것이다. 당신은 손실될 위험이 있는 누적 활동에 참여하지 않으면서 이런 큰 손실을 피하려는 시도를 할 수도 있다. 그러나 속담이 이르듯이 "전혀 사랑하지 않는 것 보다 사랑하고 이별하는 게 더 낫다".

목표

심리학자 조나단 프리드먼이 자신의 연구에서 주장한 바에 따르면 스스로 목표를 정하는 능력이 있는 사람들은 더 행복하다. 위스콘신 대학의 신경과학자 리처드 데이빗슨이 알아낸 것에 의하면 '목표를 위해 열심히 일하는 것'과 '목표 실현의 기대 지점을 향해 전진하는' 것은 그냥 긍정적인 감정만 활성화하는 것이 아니라 두려움과 우울 같은 부정적인 감정을 억제한다.

마이클 아가일에 따르면 사람들은 장기 계획이나 목표를 세우면 삶의 의미가 생긴다. 목표를 향해 전진하면 삶의 목적이 생길 뿐만 아니라 일상과 사회관계 강화에 체계와 의미를 제공한다. 또한 우리가 어려운 시간을 헤쳐 나가도록 돕는다. 연구원인 이안 맥그리거와 브라이언 리틀은 327명의 사람들에게 그들 자신의 목표를 평가해달라고 요청함으로써 그 점을 증명했다. 너무 힘들지 않고 스트레스가 심하지 않은 목표와 긍정적인 결과와 통제로 이어지는 목표는 모두 행복을 만들어낸다. 목표와 그 목표를 달성할 능력 사이에 큰 격차가 없어야 한다는 점도 주목해야 한다. 격차가 크면 개개인들은 단절된다는 느낌을 가질 수 있기 때문이다. 다른 말로 하면 목표는 현실적이어야 한다.

삶의 목표는 현실적인 목표에 전념함으로써 달성될 수 있고 그 목표에는 자원이 있다. 영국 철학자 버트란트 러셀은 행복의 비결은 기업경영의 공식이고 개인 이익의 탐구이며 장애물 극복이라는 견해를 지지했다.

참여는 특정 상태의 순간행복이며 다음과 같은 활동에 관여할 때 발생한다. (1) 목표를 향해 추진하는 활동, (2) 너무 쉽거나 어렵지 않은 활동, (3) 진행 중에 자주 피드백을 얻게 되는 활동을 할 때이다. 이것이 미하이 칙센트미하이가 '플로'라고 표시한 심리적 상태이다. 우리의 견해로는 플로나 참여가 효과가 있는 것은 이것이 누적 재화이기 때문이고 다음의 감정을 표현하기 때문이다. 바로 (1) 양동이가 채워졌다. (2) 누적 속도는 적절하다. (3) 잦은 피드백은 진행과 누적의 긍정적인 감정을 유발한다.

단기적 목표와 장기적 목표를 추구하는 것은 행복을 유지하는 확실한 방법이다. 두 가지 중요한 의견이 있다. 첫 번째는 현실이 누적됨에 따라 누적된 현실과 적응 기준 사이의 격차는 좋은 행복의 플로를 만든다. 두 번째 의견은 일단 목표가 달성되면 누적은 멈추고 행복은 제로가 된다. 이는 먼저 행복 산출이라는 목표 달성을 위해 노력하는 행동이다. 우리의 모형이 지지하는 것은 어슐러 러귄의 견해다. 바로 "여행을 끝내는 것이 좋다. 그러나 결국에 중요한 것은 여행이다"라는 견해다.

등반가들이 에베레스트산 정상 등반 같은 목표를 정하면 이들은 대단히 힘든 육체적 훈련, 필요한 물품 준비, 등반 경로 설계, 여행 계획 마련 등을 시작하며 철저한 준비를 해야 한다. 산 기슭에 도착해서 등반을 시작할 때까지 수개월 또는 수년이 걸릴 수도 있다. 정상으로 향하는 등반은 육체적이고 정신적인 어려움 투성이다. 항상 위험이 존재한다. 등반가들은 많은 사람들이 이런 등반으로 사망한다는 사실을 알고 있다. 마침내 이들은 벅찬 흥분으로 정상에 도달한다. 이제 이들은 말 그대로 세계의 정상에 있다. 하지만 행복감이 지속되는 것은 단지 몇 분에 불과하고 이들은 하산을 시작한다. 이들이 경험하는 행복의 대부분은 산 정상에 올랐다는 것에서 생기는 것이 아니고 정상에 오르기 위해 힘들게 노력했다는 것, 그리고 이런 노력들이 목표 달성에 저장될 것이라는 감정에서 생기는 것이다. 이들은 후에 이 경험을 반영해서 더 많은 행복을 경험할 것이다. 하지만 목표를 향해 나아가는 동안 경험한 행복만큼은 아니다.

새 메르세데스를 사면
막내를 대학에 보내면
주택대출을 상환하면
승진 하면
은퇴할 나이가 되면
이후로는 쭉 행복하게 살 것이다.
더 이상 정거장이 없음을 조만간 알아야 한다.
마지막으로 한 번 더 도착할 곳은 없다.
인생의 진정한 기쁨은 여행할 때다.

정거장은 꿈일 뿐이다.

정거장은 끊임없이 우리를 앞서간다.

〈정거장〉 -로버트 헤이스팅스

    목표는 음악이나 정원 가꾸기, 와인, 스포츠 같은 활동을 배우는 것과 관련이 있다. 이런 활동을 경험하는 것은 그 자체로 즐겁다. 누적 활동처럼, 우리가 배우는 것은 우리에게 남는다. 다음에는 그 일들이 훨씬 즐거울 것이다.

    마이클 아가일에 따르면 기량을 축적하는 여가 활동은 지식의 저장을 강화시키기 때문에 행복의 중요한 요소다.

    예를 들어 악기 연습은 대단한 행복으로 이어진다. 악기 연주에 필요한 훈련과 기량 발전은 누적과 성장이란 감정을 제공한다.

    악기 연주를 배우는 것은 시작이 용이하고 보람 있다. 음악이 보편적 언어이기 때문에 능력, 나이, 문화, 국적이 다른 사람들도 함께 연주할 수 있고 협동해서 음악을 만들 수도 있다. 감상이나 연주를 통해 경험한 음악은 우리 삶에 미적 관점을 부여한다. 심리학자 에르나 바착은 문화가 다른 소녀들의 행복과 불행을 연구했다. 그 연구에 따르면 소녀들은 행복의 원천으로 음악을 자주 언급했다.

    놀랄 일도 아니지만 사람들은 하루 평균 한 시간 이상 음악을 듣는다. 트로이 전쟁이 끝난 후 십 년 동안 방황을 하고 집으로 돌아간 오디세우스의 모험 이야기에서 음악의 중요성을 알려준다. 오디세우스가 집을 비운 동안 여러 구혼자들이 그의 아내 페넬로페에게 구애하려 했다. 오디세우스는 집에 돌아온 후 구혼자들을 하나씩 죽였다. 단 한 사람만 예외

였으며 죽이지 않았다. 그 사람은 시인이었다. 너무나 아름다운 노래를 한 시인을 죽일 수는 없었다.

대부분의 스포츠는 학습 활동이다. 특히 성과를 기록하고 진행 상황을 지켜보는 경우에 그렇다. 골프를 좀 치는 모든 선수들에게는 핸디캡이 있다. 핸디캡은 그들의 기량을 평가해서 숫자로 나타낸 것이다(핸디캡이 낮을수록 잘 치는 선수다). 핸디캡은 기본적으로 과거 성적의 누적된 평균이다. 핸디캡은 선수들이 동등한 입장에서 시작하는 방식이며 동시에 각 선수의 지난 성적을 기록한 점수이기도 하다.

관계

관계에는 많은 누적 요소가 있다. 친구나 의미 있는 사람들과 가까워지면, 사랑과 신뢰의 양동이를 채우게 된다. 우정은 지키고, 사랑하고, 돌보아야 하는 것이다. 전화도 않고 방문하지도 않고 노력하지도 않는다면, 친구들은 우리의 삶에서 멀어진다. 친구와 함께 여행을 가고, 생일 파티에 참석하고, 만나서 커피 한 잔 할 때마다 이런 것들이 당신의 우정에 추가되고, 이에 따라 우정은 계속 강화된다.

사회학자 노발 글렌의 주장에 따르면 결혼한 사람들은 결혼한 적이 없거나 이혼했거나 별거했거나 배우자가 먼저 사망한 사람들 보다 훨씬 행복하다. 우리 견해로는 결혼과 같은 안정적인 관계는 누적 재화의 특징을 가지고 있다. 안정적인 관계는 상대 배우자에게 감정적 도움과 지원을 줄 뿐만 아니라 지식과 추억과 신뢰와 사랑을 누적하도록 해준다.

신뢰

신뢰는 누적 재화다. 신뢰는 당신의 자부심에 영향을 미치고 당신에게 안도감을 준다. 신뢰의 명백한 예는 부모와 아이 간의 신뢰다. 수영장 가장자리에 서 있는 한 아이에게 부모가 점프하라고 말하지만 잠시 망설인다. 그러나 곧 아이는 풀장 안으로 점프한다. 낯선 사람이 점프하라고 말한다면 따를 가능성이 거의 없다. 아이와 부모 사이의 신뢰는 세월의 흐름에 따라 커진 것이다. 과거에 여러 일이 있었을 때 아이는 부모의 보호에 의지했다. 여러 가지 개인적이고 공적인 상황에서 신뢰는 원활한 업무 관계에 중요한 역할을 하며 신뢰의 존재는 확신과 정신적 평화를 가져다준다.

프시케는 젊고 아름다운 여성으로 모든 남성들이 흠모하고 숭배했다. 하지만 누구와도 결혼하지 않았다. 아프로디테는 프시케를 질투했고 아들 에로스에게 프시케가 세상에서 가장 못 생긴 남자와 사랑에 빠지게 만들라고 부탁했다. 그러나 예상치 못한 사건이 발생한다. 아름다운 프시케를 본 에로스가 그녀를 깊이 사랑하게 된 것이다. 에로스는 프시케에게 자신의 모습이 보이지 않게 하고 그녀와 결혼한다. 그의 엄마가 이 일을 눈치 채지 못하게 하기 위해서다. 이들은 매일 밤 함께 잠자리에 들고 프시케는 그가 보이지 않음에도 불구하고 사랑에 빠지게 된다. 프시케의 두 언니가 그녀의 행복한 삶을 질투하게 되고 프시케를 부추겨서 남편이 잠든 동안 램프를 켜서 얼굴을 보게 만든다. 그런데 램프의 뜨거운 기름 한 방울이 에로스에게 떨어져 에로스는 잠에서 깬다. 자신의 신뢰를 더럽힌 프시케에게 분노한 에로스는 날아가 버리고 프시케는 남편을 찾아 세상을 떠돌아다닌다. 다행히 이 이야기는 행복한 결말을 맺는다. 제우스가 이들을 불쌍히 여겨 재결합 시킨다. 이 이야기는 일단 신뢰가 깨어지면 사랑은 유지될 수 없다는 사실을 보여준다. 프시케는 큰 대가를 치르고 비참한 시련을 겪었다. 그녀가 에로스의 신뢰를 저버렸기 때문이다.

신뢰가 어떻게 깨지는지에 대한 사례가 여기 있다. 당신과 친구가 각자 빨강이나 검정을 고를 것이다. 둘이 서로를 신뢰하고 둘 다 검정을 골랐다면, 각각 50 달러를 받게 된다. 그러나 어느 한 쪽이 다른 쪽을 신뢰해서 검정을 고르는데 다른 쪽이 신뢰를 저버리고 빨강을 고른다면, 빨강을 고른 쪽은 75 달러를 받고 검정을 고른 쪽은 아무 것도 받지 못한다. 둘이 서로를 신뢰하지 않고 둘 다 빨강을 고른다면 각자 10 달러를 받을 것이다.

만일 당신이 낯선 사람과 이 게임을 한다면 어떤 일이 생길 거라고 예상하는가? 상대방에 상관없이 각자 빨강을 고르는 것이 낫다는 것을 알 것이다. 만일 상대가 검정을 고르면 당신은 50달러 대신 75 달러를 받고, 상대가 빨강을 고르면 아무것도 못 받는 것 대신 10 달러를 받는다. 상대방도 같은 식으로 생각하고 두 사람이 빨강을 고르면 10달러를 받는 것으로 끝난다. 두 사람이 서로를 신뢰했다면 둘은 50 달러를 받을 수 있었을 텐데 말이다. 이 게임은 죄수의 딜레마 중의 한 유형이다.

이제 게임 하는 사람이 당신과 당신 친구라고 가정하자. 게임을 되풀이함에 따라 상호간의 신뢰와 관련해서 상황이 반복될 것이다. 두 사람이 계속 검정을 골랐다면 둘은 게임마다 50달러를 계속 벌 것이다. 어떤 색을 고르겠는가? 당신을 포함한 대부분의 사람들은 실제 검정을 택한다.

당신의 친구가 여러 번 게임 중 한 번 빨강을 골랐다고 가정하자. 당신은 그때 아무것도 받지 못하고 친구는 75 달러를 받을 것이다. 다음에 당신은 어떻게 하겠는가? 당신은 마음씨가 좋아 다시 검정을 고를 것인가. 아니면 당신은 맞대응 전략을 사용해서 빨강을 고를 것인가. 각 개인에게 정답은 없다. 하지만 일반적으로 맞대응 전략(친구가 빨강을 고를 때까지 검정을 고른다. 그리고 다음 게임에서 빨강을 고른다)을 사용하는 것은 아주 효과가 있다. 이 개념은 당신의 신뢰가 보답을 받는 한 친구를 신뢰하지만, 친구가 신뢰를 깨면 당신은 그 불쾌함에 준해서 보복한다, 하지만 그 이상은 아니라는 의미다. 이렇게 함으로써 상호간 신뢰의 회복을 달성하고 친구가 신뢰를 깨트리지 않게 된다.

이 같은 상황과 많은 실생활의 상황(결혼, 사업, 동업, 스포츠 팀)에서 신뢰는 모든 사람의 행복을 향상시킨다. 그러나 신뢰가 깨지면 불행이 생긴다. 신뢰는 누적 재화로서 높은 보상이란 잠재력을 가졌기에 구축되어야 할 필요가 있다. 우리는 일상생활에서 신뢰의 중요성을 알고 있다. 우리가 아프면 이웃이 우리 아이를 학교에 데려다 줄 것이라고 믿는다. 우리가 믿는 사람들로부터 조언을 구한다. 사랑을 유지하기 위해서는 신뢰가 필요하다. 신뢰가 감정은 아니지만 행복 진동기록에 영향을 미친다. 제인이 베스가 자신의 아이를 돌봐줄 거라고 믿는다면, 이 말은 제인은 아이가 안전할 것이라고 생각한다는 의미다. 신뢰가 없다면 제인은 아이와 떨어져 있는 내내 불안하고 스트레스를 받을 것이다. 따라서 신뢰가 있는 경우에는 제인의 행복 진동기록이 높을 것이고 신뢰가 부족한 경우에는 진동기록이 낮을 것이다.

원한과 용서

우리에게 기본 재화와 기본 불량 재화가 있고, 마찬가지로 누적 재화와 불량 누적 재화가 있다. 나쁜 일과 나쁜 기억이 누적되면 행복에 방해가 된다. 나쁜 업보로 생긴 사건 하나도 괴로운데 이런 일련의 사건들이 누적되면 불행의 흐름이 꾸준하게 발생한다.

인간관계에서 부정적인 누적은 원한을 만든다. 연구에 따르면 이혼을 예측하는 좋은 방법은 배우자 중 한 사람이 상대의 결점을 일시적인 것이 아니라 영구적인 것이라고 생각할 때다. 모든 부정적인 사건이 누적되는 것은 "그 사람은 좀 그래" 또는 "그 여자는 항상 좀 그랬어"라는 생각 때문이다. 반대로 조화로운 부부는 상대의 결점을 일시적인 것으로 여긴다. "오늘 열띤 토론을 했어, 흔치 않은 일이지. 그래도 괜찮아"라는 식이다. 이와 대비되는 것은 "당신이 이러는 게 벌써 열한 번째야." 라고 하는 말이다. 당신에게 소중한 상대를 블랙리스트에 올리는 일은 부정적 성향을 누적하는 방법이며 불행해지는 확실한 비결이다.

불행하게도 원한은 수백 년 동안 지속될 수 있다. '위대한 장군'으로 알려진 스페인 장군에 대한 이야기가 있다. 그는 1503년 이탈리아 영토에서 프랑스 군을 물리쳤다. 3백년 후 나폴레옹은 그라나다에 있는 그 장군의 무덤을 파괴하라고 명령했다. 우리 중 한 사람이 위대한 장군의 무덤이 남아 있는 유적지를 방문했을 때, 교회 청소를 담당하는 사람이 "원한은 인간 심리의 본질이지요"라고 말했다.

전에 배우자와 벌인 그 어리석은 토론을 돌이켜 보는 이유는 무엇인가? 우리의 행복 비결은 당신에게 더 이상 그 일을 문제 삼지 말라는 제안을 한다. 좋은 순간을 누적하고 나쁜 순간은 일시적인 것으로 여기라고 제안한다. 다른 말로 하자면 지난 휴가 때 해안으로 가서 찍은 아름다운 사진들은 간직하고 며칠간 언쟁의 대상이었던 그 이메일은 버려라.

용서하고 불쾌한 일은 지난 일이라고 여기는 것이 누적된 부정적인 감정을 중화하는 방법이다. 우리는 한동안 불행할 것이다. 하지만 적응의 법칙이 하는 대로 맡겨두면 부정적인 감정은 사라질 것이다.

존 밀턴의 『실락원』에서 아담과 이브의 낭만적 관계는 근본적인 위기에 직면한다. 바로 자율성과 상호의존 간의 균형이다. 두 사람의 부부 싸움으로 오해는 점점 커지고 결국 결별을 하게 된다. 이제 이브는 혼자 뱀의 형태를 취한 사탄의 유혹을 받고 금단의 열매를 먹는 끔찍한 결과가 생긴다. 현대의 부부도 다르지 않다. 이들의 관계는 약간의 다툼이 큰 분열로 악화되면서 파괴되기 때문이다. 밀턴은 이브를 아담과 합치게 만드는 뉘우침과 용서의 힘을 아름답게 묘사했다. "저를 버려도 아담은 저버리지 마소서"는 아담이 느낀 이브의 감동적인 탄식이었다. "곧 그의 마음이 누그러졌다" 그리고 그는 화해를 하려고 다가갔고, "더 이상 다투거나 비난하지 맙시다"라고 선언했다.

가톨릭 신자들에게 고해 성사의 관행은 자신의 죄와 죄의식의 영향을 줄이는 데 도움이 된다. 우리는 속임수로 용서를 구해야 한다고 주장하는 게 아니다. 사제가 죄를 면해 줄지는 모르지만 당신의 배우자는 분명히 자신의 한계를 느낄 것이다. 당신의 부정적 성향을 줄이려면 용서에 대한 행동을 고치려는 성실하고 진심 어린 바람이 있어야 한다.

양동이에 기억을 저장하기

기억상실에 걸린 사람이 고장 난 토스터기에 감전되었다. 다음 날 그는 같은 토스터기를 다시 사용하려고 했다. 분명히 그 기계로 인한 경험이 고통스러웠지만 그는 그 고통을 기억하지 못했다.

우리의 기억은 기억상실증처럼 결함이 있는 것은 아니지만 자신의 기억 속에 어떤 경험(즐거운 경험과 고통스러운 경험)만을 저장한다. 즐거운 경험에 대한 기억은 기쁨과 행복의 근원을 제공하고 장기적 행복을 향상시킨다. 반대로 이혼이나 사고 같은 고통스러운 경험의 기억은 불행의 근원이 될 수 있다.

기억이 양동이에 저장된 누적 재화라는 사실을 인식하는 것이 살면서 사건을 처리할 방법을 선택하는 첫 번째 단계다. 예를 들어 운전 중에 누가 끼어들면 분노를 폭발시킬 것인가? 이것이 단지 앙갚음이란 반응을 초래하는 순간의 부정적인 감정일 뿐만 아니고 이런 부정적 경험은 우리의 기억 양동이에 저장될 것이다. 그러니 긴장을 풀고 급한 운전자가 앞서 가게 내버려 두라.

삶은 무수히 많은 즐겁고 고통스러운 경험을 우리에게 준다. 우리의 현명한 선택은 긍정적인 경험의 빈도를 증가시킬 수 있고 부정적인 경험의 빈도는 감소시킬 수 있다. 그럼에도 불구하고 기억의 양동이는 즐거운 때와 슬픈 때 둘 다를 비축할 것이다.

기억은 누적 재화다. 우리는 삶을 살아가면서 어느 정도는 어떤 기억에 의지해야 할지를 통제한다. 어떤 사람들은 힘든 삶을 살았는데도 불구하고 긍정적인 경험을 이끌어내는 놀라운 능력을 가졌다. 반면에 어떤 사람들은 유복하고 편안한 삶을 살았지만 약간의 부정적인 경험에 연연해한다. 행복한 사람임을 드러내는 표시는 기억 양동이를 현명하게 사용하는 능력이다. 이들은 과거의 긍정적인 경험을 쉽게 상기해내고 부정적인 경험은 사라지게 만든다.

행복의 작동

취미나 관심거리를 하나 정하고 시간이 지나는 동안, 그것을 발전시키는 데에 집중하라. 그것이 정원 가꾸기나 운동, 독서나 영적 수행 같은 것일 수도 있다. 자신의 진행 상황을 기록하는 일지를 쓰고 자신이 이룬 발전에 감사하는 시간을 가져라.

11장 ——————————— 재구성

인간에게 남은 최후의 자유는 자신의 태도를 정하는 일이다.
- 빅토르 프랭클

교통 체증에 꼼짝 못하고 있다고 상상해보자. 아무도 움직이지 않고, 창밖을 보니 짜증내는 운전자들이 여럿 보인다. 앞 쪽에서 사고가 났고 길을 정리하는 데는 시간이 좀 걸릴 것이다. 당신은 근육에 긴장감이 느껴지고 마음이 어두워진다. 그래서 당신은 직경이 엄청나게 큰 거대한 공 위에 앉아 있다고 상상한다. 공은 시간 당 수만 킬로의 속도로 회전한다. 마치 디즈니랜드의 멋진 놀이기구를 타는 것 같고 얼굴에는 미소가 번진다. 이것이 재구성이다.

물론 당신은 여전히 교통 체증에 꼼짝 못하고 있다. 공을 타고 걷잡을 수 없이 공중을 떠돌던 상상이 사라지자마자 당신은 차로 돌아오고 좌절에 빠진다. 마침내 교통이 정리되고 차는 다시 움직인다. 안도감이 생기고 당신의 마음은 오늘이 끝나기 전에 해야 할 일로 서서히 움직인다.

우리는 진정으로 행복한가? 우리는 더 이상의 행복을 가질 수 없을까? 사실 우리 대부분은 앞으로 더 많은 행복을 누릴 수 있다. 그러기 위해서는 삶의 목표를 제대로 설정하고 자신의 행복을 위한 노력을 계속해야 한다. 그러니 잔이 반이나 찼다고 우리의 마음이 생각하게 만드는 연습을 하도록 그 방법을 알아보자.

세계 2차 대전 동안 나치 강제 수용소에 수감되었던 빅토르 프랭클은 자신의 생존을 목표로 삼았다. 그의 부모와 가족들은 수용소에서 사망했지만 그는 살아남았다. 스스로를 돕고 다른 수감자들이 수용소에서 생존하도록 도운 그의 경험을 토대로 프랭클은 『죽음의 수용소에서』라는 영향력 있는 책을 썼다. 그의 견해에 따르면 인간에게 동기를 부여하는 주된 힘은 삶의 의미를 찾는 일과 그 의미를 달성하기 위해 노력하는 일이다. 그는 가장 절망적인 상황에서도 의미를 찾을 수 있다고 주장했다.

행복해지는 선택

우리는 대부분의 감정이 현실과 기대치의 비교로 유발된다고 주장했다. 하지만 기대치 자체는 시간이 흐름에 따라 변한다. 다음의 방정식을 상기해보라.

현실 - 변하는 기대치 = 행복

더 행복해지는 분명한 방법은 현실을 개선하는 것이다. 우리는 이 점에 대해 여러 번 언급했다. 우리는 각 유형의 재화나 활동에서 기대치가 시간에 따라 어떻게 변하는지 계속 지켜보고 싶었다. 적응 재화가 행복을 만드는 경우는, 적응 재화가 빠른 속도로 소비되고 과시 재화가 우리에게 '올바른 연못'에 있어야 한다고 요구할 때다. 기본 재화와 활동은 누적되는 재화 및 활동과 마찬가지로 행복의 흐름을 제공한다.

우리는 이제 기본 재화 및 누적 재화처럼 보장된 행복을 만드는 세 번째 유형의 활동을 알려줄 것이다. 우리는 이 활동을 재구성 활동이라고 부른다. 재구성 활동은 목적의식이 있는 활동으로써 우리로 하여금 다른 방식으로 현실을 보게 만들고, 우리의 기대치를 재설정하게 만들고, 새로운 비교를 창출하게 만든다.

현실은 같은데 더 많은 행복을 추출할 수 있는 기술은 우리가 배울 수 있다. 아마 이 기술이 삶에서 행복을 찾는 황금 열쇠일 것이다. 우리에게는 돈과 시간이 제한되어 있어 계속적으로 많은 해피돈을 획득하기 위해 여러 재화와 활동에 소비할 돈과 시간이 충분치 않다. 이것 때문에 게임 계획은 우리의 자원을 두 영역으로 나누는 것이다. 첫 번째는 물건을 사고 활동을 함으로써 현실을 개선하는 것이다. 두 번째는 우리의 마음이 행복을 창조하기 위해 현실을 부호화하고 처리하는 방법을 개선하는 데 시간을 사용하는 것이다.

행복을 위해 태도와 기대치를 바꿀 가능성이 얼마나 있는 걸까? 개인의 행복에 대한 연구는 15/35/50 법칙으로 정리된다. 생활환경이 삶의 만족에 15% 정도 차지한다. 생활환경이란 당신이 사는 국가나 지역에 어떤 종류의 공동체가 있는가, 당신의 소득과 고용 상태는 어떤가, 당신은 이혼한 부모와 주택에서 자랐는지 아니면 당신은 입양된 아이였는가 하는 것들을 의미한다.

의도적으로 하는 행동은 개인의 행복에서 35%의 변동성을 설명한다. 의도적으로 하는 행동이란 당신이 더 행복한 사람이 되기 위해 스스로 목적의식을 가지고 하는 일을 의미한다.

쌍둥이에 대한 여러 연구는 유전적 요인이 행복에 영향을 미친다고 주장한다. 이런 연구에 따르면, 유전자는 개인의 행복에 최대 50%의 변동성을 가진다. 그래서 당신이 얼마나 행복한지의 대부분은 당신의 부모가 얼마나 행복했으며 조부모가 얼마나 행복했는지에 달려 있다.

우리가 행동을 취할 수 있는 15와 35의 규칙에만 초점을 맞춘다면, 외부 환경을 바꾸려는 것 보다 우리 태도를 바꾸는 것이 두 배 이상 효과적일 수 있음을 알 수 있다.

다양한 현실 표현

마음은 제 자리에 있지만 그것 자체가 천국을 지옥으로 만들 수도 있고 지옥을 천국으로 만들 수도 있다.
- 존 밀턴 「실낙원」

1951년 11월 23일 다트머스와 프린스턴 간에 막상막하의 축구 경기가 열렸다. 경기는 프린스턴의 선수 한 명이 코가 부러지고 다트머스 선수 한 명은 다리가 부러지는 것으로 끝났다. 심리학자 알버트 헤스토르프와 해들리 캔트릴은 각 학교에서 온 한 무리의 학생들에게 이 경기의 영상을 보고 위반 사항을 발견하면 노트에 적으라고 요청했다. 모든 학생들이 같은 경기를 시청했고 같은 규칙을 적용해서 위반행위를 기록했다. 그런데 두 그룹은 경기를 매우 다르게 보았다. 프린스턴 학생들은 다트머스가 한 위반행위를 평균 9.8로 기록했지만 다트머스 학생들은 자신의 팀이 저지른 위반이 평균 4.3이라고 보았다. 연구원들은 실제 학생들이 같은 경기를 보았지만 다른 경기를 본 것이라고 결론 내렸다. 연구원들은 "'그것'이 축구 경기이든, 대통령 후보든, 공산주의든, 시금치든 간에 사람들이 달라지면 '그것'은 더 이상 같은 것이 아니다"라고 말했다.

마찬가지로 두 동료의 예를 들어보자. 두 사람은 인디아나 주 웨스트 라파예트의 작은 도시에서 첫 직장을 구하고 처음 2년간을 그곳에서 보냈다. 한 사람은 웨스트 라파예트에서 살며 직장생활을 한 경험을 애정을 가지고 회상하지만 다른 사람은 그곳을 떠난 것이 무척 기뻤다. 그곳의 삶을 즐겼던 사람은 그곳의 물가가 적당하고 이웃이 친근하고 통근 시간이 짧고 범죄 발생이 낮은 곳이라고 여겼다. 그곳에 사는 게 불행했던 다른 사람은 그곳이 겨울에는 춥고 공항이 협소하고 식당이나 즐길 거리가 별로 없다고 여겼다. 이 두 사람은 정말로 선호도가 달랐을 수도 있고 그 도시와 일자리를 다른 관점으로 저울질했을 수도 있다. 여기에서 보듯이 일정 범위 내에서 사람들이 세상을 보는 방법에는 선택권이 있다. 반이나 찼는지 아니면 반이나 비었는지 말이다. 긍정적인 측면에 집중하고 부정적인 측면을 경시하는 사람들은 더욱 긍정적인 감정을 경험하게 될 것이고 아무것도 충분하지 않은 사람들보다 결과적으로 더 행복할 것이다.

물리적으로 같은 강과 풍경과 산을 보아도 눈에 보이는 것은 관점에 따라 변한다. 마찬가지로 우리의 심리적 관점 때문에 동일한 현실이 더

밝거나 어두운 느낌으로 보여 진다. 셰익스피어의 연극에서 바보의 역할은 세상이 추구하는 많은 것들이 우스운 것임을 우리에게 알려 준다. 바보는 본질적으로 현명하며 우리가 부인한 진실을 단순하지만 심오하게 받아들인다.

약간의 유머와 감사는 동일한 현실에서 더 큰 행복을 만드는 치료법이 될 수도 있다. 당신에게 커피를 만들어 주는 바리스타에게 진심으로 "안녕하세요"라고 인사하면 바리스타를 미소 짓게 할 뿐만 아니라 당신까지도 행복하게 만들 것이다.

적응 정복

우리의 삶이 동일한 현실 내에서 더 행복해 질 수 있도록 기대치에 영향을 미치는 몇 가지 방법을 알아보자.

기대치 관리

앨런 첸과 아크샤키 라우는 기대치가 어떻게 변하는 지에 대한 연구에서 다음과 같은 사실을 발견했다. 사람들은 부정적인 정보를 경험한 후에 더 행복해진다는 것이다. 왜냐하면 그들의 기대치가 떨어져서 같은 결과가 이익으로 인식되기 때문이다.

당신이 2주 전에 산 새 선글라스를 잃어 버렸다고 하자. 그 선글라스는 멋지고 아주 비싸다. 몇 시간 후 선글라스가 당신 주머니에서 발견되었다. 선글라스를 찾았다는 안도감이 너무 커서 앞선 불안감에 대해 보상이 되었을 것이다.

자신의 기대치 적응에 현명 하라. 만약 당신의 친구가 좋은 영화를 알려주면 얼른 가서 표를 사라. 영화관 휴게실에서 기다릴 때 영화를 본다는 것에 아주 흥분하거나 또는 기대치를 낮출 수도 있다. 영화에 대해 비평가들이 쓴 글을 읽는 것도 좋은 방법이다. 비평가들은 천성적으로 결점을 찾고 사소한 흠을 과장하기 때문이다. 영화에 대한 자신의 기대를 통제하거나 거의 기대하지 않는다면 영화가 사실 아주 훌륭하고 비평가의 의견보다 훨씬 낫다는 놀라움을 즐길 가능성이 높다.

호의적인 현실 대조

심리학자 트베르스키와 그리핀의 주장에 따르면 낭만적 희극 같은 긍정적인 인생 경험은 행복한 기억의 양동이에 좋은 기억을 추가한다. 하지만 동시에 그 이후의 비슷한 경험과 대조하면 덜 흥미롭게 된다. 행복의 열쇠는 즐거운 사건을 회상할 때 존재하지만 현재 사건을 바람직하지 않은 과거 사건과 비교하는 것에도 존재한다. 어떤 경우에는 현재 경험을 과거 경험에 비교하는 일이 자동적으로 발생한다. 하지만 우리에게는 현재 사건에 대비되는 과거 사건을 선택할 자유가 있다. 한 가지 간단한 방법은 지금 먹고 있는 피자가 자주 가는 동네 피자 가게에서 먹는 피자보다 얼마나 더 맛있는지 친구들에게 말하는 것이다. 미래에 즐겁게 회상할 수 있도록 기막히게 좋은 경험을 행복한 기억의 양동이에 저장하는 것이 좋다. 친구들과 월드컵 경기를 본 그런 경험 말이다. 그보다 더 나은 것은 과거의 바람직하지 않은 사건을 현재 경험과 비교하고, 그 현재 경험에서 가장 큰 기쁨을 얻는 것이다.

적응 재화를 누적 재화로 바꾸기

우리는 누적 재화가 행복의 출처가 될 수 있으며 어떤 재화는 누적되지 않는데 어떤 재화는 누적된다는 것을 알고 있다. 어떤 재화는 애매한 영역에 있다. 그러나 이 재화들이 우리 생각에 이 유형인지 아니면 저 유형인지를 선택하는 것은 우리 자신에게 달렸다.

가장 좋은 사고방식은 마음속의 두 가지 틀을 다 이용하는 것이다. 연구원인 펠리페가 연간 출간한 논문 두 편을 이전의 세 편과 비교하는 사고방식은 연구의 동력과 동기부여를 유지하는 데 유용하다. 반면 총 논문 12편에 14편을 비교하는 사고방식은 행복해지는 데 유용하고 스스로를 너무 힘들지 않게하는 데 유용하다. 다양한 틀을 사용할 수 있으면 다양한 방법으로 현실을 볼 수 있다.

화가 호안 미로가 쓴 글에 따르면 "알다시피 나는 아주 느리게 작업한다. 화폭에 그림을 그릴 때면 그 그림과 사랑에 빠진다. 더딘 이해력에서 생긴 사랑이다. 더딘 이해력이라는 뉘앙스는 집중을 의미하며 이는 태양이 주는 것이다. 풍경화 속의 작은 풀잎을 이해하는 방법을 배우는 즐거움이다. 왜 그 풀잎을 하찮게 여기나? 풀잎은 나무나 산만큼 매혹적이다. 르네상스 이전의 화가들이나 일본인을 제외한 거의 모든 사람들은 이 풀잎이 정말 멋지다는 사실을 간과한다."

우리 두 저자 중 한 사람의 아버지는 등산과 버섯 따기 같은 간단한 바깥 활동을 좋아한다. 그는 여행을 할 때마다 마치 처음 하는 것처럼 버섯 따기를 즐겨 한다. 그는 포만과 적응이 자신의 즐거움을 줄이게 내버려 두지 않는다. 사실 그에게 버섯 따기는 참신함과 학습으로 가득 찬 기운 찬 활동이다. 그는 이 계절에는 버섯이 어디서 자라는지 배우는 것을 좋아하고 자신이 발견한 새로운 버섯 서식지를 자랑하는 것도 좋아한다. 이런 상황에서 버섯 따기 활동은 누적이란 측면을 가진 경험이며 또한 즐거움에 기여하는 건강한 사회 비교 요소이다. 우리는 스스로가 좋아하는 일을 찾고, 우리의 즐거움이 줄어들지 않고 유지되는 일을 하면 된다. 문학 수업에 참석하거나 요리, 그림, 춤 수업을 듣는 것이 그런 일이다.

정원이나 과수원을 가꾸는 것과 같은 취미는 평화롭고 지속적이며 보람 있다. 이런 활동들은 많은 참신함을 제공하며, 항상 변하고 성장함에 따라 쉽게 누적된다.

광범위한 비교

유튜브에서 인도의 운전하는 모습이나 방갈로르의 교통에 대한 영상을 본 적이 있는가? 교통신호등이 항상 빨간 색이라고 불평하는 대신 교통신호등이 전혀 없는 도시에서 사는 것이 얼마나 무서운 일인지 생각해보라. 아니면 지금 호주에 사는 친구들과 이렇게 빨리 소통할 수 있다는 사실에 만족하는 건 어떤가. 당신의 조부모는 상상조차 하지 못한 일들이다.

우리는 정부나 관료주의, 부패에 대해 얼마나 자주 불평하는가? 우리는 현대 도시를 작동시키는 민주주의나 비교적 문명화된 방식을 당연시한다. 우리는 몇 세대 전의 사람들 또는 현재 몇몇 국가의 사람들이 지속적으로 전쟁과 협박의 두려움 그리고 독재자의 폭정 하에 산다는 사실을 실감하지 못한다.

무심함

우리는 소유하던 물건을 잃어버리거나 손상되면 대단한 불행을 느낀다. 예를 들어 식당에서 지갑을 잃어버리거나, 누군가가 새 차에 흠집을 냈거나 오토바이를 훔쳐 갔다는 사실을 알았을 때다. 하지만 우리는 살면서 피할 수 없는 많은 손실을 경험하게 될 것이다. 이런 불행한 결과가 생기지 않게 우리를 보호하는 것이 있을까?

사실 그런 보호 장치가 있다. 바로 무심함의 태도를 키우는 것이다. 무심함의 반대는 애착이다. 애착은 기대치가 우리의 소유물에 적응해서 생기는 기제이다. 일단 우리가 물건을 사면 이제 그 물건은 우리 것이고 잃어버리기 싫다. 새 차를 사는 사람들이 겪는 일을 관찰해 본 적이 있는가? 그들은 흠집이 단 한 개라도 생길까 불안해한다. 차를 사용하지 않아야 한다고 생각할 정도다. 우리 동료 한 사람은 자신의 멋진 새 차를 항상 맨 끝에 있는 자리에 주차한다. 그래야 두 차 사이에 끼이지 않기 때문이다. 이렇게 해야 다른 차의 문과 부딪혀서 흠집이 생길 가능성이 줄어든다. 이 차를 사기 전에 그는 기대의 변화가 실제 이런 식으로 그를 노예로 만들 것이라고는 예상하지 못했다.

여기 감정 조절에 대한 적당한 전략이 있다. 누군가가 당신의 차를 들이 받는다면 화내는 대신 더 이상 차에 대해 걱정할 필요가 없다는 사실을 깨달아라. 그 차를 공공장소에 주차할 때마다 돌아 올 때까지 완벽한 상태로 있는지 걱정했으니 말이다.

무심함을 실천하면 정신적으로 아주 건강해진다. 우리가 사용하는 물건들을 마치 빌린 것처럼 대하는 것이다. 이렇게 하면 적응이 완화되고 손실에 대한 가능성이나 실제 손실에 대한 불안감에서 벗어날 수 있다.

에피쿠로스는 식사를 할 때 너무 풍성하게 먹지 말라고 주장했다. 후에 불만족이 발생할 수 있기 때문이다. 예를 들어 앞으로 이런 진미를 맛볼 수 없을 거라는 암울한 깨달음 같은 것 말이다.

힌두교에서 하는 카르마 요가에는 힌두교의 핵심 관습 중 하나인 무심함이 있다. 이것의 핵심 개념은 자신의 업적이 낳은 결실에 애착을 가지지 말고 의무에 따라 행동해야 한다는 것이다. 많은 과학적 발견이 이루어 진 이유는 과학자들이 보상을 고려하지 않고 호기심과 열정을 추구했기 때문이다. 무심함을 실천하면 불교나 프란체스코회처럼 역사적으로 영향력 있는 영적 철학의 초석이 된다.

불운의 발생

속담이 이르듯이 인생에 근심걱정이 없을 수 없다. 나쁜 일은 꼭 생긴다. 사랑하는 사람이 병이 난다던지 아니면 일자리를 잃거나 이혼한다. 우리가 어떻게 이런 일들을 잘 견딜만한 일로 만들 수 있겠는가? 우리는 불교 승려들이 아니다. 그들은 무심함에 대해 광범위한 수련을 통해 부정적인 감정을 조절하는 법을 배웠다. 지금은 대부분의 사람들이 신을 믿지만 모든 재난을 신의 저주로 여기지는 않는다. 그리스 신화에서는 불운은 신들의 저주로 생긴다고 믿었다. 아트레우스의 가문은 여러 세대에 걸쳐 저주를 받았다. 트로이에 대항해 그리스 군을 이끈 아가멤논과 그의 동생 메넬라오스가 이 가족의 후손들이다. 트로이 전쟁이 일어난 이유는 메넬라오스의 아내인 트로이의 헬렌이 납치되었기 때문이다. 아가멤논은 아내의 애인에게 살해당했다. 이 가족의 모든 불행의 원인은 조상인 리디아의 왕 탄탈루스의 사악한 행위 때문이다. 이 저주가 마침내 끝난 건 몇 세대가 지난 후였다.

우리의 불운이 조상이나 우리가 전생에 했던 일 탓이라고 생각지는 않을 것이다. 그런 믿음이 어떤 문화에서는 여전히 존재하지만, 오늘 날 서방에서는 강하게 존속되지는 않는다. 카르마의 개념을 마음속에 깊이 간직한 사람들은 불운을 더 잘 받아들이고 가족이나 자신의 전생에 나쁜 행위를 해서 생긴 피할 수 없는 결과라고 생각한다.

불운이나 비극이 우리에게 닥칠 때, 우리는 "왜 하필 내가?"라고 묻는다. 해롤드 커시너의 책 『왜 착한 사람에게 나쁜 일이 일어날까』에서 그가 주장한 바에 따르면 어떤 일은 이유 없이 생기고 순전히 임의로 발생한다. 그런 불운한 상황(사랑하는 사람을 잃고, 심각한 병에 걸리고, 사고로 장애가 생기고)의 건설적인 접근방식은 지금 내가 사는 인생을 책임지기 위해 다음에 해야 하는 일이 무엇인지 묻는 일이다.

다행스럽게도 부정적인 사건을 처리하도록 돕는 '재구성 방법'이 있다. 당신이 팔꿈치를 다쳐서 가까운 시일 내에 테니스를 칠 수 없다고 가정하자. 당신은 테니스를 좋아하기에 크게 실망했다. 이 상실감을 줄이는 한 가지 방법은 하이킹 같은 힘들지 않은 운동이나 브리지나 포커 같은 카드 게임을 배우는 등 관심사를 개발하는 것이다. 이는 적응의 능동적인 형태로써 다친 팔꿈치가 즐거운 활동에 미치는 영향을 줄여 줄 것이다. 당신은 한동안 테니스를 치고 싶겠지만 테니스를 칠 수 없다는 부정적인 결과는 다른 매력적인 활동을 대체 활동으로 시작하지 않으면 더 오래 지속될 것이다.

만성 통증이나 정신적 고통에 대한 적응은 없다. 약물이 이런 고통을 완화시키는 최선의 방법이다. 재구성이 약간 도움이 될 수도 있지만 그 효과에는 한계가 있다.

암환자들은 자신의 상황을 받아들이는 것이 때로는 가능하고 고통스럽지 않으면 사기를 북돋울 수도 있다. 이들은 더 넓은 삶의 의미를 보기 시작하고 모든 존재들이 삶과 죽음의 과정을 피할 수 없다는 사실을 받아들이기 시작한다. 정해진 기간에 확실하게 죽는다는 사실을 마주해 본 적 없는 사람들에게는 죽음이란 타인에게 생기는 일일 뿐이다.

음식과 거주할 곳과 옷을 살 충분한 소득이 있고 산들 바람과 따스한 햇살을 즐길 수 있는 건강한 사람들을 위한 적절한 정신적 관점은 동일한 현실에서 더 많은 기쁨을 얻어서 오랫동안 유지하는 것이다. 적응을 극복하는 것은 우리의 유전자에 의해 결정되는 것은 아니다. 우리가 관점을 바꾸기로 하면 '옥수수대의 이슬 몇 방울'에서도 기쁨을 경험하는 것이 가능하다.

불안한 선택

새 노트북 컴퓨터를 온라인으로 구매 한다고 가정하자. 웹 사이트를 검색해서 수백 종류의 모델과 상표와 스타일을 찾았다. 마침내 자신이 좋아하는 것들을 최종 후보로 선택하고, 그 중에서 네다섯 개를 고르고 나면 그때가 어려울 때다. 결국 당신은 그중 하나를 고르고 다른 것들은 포기한다. 이 지점에서 핵심은 포기한 것들이 주는 장점을 잊는 것이고 자신이 선택한 것이 얼마나 좋은지에 집중하는 것이다. 너무나 선택 사항이 많으면 소위 '선택 과부하'가 생긴다. 선택할 것이 너무 많으면 너무 많은 비교를 해야 한다. 물건이 다양하고 많은 상점은 들어오는 손님의 수는 많지만 구매하는 수는 적다. 잘 알려진 연구에 따르면 사람들이 잼을 몇 가지 맛보면 결국 뭔가를 사게 된다. 그러나 사람들이 많은 종류의 잼을 맛보면 아무것도 사지 않고 그냥 나가 버리는 경향이 있다.

베를린의 ABC 연구 그룹의 책임자인 게르트 기거렌처의 주장에 따르면 단순한 의사결정 규칙은 실제 상황에서 아주 효과가 있다. 이 규칙은 불안한 선택을 피하고 적절한 선택을 하는 데 도움이 된다. 예를 들어 이 규칙 중 하나는 '요인별 제거법'이다. 이 규칙이 어떻게 작용하는 지 살펴보기 위해서 먼저 가장 중요한 기준에서 가장 덜 중요한 기준까지 순위를 정한다. 예를 들어 취업 지원자를 선택할 때 중요성에 따라 구분된 기준이 업무 경험, 교육수준, 대인관계 기술이라고 가정하자. 요인별 제거법은 모든 지원자를 대상으로 첫 번째 기준에 부족한 사람들을 제외한다. 이 경우 업무 경험이 없는 모든 지원자들은 제외될 것이다. 남은 지원자들을 대상으로 두 번째 기준을 적용하여 대학 학위가 없는 사람들을 제외한다.

이런 방법을 통해서 충분히 뛰어난 지원자 한 사람이 남거나 동점인 지원자가 몇 명 남는다. 어떻게 이들 중에서 선택할 것인가? 우리는 종종 학생들에게 단순하지만 강력하게 권고한다. 그것은 두 사람 중에서 고르거나 동등한 평가의 여러 대안에서 선택을 해야 하는 상황에 직면할 때, 무작위로 고르는 것이 아주 합리적이라는 사실이다. 요인별 제거법의 단순한 규칙을 통해 최고의 대안을 선택하는 것으로 밝혀졌다.

전설적인 농구코치 존 우든은 이런 말을 하곤 했다. "절대 뒤돌아보지 마라." 우리가 선택했을 수도 있었던 것과 비교하면 대개의 경우 우리는 불행해진다. 이런 비교에서 긍정적인 비교가 절반이고 부정적인 비교가 절반이라면, 행복은 이득에 비해 2배의 손실을 갖게 된다. 쉽게 피할 수 있던 행복의 순 손실인 것이다. 댄 애리얼리의 연구에 따르면 문을 닫으면 행복이 증가한다. 우리가 선택한 것을 최고로 만드는 데 자원을 집중하기 때문이다. 이는 결혼해서 지구상에 있는 모든 다른 남자와 여자는 포기하고 남은 생애 동안 충실하기로 약속한 부부와 마찬가지다.

사람들은 삶을 바꾸는 방법을 알지 못하면 삶이 그들에게 제공하는 것에 자연스럽게 적응하는 경향이 있다. 하버드 대학교의 심리학 교수인 다니엘 길버트는 수년 동안 이 주제에 대해 연구를 해왔다. 그는 일이 우리 뜻대로 되지 않을 때조차도 우리는 행복을 지속하는 심리적 면역 체계를 가지고 있다고 믿었다.

결정이 내려질 때 문을 닫는 것이 힘들 수도 있다. 하지만 일단 결정하면, 이는 행복을 위해 훌륭한 전략이다. 다시 말하자면, 계속 가라!

낙관주의

낙관적이고 최상의 미래가 펼쳐질 것이라고 생각하는 사람들은 더 행복한 경향이 있다. 우리의 틀에서 보면 이런 사람들은 좋은 일을 예상해서 많은 해피돈을 얻는다. 미래가 예상한 것만큼 좋지 않으면 이들은 그 순간을 무시하고 뒤이은 미래를 꿈꾼다. 낙관주의자들은 불운은 스쳐가는 것이고 행운은 영구적인 것으로, 마치 자신의 재량으로 가능한 것처럼 여긴다. 분명히 극단적인 형태의 낙관주의는 일정한 자기기만 같은 것을 필요로 한다. 자기기만이 행복에 좋은 비결인가? 이성적으로 말하자면 자기기만의 부정적인 측면은 잘못된 의사결정으로 이어진다. 왜냐하면 우리가 마음속에 지닌 세상의 모형이 정확하지 않기 때문이다. 예를 들어 나쁜 결과가 생길 것을 예상해서 보호조치를 취하는 것에 실패할 수도 있다.

그러나 너무나 현실적인 것은 행복에 있어 좋은 공식이 아닐 수도 있다. 미래에 대한 지나친 걱정이 무슨 의미가 있는가? 에크하르트 톨레의 『지금 이 순간을 살아라』 같은 베스트셀러는 외부 상황에 영향을 받지 않는 깊은 내면의 자아를 인식함으로써 마음속에서 행복을 만드는 것에 대해 아주 명쾌하게 보여주고 있다. 이것과 기타 영적 수행에는 시간이 걸린다.

우리는 약간의 낙관주의는 행복을 증대시키는 데 좋지만 타당한 의사결정을 위해서 좋지는 않다는 점을 알아야 한다. 의사결정과 관련해서는 세상의 작동에 대해 더 현실적이 되는 게 더 낫다. 그럼에도 불구하고 우리가 항상 결정을 하는 건 아니니, 어려운 결정을 내릴 때만 포기해야 하는 행복한 마음의 피난처를 만드는 것에 시간과 노력을 기울이는 건 어떤가?

감정 조절

틱낫한은 분노 연구에서 세계적인 전문가다. 그는 분노를 통제하기 위해 마음 챙김 명상을 제안했다. 예를 들어 분노 관리에 있어서 최선은 무엇인가, 분노를 터트리는 것일까, 아니면 억누르는 걸까? 우리 자신이 분노에 자제력을 잃게 내버려 둘 것인가? 아니면 분노를 억누를 것인가? 두 전략 중 어느 쪽이 미래의 분노 폭발 가능성을 줄이는 데 더 효과적일까? 연구에 따르면 첫 번째 전략에는 결함이 있다. 단기적으로는 분노를 완화시키는 이 분노 폭발은 미래에는 우리를 더욱 화나게 할 수 있다. 습관적으로 분노를 퍼붓게 되기 때문에 분노를 억제하는 것이 더 현명한 것으로 판명되었다. 우선 분노가 예상보다 빨리 사라진다. 더 중요한 것은 앞으로 화를 내는 경우가 줄어든다. 화를 내는 것을 리얼리티 쇼에서 보는 것은 재미있을 수도 있다. 하지만 분노는 결혼과 가정생활과 우정을 파괴하고 지역사회와 국제관계에 독이 되는 게 사실이다.

매일 감정 조절을 위한 전략을 구체화하면 행복을 증가시킬 수 있다. 감정 조절을 위한 전략 연구는 긍정의 심리학이란 연구 분야의 일부다. 펜실베이니아 대학의 마틴 셀리그먼이 이 분야의 연구를 개척했다. 오늘날 미국 전역에는 긍정의 심리학에 대한 대학과정이 200개 이상이다. 이 새로운 접근법 이면의 기본 개념은 불교 승려가 수백 년 간 했던 것과 매우 유사하다. 즉 더 행복해지기 위해 마음을 수련하는 것이다. 행복은 마치 나비와 같다. 즉시 구해지는 게 아니다. 행복을 결과로 만들어 내려면 다른 일들을 해야 한다.

사회 비교 극복

아부다비의 한 사업가는 자동차 번호판 '5'번을 사려고 9백만 달러를 지불했다. 사업가인 그의 사촌도 번호판 '1'번에 천 4백만 달러를 지불했다.

이런 엄청나게 비싼 물건(만 천 달러짜리 청바지와 3십만 달러짜리 휴대폰)을 사는 사람들은 위신을 세우려 하고 엘리트 그룹에 소속되고 싶은 자신의 욕구를 만족시키려 한다. 셰익스피어는 카울(수도승이 입는 겉옷에 달린 뾰족한 모자)을 입는다고 수도승이 되는 게 아니다 라고 말했다. 사실 일부 부자들은 자신보다 훨씬 더 부유한 사람들과 스스로를 비교하기 때문에 불행하다.

신들조차도 사회적 비교에서 제외되지는 않는다. 그리스 신화에서 아프로디테(라티어로 비너스)는 사랑과 미의 여신이다. 그런데 그녀는 한낮 인간에 불과한 프시케에게 분노를 폭발시켰다. 프시케가 아름답다는 명성을 견딜 수 없었기 때문이다.

이 책을 읽고 있는 당신은 선조들이 상상조차 하기 어려운 많은 편리함이 있는 사회에 살고 있다고 우리는 조심스럽게 말하고 싶다. 불행히도 가능한 것에 대한 지식은 엄청나게 증가했다. 부자와 유명인의 생활방식은 텔레비전과 영화와 인터넷을 통해 매일 당신의 거실에 중계된다. 사회 비교와 경쟁에 대한 열망은 빠른 정보와 광고의 흐름 안에 형성되어 있고 남의 떡이 더 커 보이는 현실에 대한 당신의 관심은 커져간다.

인도의 외딴 마을에 아주 가난한 사람들이 산다. 이들은 생존에 필요한 음식도 충분치 않고 집은 허름한 자재로 만들어졌으며 위생시설과 전기도 부족하다. 그럼에도 불구하고 이곳의 사람들은 결혼식에서 서로를 능가하려고 애쓴다. 이들은 결혼식에 자신의 노후대비저축을 쓰면서도 제대로 된 음식과 보석이 준비되지 않으면 부끄러운 일이라고 생각한다. 인도 정부는 지참금 주는 것을 금지하고 결혼 잔치에 쓰는 돈을 제한하지만 법은 관습을 통제하지 못한다.

사회 비교의 대상은 움직이는 목표물들이다. 당신이 더 잘 사는 이웃이 있는 곳으로 이사하면 자신을 새로운 이웃과 비교하기 시작하고 덜 부유한 과거 이웃과의 비교는 흐릿해진다. 또다시 교훈은, 기대치가 증가한다면 당신이 현실을 개선한다고 해서 행복이 증가되지는 않는다는 것이다.

수도원의 수도승들은 자신들의 일상과 수도원의 의식에 몰두하고 물질적인 범주에서 다른 수도승과 자신을 비교할 가능성이 낮다. 그러나 그들도 성서에 대한 지식과 종교적 실천의 순수성에 대해서는 경쟁심을 느낄 수도 있다. 대다수 사람들은 획일적인 기대치를 가진 동질의 환경에서 살지 않는다. 우리는 삶을 풍요롭게 하고 즐거움을 향상시키는 취미와 오락에 대해 많은 선택권이 있다. 우리가 키우는 장미들을 즐겨야 한다. 그러나 우리의 장미를 이웃의 장미와 비교하기 시작하자마자 기쁨은 감소된다. 어떤 사람들은 이런 비교에 집착하게 되고 모든 대상에서 발생한 기쁨은 다른 사람의 소유물을 질투함으로써 줄어든다.

행복한 사람들은 자신이 받은 축복을 인정하고 자신이 가진 것에 감사한다. 우리에게는 삶을 정의할 능력이 있고 우리에게 기쁨을 주고 우리를 기분 좋게 하는 의미와 목적을 찾을 능력이 있다. 비교의 범위에는 물질적 소유물, 가정생활, 우정, 취미, 공공 서비스, 종교가 포함된다. 아담 스미스는 약간 과장해서 다음과 같이 말했다. "육체가 안락하고 정신이 평화로우면 모든 삶은 거의 수준이 같아지고, 고속도로 옆에서 햇볕을 쬐는 거지는 왕들이 싸워서 얻으려 한 안도감을 소유하고 있다."

수입이 보통인 사람은 물질적인 것을 더 적게 가졌을 수도 있다. 하지만 자기 삶의 장점에 초점을 맞추면 가정생활과 우정과 정원 가꾸기에 대한 관심을 즐길 수 있다. 그는 재산 관리에 부담을 가질 필요가 없고 재정적인 성공이나 재산에 대한 기대 때문에 친구들이 자신을 좋아할 거라는 걱정을 할 필요가 없다.

우리는 사물을 다른 사람들이 가진 것과 비교해서 얼마나 좋은지가 아니라 사물 그 자체를 즐기는 방법을 배워야 한다. 의료직이나 교직 같은 직업은 부의 습득이 아니라 여러 범위에서 그 사람이 이바지 한 일을 보는 것이 더 편하다. 비록 불만스러운 의사와 교사들이 많기는 하지만(이들이 비교의 관점으로 삶을 보기 때문에), 이들은 자신의 일이 고통을 줄이고 젊은 사람들을 성장시키는 것이라고 규정할 선택권을 가졌다. 어쨌든 일부 직업에서 돈은 성공의 척도가 된다. 우리의 삶은 다양한 관점을 가졌다. 직장에서 수많은 성공의 척도에 초점을 맞춘다 해도 삶에서 더 넓은 의미를 찾는 선택을 할 수 있다.

아이들이 좋은 교육을 받고 책임감 있는 어른이 되는 것을 보고 큰 기쁨을 얻는 사람들이 있다. 또 교회 모임에서 활동하며 그 집단에서 우정과 영적 충족감을 얻는 사람들이 있다. 열심히 독서를 하거나 하이킹이나 플라이 피싱을 즐기는 사람들이 있다. 요리 하기를 좋아하고 친구들과 푸짐한 음식을 먹으며 즐기는 사람들이 있다. 정원을 좋아하고 꽃과 채소를 키우며 휴식을 찾는 사람들도 있다. 우리는 자신에게 기쁨을 주고 마음에서 부정적인 감정을 없애 버리는 활동을 권한다. 따라서 사회 비교를 정복하려는 이 첫 번째 단계는 삶의 충만함을 다양한 차원에서 보기 시작하는 것이다. 행복은 재산이나 지위나 아름다움 같은 도달할 수 없는 기준을 통해서 달성할 수 있다는 광고의 외침에 현혹되지 말자.

고대의 지혜와 현대의 연구에 의하면 행복은 부와 명성으로 얻을 수 있는 게 아니다.

즐거움을 추구하며 행복을 찾던 솔로몬 왕은 이런 결론을 내렸다. "모든 것은 헛되며 영혼의 고통이다." 성경의 전도서 2장은 이렇게 솔로몬을 기록한다. "우리가 이 땅에서 보내는 짧은 시간 동안 우리를 위한 최선이 무엇인지 찾고 싶다. 그래서 와인을 마시며 행복하게 살기로 결심했……. 나는 집을 짓고 포도밭을 경작했……. 나는 노예를 소유했다……. 나는 다른 사람보다 더 많은 양과 염소를 가졌다……. 이국의 통치자들이 나에게 은과 금과 귀한 보물을 갖다 주었다. 남자와 여자가 나를 위해 노래했다. 나에게 대단한 즐거움을 주는 아내도 많다. 나는 예루살렘에서 사는 가장 유명한 사람이다." 솔로몬은 자신의 명성과 부에서 발생한 기쁨을 "그저 바람을 쫓아가는 것"이라고 요약했다.

근대의 연구에 따르면 행복은 부와 함께 증가하지만 이런 증가는 일정 수준의 소득을 넘어가면 미미하다. 솔로몬 왕은 이미 대단한 번영을 구가했고 자신의 세속적 추구로 기쁨을 추가로 얻지 못한 것은 당연하다. 그의 실망은 자신이 모든 욕망을 너무 쉽게 이루어서 생긴 것으로 보인다. 다행히 우리들은 솔로몬의 입장은 아니다. 우리에게는 성취하고자 하는 욕구와 필요한 것들이 있다. 이런 욕구를 달성하면 행복이 우리에게 온다. 더 높은 직무 만족도와 조화로운 가정생활과 이웃 및 친구들과의 원만한 관계를 위해 노력하면 행복은 증진된다. 만일 지니가 우리가 원하는 모든 것, 부와 명성과 사랑을 즉시 준다면 우리는 원하는 모든 것을 가지겠지만 성취감을 느끼지는 못할 것이다.

행복은 가득 찬 잔을 물려받는 것이 아니라 조금씩 잔을 채우려고 노력하는 것이다. 미국에는 많은 재산을 물려받는 행운에 감사하도록 가르치는 코치들이 있다. 부자들이 불행한 것은 지나치게 사회적 비교를 하기 때문이다. 아담 스미스가 다음과 같이 말했다. "부자들의 대다수가 향유하는 부유함이 그들 자신의 눈에는 그다지 완벽하게 보이지 않는다. 이들은 다른 사람들이 가지지 못한 그토록 엄청난 부를 소유하고 있는데도 말이다." 자동차 번호판 숫자 '1'을 소유하는 것이 어떤 사람들에게 삶의 우선순위가 되는 것이 놀라운 일은 아니다.

포만 정복

　포만을 크게 중립화 시키는 것이 두 가지 있다. 첫 번째는 다양성 또는 참신성이다. 반복은 우리의 감각을 둔화시키고 사물을 틀에 박힌 것으로 만든다. 박물관에서 하루를 즐긴 후 다음 날 같은 박물관에 가는 것은 좋은 생각이 아니다. 운동 경기를 보러 가거나 영화를 보러 가라. 두 번째는 시간이다. 한동안 기다린 후에 박물관에 다시 가면 신선한 느낌이 들고 보람이 있을 것이다. 물론 포만에 맞게 조절된 우리의 기본 방정식을 이용해서 각각의 소비와 가능한 모든 활동 사이의 최적의 시간 간격을 산출 할 수 있다. 자신의 본능을 이용해보라. 돈을 약간 절약하려고 박물관 5일 권 표를 사지 마라. 첫날에 박물관 전체를 보았을 가능성이 높고 5일 째는 다른 곳에 갔으면 하는 바람으로 박물관 안뜰의 벤치에 앉아 있을 것이다.

　많은 책들이 관계를 활성화하는 방법에 대한 조언을 담고 있다. 이 원칙은 단순하다. 일상적이고 단조로운 경험을 하지 마라. 『카마수트라』는 성의 미학에 대한 고대 인도의 안내책자다. 이 책은 바츠야야나가 베나레스(현재의 바라나시로 인도에서 가장 성스러운 도시)에서 신앙심 가득한 학생일 때 쓴 것이다. 『카마수트라』는 즐거운 삶의 행위를 다루는데 이 책의 2부는 남녀의 성에 초점을 맞추었고 가장 유명한 부분이다. 포옹과 키스와 성적인 체위에 대한 다양한 방법들이 쾌락 강화를 위한 방법으로 설명되어 있다. 고대 인도에서 예술 작품은 벗은 몸과 낭만적 주제, 성적 결합을 묘사한다. 가장 유명한 사례는 인도 중부에 있는 카주라호 사원에서 볼 수 있다. 카마수트라가 시작된 이 나라가 텔레비전과 영화에서 성이나 키스의 표현을 금기시하는 게 좀 이상할 따름이다.

아이들조차도 다양성과 참신함을 선호한다. 같은 장난감을 반복해서 보여주면 곧 무관심해지고, 배가 부르고 기저귀가 젖지 않았는데도 울기 시작한다. 아이가 지루하지 않고 관심을 원하지도 않는데 이유 없이 울 때 아이에게 거울을 보여주라. 아이들은 자기 자신을 보는 것을 좋아한다. 자신의 이미지가 아주 참신하게 보이기 때문이다. 아이들은 우는 얼굴(자신의 얼굴) 보는 것을 싫어하며 얼굴을 보면 보통 칭얼거림을 멈춘다.

우리는 점점 더 많은 흥분을 요구하거나 아무것도 즐겁지 않을 정도로 다양성과 참신함에 얽매여서는 안 된다. 오늘날 십대들에게는 터무니없이 다양한 오락거리(텔레비전, 컴퓨터, 휴대폰)가 있지만 결국 어느 것에도 집중하지 못하고 빨리 싫증낸다.

포만에 대응하는 한 가지 방법은 대상과 경험을 비슷하게 만들지 말고 다르게 만드는 것이다. 세계의 일부 지역과 일부 계절에 감자는 구하기 쉬운 음식 중 하나다. 라자스탄의 필라니에 있는 기숙사에 거주하는 학생들은 그 사실을 잘 안다. 일부 학생들은 매일 감자 먹는 것을 불평한다. 그러나 어떤 학생들은 준비된 각각의 감자를 별개의 것으로 여기고 매일 음식을 먹는다는 것에 감사한다. 감자는 다른 야채들과 수프로 제공되거나 건조된 형태로 제공되기도 한다. 즉 양념을 하거나 굽거나 튀기는 음식으로 제공된다. 그들은 다양한 감자를 먹는다. 작은 것에서 큰 것에 이르기까지 다양하다. 불평을 하는 학생들에게 감자는 그저 매일 괴로움을 주는 것이며 이미 오래 전 포만감을 안겨 주었다. 식사를 즐기는 학생들에게 매일 준비된 감자는 독특하고, 모양과 냄새와 맛이 매일 달랐다. 재구성을 이용해서 한 그룹은 포만을 억제하는 법을 배우고 매번 식사에서 더 많은 즐거움을 얻는다. 불평하는 그룹은 감자 먹는 것에 신물이 났기 때문에 감자로 만든 다양한 식사가 나와도 감사할 줄 몰랐다.

공교롭게도 우리가 사물과 삶에 더 넓고 깊은 관심을 가지면 다름에 더 많이 감사한다. 우리가 대상을 피상적인 방법으로 볼 때, 스스로를 만족시키기 위해 극적인 변화가 필요하다. 장미 한 송이는 봉우리 단계에서 만개할 때까지 놀라운 변화를 겪는다. 우리가 배우거나 더 자주 실천해야 할 일은 장미가 짧은 수명 내내 보여주는 모양과 색과 향기에 감사하는 습관이다. 만일 우리가 장미를 한 다발의 꽃으로 본다면 무미건조함과 지루함만 느껴질 것이다. 개별 장미는 매일 자신의 모양을 바꾸지만 한 다발의 장미는 변하지 않고 그대로 있기 때문이다.

우리에게는 하루하루를 희망과 경험으로 가득한 새로운 날로 여길 선택권이 있다. 또한 매일을 되풀이해서 같은 날로 다시 체험하는 성촉절로 여길 선택권이 있다.

자신의 끼니를 즐기고 한 입의 먹거리도 소중히 하는 사람들이 있다. 이들은 활기 넘치는 대화를 하며 먹고 마신다. 하는 일이 힘들었다고 해도 이들의 정신은 식사를 하는 동안 깨어 있다. 어떤 사람들은 음식을 자신의 위를 채우는 것으로만 취급한다. 이들은 음식의 향과 색과 맛에 관심이 없다. 이들은 포만감을 느끼고 연회나 축제가 있을 때만 감각이 깨어난다. 나머지 날은 평범한 일상이다. 이런 사람들을 위한 행복 진동기록은 낮은 정도의 순간행복을 보여줄 것이다. 모든 사람이 매일의 식사에서 즐거움을 찾을 거라고 기대하지는 못하지만 행복을 증가시키기 위해 정기적으로 자신이 하는 일에서 기쁨을 찾는 것은 도움이 된다. 당신은 독서, 우표 수집, 자전거 타기, 정원 가꾸기, 운동하기, 사람들 만나기를 좋아할 수도 있다. 어떤 것을 선택하던 간에 당신은 몇 가지 관심사를 배양해야 한다. 그리고 다양성과 참신함을 찾음으로써 당신이 선택한 활동을 즐겨라. 당신의 삶에 몇 가지 춤 동작도 배우라. 카마수트라는 축제, 사교 모임, 술자리, 소풍, 주사위 게임, 스포츠, 실내장식에 참가하라고 권한다.

버트런드 러셀은 『행복의 정복』에서 이런 말을 했다. "시골 길을 걷는 동안 눈에 보이는 것들에 대해 생각해보라. 어떤 사람은 새에 관심을 가지고 어떤 사람은 식물에 관심을 가지고 또 어떤 사람은 지질학에 관심을 가지고 또 다른 사람은 농업에 관심을 가진다. 어떤 것이 당신의 관심을 끌고 나머지는 똑같아 보인다면, 그 어떤 것은 흥미로운 것이다. 어떤 것에 흥미를 가진 사람은 아무것도 흥미가 없는 사람보다 세상에 더 적응력이 강하다." 포만의 정복은 세상을 거대한 놀이터로 여기는 것으로 시작된다. 이 놀이터는 극복할 새로운 도전을 제공하고 매일 경험할 새로운 모험을 제공한다.

우주의 중심

나르키소스는 너무 아름다워서 어여쁜 소녀들의 연모를 받았다. 하지만 그는 모두에게 냉담했고 누구에게도 관심이 없었다. 나르키소스가 한 소녀의 사랑을 거절하자 그 소녀는 신들에게 기도를 했고 신들이 소녀의 기도에 답했다. "다른 사람을 사랑하지 않는 나르키소스가 자기 자신만을 사랑하게 해주소서"가 소녀의 기도였다. 이후 나르키소스는 물에 비친 자신의 모습을 보고 사랑에 빠졌다. 그는 너무 집착해서 내내 연못에 몸을 기울여 자기 모습을 보다가 마침내 굶어 죽고 말았다.

우리는 모두 어느 정도는 자신에게 집착하고 있다. 사교 모임에서 대화를 하고 싶지 않을 때 그냥 사람들에게 여행이나 아이들에 대해 물어보라. 데일 카네기의 좋은 대화를 위한 비결은 다른 사람들이 스스로에 대해 털어 놓게 만드는 것이다. 듣는 것은 좋은 연습이기도 하다. 사람들은 자신에 대해 말하는 것을 좋아하기 때문에 당신은 긴장을 풀고 듣기만 하면 된다.

정치인이나 산업 지도자들이 스스로를 법보다 위에 있다고 생각해서 곤경에 빠지는 경우는 흔한 일이다. 이들은 자신의 매력, 명성 또는 힘에 너무 집착해서 자멸한다. 우리는 전설 속의 나르키소스처럼 극단적으로 스스로에게 집착하지 않고 히틀러처럼 권력에 취하지도 않았다. 우리 모두는 스스로의 사고를 재구성해서 다른 사람들과 우리 주변의 세상에 관심을 가질 필요가 있다.

세상과 연결하는 한 방법은 타인을 자신의 확장으로 생각하는 것이다. 힌두교와 불교 철학에는 환생에 대한 믿음이 있다. 그런 믿음을 가졌다면 사람들에게 화를 내서는 안 된다. 예를 들어 지난 생애에서 이 사람이 당신의 어머니였을 수도 있기 때문이다. 우리 자신에 대한 집착을 줄일 때 우리는 타인에 대한 존경을 발전시키고 질투를 감소시킨다. 결과적으로 부정적인 감정은 지속 시간과 강도가 감소되고 긍정적인 감정은 강화된다.

우리는 자신의 관심사를 지켜보아야 한다. 유명한 랍비 힐렐은 "내가 내 자신을 위하지 않는다면, 누가 나를 위할 것인가? 그리고 단지 나만

이 내 자신을 위한다면, 나는 뭐란 말인가?"라고 말했다. 따라서 나의 관심사를 지키는 것과 타인의 행복에 대한 관심 사이에는 균형이 있다. 이런 목표들 간에는 어떤 갈등도 없다. 빌 게이츠의 예를 들어 보자. 마이크로소프트의 회장인 그는 자신의 재정적 성공을 위해 일하지만 아프리카에서 고통 받는 사람들에게 깊은 관심을 가지고 있다. 워렌 버핏과 리차드 브랜슨은 훌륭한 사업가지만 대단한 박애주의자이기도 한다.

타인에 대해 동정심과 사랑을 가진 사람은 총 행복이 높고 다른 것들은 같다. 타인에 대한 동정심과 사랑을 발전시키기 위해 우리는 타인의 행복에 대한 진정한 관심을 발전시켜야 한다. 자신의 행복에만 전념하는 사람은 진정한 사랑을 가질 수 없다. 또한 사랑은 그 자체가 행복의 근원이며 다른 경험으로 실현된 행복을 강화하기도 한다. 스포츠, 산책, 일몰 보기는 당신이 사랑하는 사람과 함께 했을 때 더욱 즐겁다. 당신 자신을 우주의 중심처럼 느껴서는 안 된다. 당신은 70억 개의 점 중 하나이며 각 점은 특별하고 성스럽다.

자신의 인생을 이야기하다

인생은 우여곡절이 많다. 오늘 직장에서 스트레스 받고 교통은 끝없이 정체되었기 때문에 비참한 기분이 들 수도 있다. 하지만 내일은 친구들과 재미있게 저녁을 먹으면 기쁨과 만족을 느낄 것이다. 이전 장에서 이미 본 것처럼 우리 삶의 진동기록은 일반적으로 긍정적인 감정과 부정적인 감정이 매우 다양함을 보여준다.

인생은 장밋빛 낙원이 아니다. 우리에게는 손실을 회피할 수 있는 현실에 대한 통제력이 부족하다. 우리는 실망만 늘어놓는 '그 사람'일 수도 있는 사람을 만난다. 주차 위반 딱지를 받거나, 발목을 삐거나, 독감에 걸린다. 차가 고장 나거나, 컴퓨터가 작동하지 않거나, 자전거를 도둑맞기도 한다. 손실이 이익의 두 배가 된다면 어떻게 행복의 균형이 긍정적일 수 있을까?

우리가 제안하는 것은 일정 양의 손실에 대한 계획을 세우는 것이다. 예를 들어 겨울마다 독감에 걸리고, 십 년에 한 번 뼈가 부러진다고 생각하고, 주차 위반 딱지와 혹시 모를 손실에 대비해서 몇 백 달러 정도의 예산을 준비하자. 우리 중 일부는 실제로 이렇게 한다. 하지만 대부분은 이렇게 하지 않고도 여전히 행복을 유지한다. 이 사람들이 어떻게 행복을 유지하는 걸까?

해답은 감정의 무효화를 달성하기 위해 인생 이야기를 사용하는 것이다. 인생 이야기는 사물을 이해하기 위해 부정적인 사건을 긍정적인 사건과 연결하는 방법이다. 사건이 일어나면 사건은 몇 개의 이야기에 저장되고, 각 이야기는 우리 인생 이야기의 한 장이 된다. 긍정적 사건은 이야기를 증가시키고 부정적 사건은 이야기를 감소시킨다. 하지만 감정을 일으키는 것도 이야기이다. 이것이 순 균형인 것이다. 목표는 부정적인 사건을 유사한 크기의 긍정적인 사건과 연결시켜서 손실의 감정을 피하는 것이다. 수학적으로 이것이 바로 누적 재화가 작동하는 방식이다. 어떤 사람들은 이런 관련성을 만들고 일관된 인생 이야기 구축을 다른 사람들보다 더 잘한다.

여기 설명에 도움이 되는 사례가 있다. 올리버는 외국 유학을 위해 낸

신청서가 거부되었을 때 크게 실망한 것을 아직도 기억한다. 세상이 다 무너져 내리는 것 같은 느낌이 들었다. 그는 늘 미술사를 공부하기 위해 이탈리아로 가고 싶었다. 그는 결국 대학 3학년 내내 학교를 떠나지 못했다. 그러나 어려움 뒤에는 즐거움이 있는 법이다. 다음 학기에 그는 베로니카를 만났다. 그녀를 생각하면 손이 땀으로 축축하고 심장이 두근거렸다. 우리 모두 삶의 어떤 시점에 이런 경험을 한다. 두 사람은 바로 사랑에 빠졌고 얼마 되지 않아 결혼하기로 결정한다.

올리버는 몇 년이 지나 오래 전 기억을 회상하던 중 이탈리아가 그의 첫 번째 선택이었던 것이 기억났다. 만일 신청서가 거부되지 않았더라면 그는 인생의 사랑을 만나지 못했을 것이다.

순전히 논리적인 관점에서 보면 두 사건은 독립된 사건이다. 올리버가 이탈리아에서 유학을 했더라도 똑같이 멋진 여성을 만나 결혼할 기회가 생겼을 수도 있다. 그러나 올리버가 했던 방식을 고려하면 자신이 원했던 목적지에 가지 못해서 생긴 부정적인 감정이 무효화 되었다는 사실이다. 이제 그는 전체 이야기를 보면서 알게 되었다. 긍정적인 방식으로 우리 인생을 이야기 하면 개별적인 사건이 아니라 여러 사건의 합을 기반으로 한 감정이 유발된다. 감정이 모두 긍정적이면 감정들을 구분해서 고려하는 편이 낫다. 그러나 감정이 좋은 소식과 나쁜 소식의 혼합이면 함께 고려하는 편이 낫다. 그 결과 긍정적인 감정은 손실 회피가 생기기 전에 부정적인 감정을 무효화한다. 좋은 소식과 나쁜 소식의 평가를 위한 심리 서술이란 개념은 시카고 부스 경영대학원의 리차드 탈러 교수가 소개했다.

종교적인 사람들은 자신의 삶을 의미 있는 여정으로 여긴다. 이 여정에서 모든 행동은 중요하다. 종교적이지 않은 사람들은 의미 있는 삶을 살지 않는다는 뜻은 아니다. 하지만 종교적이지 않은 사람들은 어떤 식으로든 자신이 하는 일을 중요하게 보는 방법을 찾아야 한다.

수학자들은 흥미롭고 특이하고 괴짜들이라고 알려져 있다. 존 폰 노이만이 그런 인물이었다. 어떤 사람들은 그가 20세기의 가장 똑똑한 수학자라고 말한다. 어릴 때부터 천재인 그의 정확한 기억력은 너무 대단해서 거의 불가사의하게 느껴질 정도였다. 자신의 위대한 지성을 이용해서 그는 곧 전자 디지털 컴퓨터에 대한 선구적 개념으로 유명해졌다. 또한 수학적 논리와 양자 역학에 대한 그의 업적으로도 유명하다.

그의 업적은 미국 정부의 이목을 끌었고 그는 결국 원자 폭탄 개발을 위한 맨해튼 프로젝트에 참여하게 되었다. 그의 가장 큰 관심사는 게임 이론에 대한 것인데 프린스턴 대학에서 모임을 개최하면서 심취하기 시작했다. 자신이 아주 뛰어난 포커 플레이어는 아니란 사실을 깨달았을 때가 이때였다.

오십대 초반에 연구원이면서 컨설턴트로서의 그의 경력이 최고의 위치에 올랐을 때, 그는 전립선암이라는 진단을 받았다. 암은 이미 전이되어 뼈까지 번졌다. 그는 이 년 후에 사망했다. 이 시기 동안 그는 자신의 뛰어난 정신이 악화되고 있다는 사실을 받아들이지 못했다. 그는 밤이 되면 공포에 질려 통제할 수 없이 비명을 지른 것으로 알려졌다. 폰 노이만이 의심의 여지가 없는 뛰어난 지능을 가졌지만, 그것이 그의 고통을 멈추게 할 수는 없었다. 사실 그의 지능 때문에 그는 죽음에 대해 아주 가혹한 시각을 갖게 되었다.

폰 노이만의 현실과는 멀리 떨어져, 세상의 아주 다른 지역, 다른 시대에, 19살의 인도 소녀 바가와디가 살았다. 그녀는 겨우 일곱 살에 악성 뇌종양이란 진단을 받고 고통을 겪고 있었다. 올리버 색스는 『아내를 모자로 착각한 남자』라는 실화를 기반으로 한 책에서 그녀에 대한 이야기를 실었다. 그녀가 자라는 동안 종양이 어떻게 차도를 보였는지, 그녀가 열여덟 살이 되었을 때 종양이 어떻게 다시 재발하고 측두엽으로 옮겨 갔는지에 대한 이야기다. 그녀의 상태가 악화됨에도 불구하고 그녀의 눈은 미약하게나마 항상 반짝였고 얼굴에는 부드러운 미소가 떠나지 않았다.

그녀는 종양이 커가면서 깊고 생생한 꿈같은 몽롱한 상태에서 어린 시절을 다시 되살리기 시작했다. 그녀는 자신이 살던 마을과 주변 풍경, 친숙한 경관, 그녀와 가까운 사람들의 얼굴을 기억했다. 그녀의 삶의 시간이 흘러가는 때에 이런 기억들은 그녀에게 스트레스와 슬픔을 주지 않고 위안을 주었다. 그 순간에 그녀가 가진 모든 것은 기억이었고, 그것이 그녀를 행복하게 만들었으며, 삶의 마지막에 직면한 그녀를 정말 평화롭게 해주었다.

"나는 죽어가고 있어요. 집으로 가고 있어요. 내가 왔던 곳으로 돌아가요. 선생님은 이걸 귀환이라고 하겠죠." 그녀는 죽기 직전에 올리버 색스에게 이렇게 말했다.

두 이야기의 대조는 어떻게 가장 어려운 상황에서도 행복한 정신 상태가 가능한지 보여준다. 정말 행복은 마음속에 존재한다. 이 이야기는 또한 행복을 통제하는 것이 얼마나 애매하고 어려운지 보여준다. 불교 승려와 기타 종교 신자가 마음속에 행복한 피난처를 만들기 위해 훈련을 하는데 몇 년이 걸린다. 그럼에도 불구하고 몇몇 사람들은 변하는 외부 상황(돈을 벌고 물건을 사고 과시하는)이 우리를 더 행복하게 만든다고 확신하는 것 같다.

행복이라는 심리적 상태는 충족되지 않는 욕구를 더 이상 갈구하지 않아야 생긴다. 그렇지만 우리에게는 자신이 가진 게 얼마나 되는지와 상관없이 욕구를 만들어 내는 성향이 있다. 행복을 꽃피우려면 하늘은 구름 사이로 햇살이 내리쬐고, 잔은 반이나 차 있다는 생각을 가져야 한다. 그러면 우리의 삶은 크게 번영한다.

행복의 작동

매일 적어도 하나의 경험을 부정적인 것에서 긍정적인 것으로 재구성하라. 예를 들어 기다리고 있었던 택배가 아직 도착하지 않았다면, 화를 내기 보다는 그 택배가 전국을 가로질러 또는 세계를 가로질러 이렇게 빨리 여행할 수 있는 게 얼마나 놀라운 일인지에 초점을 맞추라.

헌법은 국민들에게 행복 추구의 권리를 부여할 뿐이다. 행복을 잡는 것은 스스로 해야 한다.
- 벤자민 프랭클린

　사람들이 참여할 수 있는 많은 활동과 살 수 있는 수 천 가지의 상품
에 대해 생각해보라. 이런 기회들을 어떻게 감정과 느낌과 궁극적인 행
복으로 바꿀 것인가?

　우리는 긍정적 순간행복과 부정적 순간행복의 총합이 행복이라고 주
장한다. 즐거운 감정은 긍정적인 순간행복(매력적인 남성 또는 여성으로부터 관심의 눈
길을 받거나 더운 날 아이스크림을 먹는 것)으로 이어지는 반면 부정적인 감정(직장 상사로
부터 질책을 듣는다)은 부정적인 순간행복으로 이어진다. 우리는 대부분의 감
정을 지배하는 일련의 일반적인 법칙을 제시했다. 이 법칙을 근간으로
우리는 행복의 기본 방정식을 만들었다.

현실의 S곡선 - 변하는 기대치 = 행복

이 방정식에 따르면 행복은 당신이 원하는 것(기대치)에 비례해서 당신이 얻는(현실) 것이 무엇인지에 달렸다. 행복의 S곡선은 손실회피, 감성 감소, 포만을 설명한다. 우리는 기대치가 변하는 세 가지 방식을 제시했다. 사회 비교, 적응, 그리고 재구성이다.

기대치 변화는 다른 사람들이 가진 것, 내가 과거에 가졌던 것, 내가 비교하는 것에 달렸다.

행복의 기본 방정식은 동일하지만 이 방정식을 적용하는 방법은 여러 가지다. 우리는 재화를 다섯 가지 유형으로 구분했다. 각각의 재화에 있어 행복의 기본 방정식을 약간 다른 방식으로 적용한다. 여기 재화의 다섯 가지 유형에 대한 목록이 있으며 행복을 만드는 신뢰도 측면에서 구분되었다(가장 신뢰도가 높은 곳에서 낮은 곳으로).

1. 기본 재화: 기본 재화와 활동은 신체와 마음과 정신의 욕구를 만족시키는 것이며 기대치가 변하지 않는 것들이다. 일정한 속도로 소비할 때 현실과 기대치는 직선이 되며, 현실과 기대치 사이에 행복(또는 불행)이란 격차가 남는다. 휴식, 음식, 주거지, 건강, 성, 우정, 안전은 모두 기본 재화들이다. 이런 것들은 확실한 행복을 제공한다. 만일 자산이 한정되어 있다면 이런 욕구를 먼저 충족해야 한다.

빈곤을 해소하고, 최소한 모든 사람들이 기본 욕구를 충족할 수 있는 세상을 만드는 것이 이념과 종교를 초월한 확고하고 가치 있는 우리의 목표다. 현대 사회에서 상당한 비율의 인구가 자신의 기본 욕구를 최소한 충족시킨다. 일단 이 정도 충족에 도달하면 추가로 기본재화에 자원을 쏟아 붓는 것은 포만 효과로 인하여 금전적으로나 시간적으로 볼 때 비효율적이다. 자원을 다른 유형의 재화로 분산시키면 행복을 증가시킬 수 있다.

2. 재구성 활동: 재구성 활동은 우리의 현실 인식 방식을 수정하고 기대치를 완화시킨다. 현실은 다양한 방식을 통해 볼 수 있다. 재구성으로 인해 동일한 현실을 새로운 견해로 볼 수 있고, 더 넓게 비교할 수 있고, 자신이 소유한 것에서 분리될 수 있다. 따라서 적응과 손실의 두려움을 경감시킬 수 있다. 재구성 활동으로 행복이 돌아오는 것은 확실하다. 따라서 재구성 활동은 기본 재화만큼 확고하다. 그러나 재구성에는 시간과 노력이 필요하다. 기본 재화와 마찬가지로 수익률이 감소되면 어떤 지점까지만 재구성을 추구하는 것이 최선이다.

3. 누적 재화: 누적 재화와 누적 활동은 현실을 양동이에 저장한다고 인식하는 것들이다. 일정한 비율로 소비될 때 현실과 기대치는 동시에 증가하는 두 직선이 되며 이 둘 사이에는 행복이란 공간이 남는다. 목표를 향해 전진하고, 우리가 깨닫지 못하는 이유에 도움이 되고, 기술을 배우고, 관계를 발전시키는 것은 서서히 양동이를 채워서 행복해지는 방법들이다.

칙센트미하이가 발견한 바에 의하면 기본 재화가 충족되는 세상에서 목표 달성을 위한 활동에 참여하는 것이 행복 방정식을 푸는 방법이다.

양동이가 파손되지 않으면 누적 재화는 기본 재화로서의 역할을 한다. 그러나 안전한 것은 거의 없다. 장기적 관계가 깨어지고 사랑하는 사람이 병이 나거나 사망하고 대기업이 파산하고 신뢰가 깨지기도 한다. 가득 채워지는 동안 행복을 제공했던 양동이는 비워질 수 있다. 이것이 삶의 본질이다. 이런 이유로 누적 재화에서 많은 행복을 얻을 수 있다고 하더라도 누적 재화의 상실로 많은 불행이 생길 수도 있다.

4. 적응 재화: 대부분의 재화와 활동은 적응적이고, 이는 기대치가 현실에 따라 변하고 우리가 이 변화를 당연시하기 시작한다는 것을 의미한다. 적응 재화가 일정한 비율로 소비되면 행복은 잠시 동안 증가하지만 곧 제로가 된다. 따라서 행복 기본 방정식은 우리에게 행복이 달성하기 힘든 목표임을 알려준다. 소비 사회가 제공하는 대부분의 물질 재화와 위안과 기술적 이점은 적응적이다. 기준을 따라 잡고 행복이 감소할 때까지 현실의 증가는 행복의 즉각적인 증가를 가져온다. 그래서 우리는 현명하게 기대치를 유지하기 위해 '적은 것에서 많은 것으로' 라는 비결을 제시하고 기대치의 통제할 수 없는 상승을 피한다. '적은 것에서 많은 것으로' 방식은 적응 재화를 소비하면 지속적인 행복의 흐름을 만들어내고 이는 기본 재화 및 누적 재화와 관련된 것과 유사하다.

적응 재화는 비용을 감당할 수 없는 경우에는 위험하다. 이 재화는 아주 현명하게 관리되어야 하기 때문에 기본 재화와 누적 재화와 재구성 보다 행복 창출에서 신뢰가 떨어진다.

5. 사회 비교: 사회 비교 재화는 타인을 모방하기 위해 구입하거나 타인 앞에서 좋아 보이기 위해 구입하는 재화다. 우리는 자신과 타인의 비교에서 벗어날 수 없다. 타인은 중요한 기준이 되기 때문이다. 긍정적인 사회 비교는 행복을 창출하지만 부정적인 사회 비교는 불행을 창출한다. 하지만 우리는 비교의 뿌리를 완전히 제어 하지 못한다. 그래서 타인의 생활방식은 움직이는 과녁이다. 이 과녁은 행복의 근원으로서 전적으로 우리의 통제에서 벗어나 있다. 자신의 행복을 극대화하기 위해서 잘 어울리고 존경의 태도를 중시하는 사교 단체를 선택하고, 과시를 피해야 한다.

재화와 활동의 다섯 가지 분류는 '기본 정서 심리학'을 기초로 한다. 이 분류는 수학적으로 적용할 수 있도록 만들어졌다. 행복의 여섯 가지 법칙이 지적한 것처럼, 이 분류는 우리가 자원을 각 유형별 재화에 쏟으면 행복이 돌아올 것을 예상할 수 있다고 알려준다.

휴가 같은 복잡한 경험은 다섯 가지 유형의 요소를 다 포함할 수도 있다. 휴가는 행복에 기여하는 기본 요소를 가진다. 즉 휴식, 좋은 음식, 심리적 평화다. 그러나 휴가에는 적응적 요소가 있다. 안락한 호텔, 우리가 빌린 차의 장치, 기타 사치품이다. 이런 요소는 이것들이 우리의 기대치보다 나을 경우에만 행복을 증가시킬 것이다.

휴가는 또한 행복에 영향을 미치는 사회 비교와 관련이 있다. 이 휴가가 타인에게 어떻게 보일 것인가? 내가 그들에게 말하면 그들은 어떻게 반응할까? 여기서 타인은 당신이 휴가를 떠난 장소에 별로 신경 쓰지 않는다는 것을 기억하라, 하지만 당신이 호의를 가지고 비교하면 더 행복감을 느낄 것이다.

휴가는 또한 누적 요소를 가진다. 휴가는 타인과의 관계를 향상시키는 데 확실히 도움이 되고 사랑과 우정이란 비축물을 증가시킬 것이다. 만일 그 휴가의 계획이 유네스코 세계문화유산 목록에 나온 유적지 답사의 일환이라면, '방문할 장소'라는 양동이를 채우는 데 기여할 것이다.

마지막으로 어떤 유형의 휴가는 우리의 삶을 재구성하는데 도움이 될 것이다. 우리의 특권적 입장을 당연하게 여겨지는 필수품도 부족한 사람들의 입장과 비교하기 때문이다.

이 다섯 가지 유형의 재화는 행복을 최대화하기 위해 특정한 방법으로 적용할 필요가 있다. 이 소비사회에서 합리적인 사람은 높고 일정한 수준의 기본 재화와 활동(사회관계, 음식, 휴식)을 선택해서 행복을 찾을 수 있다. 또한 어떤 습관을 언제 시작할지 조심스럽게 선택해서 행복을 찾을 수 있다. 예를 들어 추가 비용을 감당할 시간과 돈이 있을 때만 비싼 식당에 가는 습관을 들일 것을 명심하라. 그 습관을 들이기로 했다면, 명심해서 그 습관을 잘 다루고 항상 적은 것에서 많은 것으로 가는 계획을 세우라.

덧붙이자면, 왜 사회 비교의 '올바른 연못'을 택하지 않는가? 비교에 관한 한 당신이 장점을 가진 측면에 초점을 맞추라. 그런 다음, 당신이 참여한 활동이 안정적인 관계, 장기적 목표, 학습 경험, 수집할 가치가 있는 물건 등의 형태로 저장되는지 확인하라. 도전과제를 찾고 삶의 목표를 정하고 개인적 성장 감각을 키워라. 또는 지속되는 계획과 임무에 기여해서 자신의 활동을 저장하라.

끝으로 재구성 활동에 일정한 시간을 써라. 불교 승려 마티유 리카르가 설명한 것처럼, "우리는 교육을 받기 위해 많은 시간을 기꺼이 투자한다. 우리는 조깅과 신체 단련과 아름다움을 유지하는 모든 종류의 운동을 좋아한다. 하지만 우리는 놀랍게도 가장 중요한 것을 돌보는 데는 거의 시간을 할애하지 않는다. 바로 우리 정신이 작동하는 방식이다. 이것은 우리 경험의 우수함을 결정하는 최상의 방식이다."

우리의 기본 방정식을 최적화 하면, 재화가 더 적응적일수록 적응 속도는 더 빨라지기 때문에, 소비를 미루어 더 늦게 시작해야 한다는 사실을 알게 된다. 적응 속도가 너무 빠르면 우리는 욕구충족을 다 거르고 싶을 수도 있다. 반대로 적응 속도를 낮추어서 제로에 가까워질수록 우리는 기본 재화를 찾는다. 재화가 덜 적응적 일수록 시간이 지나도 최적 소비율은 덜 상승한다. 적응 속도가 제로일 때 최적 소비율은 시간이 지나면서 일정해진다. 쉽지 않은가? 재구성에 소비되는 누적 재화와 시간은 기본 재화와 거의 동일하게 작동한다. 최적의 소비 비율은 시간이 지나도 일정하다.

과시 재화는 다른 사람들이 비교의 근거를 밝히는 것만 제외하면 기본 재화와 같다. 이 경우 과시 재화에 대한 최적의 소비 비율은 우리의 소비와 이웃의 소비 사이의 일정한 간격을 유지하는 것이다. 그러나 이웃이 당신 보다 훨씬 더 돈이 많다면 문제가 있긴 하다.

다시 말하면 적응 재화의 최적 소비율은 증가하고 있다. 기본 재화와 누적 재화와 재구성 활동의 최적 소비는 시간이 경과해도 꽤 일정하다. 과시 재화의 최적 소비는 이웃에 대해 일정한 거리를 유지하는 것이다.

당신은 어떤 종류의 재화가 자신의 삶에서 일반적인지 신중하게 선택해야 한다. 재화가 다르면 적응력도 다르기 때문에, 얼마나 많은 행복을 획득할 것인지 재화에 따라 크게 달라질 수 있다. 당신은 더 많은 시간과 자원을 쾌락적 적응과 사회적 비교가 덜 중요한 재화와 경험에 할당함으로써 행복을 극대화 할 수 있다.

예측과 회상에서 생기는 많은 행복은 휴가에 대한 기대와 추억을 만든 몇 가지 특별한 일을 해서 얻을 수 있다. 또한 한 휴가와 다음 휴가 사이의 간격 두기가 즐거움을 강화할 정도로 충분히 길어야 한다는 것을 명심하면 행복을 획득할 수 있다.

또한 참신함과 다양성을 추구하면 삶에 약간의 양념을 더할 수 있다. 소비 중간에 시간을 가지면 포만 때문에 생기는 감각 마비에 대항하는 데 도움이 된다. 삶의 중요한 사건 사이에 넓은 간격을 두는 것으로 행복

을 향상 시킬 수 있다. 당신은 각 사건의 기대와 추억을 충분히 즐기고
포만을 피할 수 있다.

감정의 다양화

알다시피 불교 승려들은 명상과 영적 수행을 통해 감정을 통제하는
것으로 알려져 있다. 그들은 실제로 행복하다. 불교의 수행에서 욕망은
고통의 근원으로 인식되기에 통제해야 하는 것이다. 그러면 우리는 승
려가 되어 모든 시간을 재구성에 쏟아야 하나? 우리는 이런 과격한 견해
를 제안하는 게 아니다. 그보다는 확실한 수행이 우리의 기대치를 낮추
고 삶에 대해 더 나은 시각을 가지도록 만든다고 생각한다면 이런 수행
에 시간을 쏟는 것이 최선일 수도 있다는 것이다.

영적 수행에는 수련과 시간이 필요하다. 우리의 수학적 모델에 이런
활동에 쏟는 시간을 통해 기대치의 상승을 효과적으로 통제할 수 있다
는 가능성을 추가한다. 그 결과는 개인적 향상과 영적 수행에 쏟아야 할
최적의 시간이 존재한다는 것이다. 그러나 우리가 승려처럼 행동하고 너
무나 많은 시간을 자기반성에 사용한다면 우리는 일과 가족과 사회생활
을 돌보지 않게 될 것이다. 어떤 사람들은 영적 수행을 위한 최적의 시
간을 할애해서 매년 은둔 생활을 하는데 이런 은둔 생활이 여러 날 동안
계속되기도 한다.

다섯 가지 유형의 재화는 행복에 도달하기 위한 타당한 방법이다. 하
지만 우리가 시작하는 각각의 재화와 활동 때문에 자산(돈, 시간, 집중)은 줄

어들 수밖에 없다. 따라서 다양한 재화와 활동에서 행복을 쌓고 다각화하는 것이 최선이다.

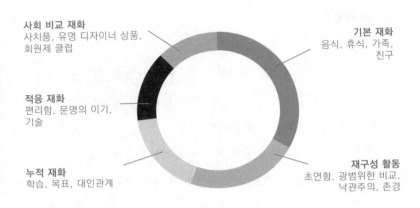

사회 비교 재화
사치품, 유명 디자이너 상품,
회원제 클럽

기본 재화
음식, 휴식, 가족,
친구

적응 재화
편리함, 문명의 이기,
기술

재구성 활동
초연함, 광범위한 비교,
낙관주의, 존경

누적 재화
학습, 목표, 대인관계

도표6. 삶의 균형 차크라

돈과 시간이 부족하다면 우리가 해야 할 현명한 행동은 우리가 참여하는 재화와 활동을 신중하게 선택하는 것이다. 다섯 개의 다른 유형의 재화가 작동하는 방법과 장점과 단점과 위험을 이해하기만 한다면 이 재화는 모두 원칙적으로 타당하다. 사실 이익 감소의 원칙 때문에 다섯 가지 유형의 재화를 동시에 추구해야 한다.

금융 투자에서 다각화의 장점은 잘 알려져 있다. 감정 투자도 다르지 않다. 우리는 총 행복의 극대화를 이루기 위해 적절한 삶의 균형을 이룰 필요가 있다. 예를 들어 우리의 자원(시간, 집중, 돈)을 다 직장 생활이란 하나의 목표에 집중하고 개인 생활을 등한시해서는 안 된다. 확실한 것은 아무것도 없다. 모든 노력을 직장 생활에 쏟아 부었는데 승진하지 못하거나 발전시키려고 노력한 회사가 파산한다면 이 노력은 허사가 된다.

삶의 균형 차크라(표6)는 조화와 행복을 달성하기 위한 재화와 활동의 다섯 가지 범주의 균형을 보여준다. 전체의 크기는 100%이며 총 시간 자원을 나타낸다. 전체는 다섯 부분으로 나뉘고 제각기 기본 재화, 재구성, 누적 재화, 적응 재화, 사회 비교 재화 및 활동에 쓰이는 시간에 해당한다. 돈으로도 유사한 표를 만들 수 있다. 다섯 가지 유형의 재화를 각 부문에 할당된 예산의 비율을 표시하는 것이다.

차크라에서 주목해야 할 중요한 것이 두 가지 있다. 먼저 당신이 일에 쏟는 시간을 늘리면, 다른 부분(가족과 친구와 휴식 또는 재구성 활동을 위해 남은 시간)이 희생하게 된다. 두 번째, 차크라의 다른 부분에 대한 자원(시간, 돈, 집중)의 상대적 할당은 우리의 상황에 따라 끊임없이 변할 것이다. 육아를 예로 들어보자. 신생아는 부모로부터 많은 시간과 관심을 필요로 한다. 아기가 성장함에 따라 우선순위는 변하지만 당신은 여전히 숙제와 운동을 도와줄 시간을 내야 한다. 아이들이 성장하고 떠나서 홀로 남는다면 그림 그리기를 새 취미로 배우거나 예전에 미루었던 까다로운 일을 시작할 수도 있을 것이다.

우리는 한 설문조사에서 참가자들에게 일을 제외한 다양한 활동에 시간을 얼마나 쓰는지 추정해보라고 물었다. 여러 다른 활동에 쓰는 평균 시간을 알면 유용하다. 참가자들은 가용 시간의 33%을 가족을 위해 사용하고, 여가 활동에 20%, 친구들에게 15%, 목표 달성을 위해 15%, 자기 발전에 10%, 그리고 나머지 7%는 다른 사람들을 돕는데 쓴다고 응답했다.

현재주의 상태의 인생 차크라

복권 당첨자가 더 행복하지 않을 수도 있지만 연구 결과에 따르면 대부분의 사람들은 복권 당첨이 우리를 영원히 행복하게 할 것이라고 믿는다. 현재주의 법칙의 직접적인 결과에 의하면 우리의 부가 커짐에 따라 기대치 수준도 상승한다는 사실을 우리는 정확하게 예상하지 못한다. 기대치는 두 가지 이유로 커진다. 먼저 우리는 더 높은 수준의 삶에 익숙해진다. 더 큰 집, 더 비싼 차, 더 좋은 호텔 말이다. 두 번째 우리의 사회 비교 수준도 상승한다. 우리가 이 모든 것을 예견한다면 증가한 재산을 신중한 방법으로 사용할 것이고, 기대치 수준 상승을 온전히 설명할 것이다. 현재주의 때문에 우리는 기대 수준이 증가하는 것을 예견하지 못하고 가능하면 빨리, 가능하면 많이 지출하는 것이 행복을 극대화하는 것이라고 생각한다.

왜 우리는 돈이 더 많으면 실제로 그런 것보다 훨씬 더 많은 행복을 가져다 줄 수 있다고 믿는 걸까? 우리는 지금 가상의 사례를 사용해서 현재주의 법칙이 어떻게 이 수수께끼를 설명하는지 보여주겠다.

대부분의 사람들은 직장에서 시간을 보내고 시간당 급여를 계산해서 돈을 받는다. 그래서 시간으로 돈을 산다. 또한 시간으로 직접 행복을 살 수 있다. 즉 가족이나 친구들과 시간을 보내고, 휴식하고 목표를 추구하고 개인적 발전을 도모하고 다른 사람들을 돕는 것으로 시간을 쓰는 활동에 참여하면 되는 것이다.

아담이 매년 흰색 칩과 노란색 칩을 선택할 수 있다고 치자. 흰색과 노란색 칩의 총 개수는 100개다. 예산 100은 아담의 총 시간을 나타낸다. 사용 가능한 시간은 직장을 위한 시간과 개인 생활을 위한 시간으로 나누어지고, 직장은 흰색 칩, 개인 생활은 노란색 칩이다. 예를 들어 아담이 30개의 흰색 칩과 70개의 노란색 칩을 선택하면 아담은 30%의 시간은 일을 해야 하고 남은 70%의 시간은 개인 생활을 한다. 각각의 흰색 칩으로 아담은 세상의 재화와 서비스를 살 수 있다. 흰색 칩 한 개를 돈으로 환산하면 1,000달러라고 하자. 아담은 재화 구매(흰색 칩)로 행복을 얻고 또한 재미있는 활동(노란 칩)에 시간을 사용해서 행복을 얻는다.

아담은 행복에 필요한 중요한 것들을 시간으로 구입할 수 있다. 실제로 아일랜드 왕립외과대학의 학자들은 위독한 환자들의 반성적 사고를 조사했다. 학자들의 관찰에 따르면 대부분의 환자들은 자신의 삶을 되돌아 볼 때 그들이 한 일을 후회하는 게 아니라 시간이 없어서 못한 일이나 할 시간을 갖지 못한 것을 후회했다.

처음에 아담은 30개의 흰색 칩을 선택했다. 그래서 그는 시간의 30%는 일을 하고 3만 달러의 소모성 소득을 얻었다. 그는 스쿠터를 사고 집세를 내고 음식을 샀으며 휴가와 오락 활동을 위해 사용했다. 아담은 행복하다. 다음 해에 아담은 다시 흰색 칩과 노란 색 칩을 선택할 수 있다. 아담은 이제 오토바이와 더 좋은 컴퓨터와 더 강력한 스피커를 갖고 싶다. 그는 더 많은 흰색 칩이 필요하다. 그래서 그는 35개의 흰색 칩과 65개의 노란 색 칩을 선택했다. 이제 그는 좀 더 열심히 일하고 개인적 생활을 위한 시간은 좀 줄었다. 하지만 아담은 행복하다. 그가 구매한 것들 때문에 즐겁기 때문이다. 매 해가 지날수록 아담의 기대치는 가파르게 상승한다. 그는 더 많은 강력하고 첨단 유행을 달리는 오토바이를 원하고 고급 주택가에서 살고 싶다. 그런 다음 아담은 50개의 흰색 칩과 50개의 노란 색 칩을 선택한다. 그는 시간의 50%는 일을 하고 개인적 생활을 위한 시간을 더 줄었다. 아담은 여전히 행복하다. 하지만 여가와 휴식을 위한 시간이 부족해 약간 압박감을 느낀다. 마침내 아담은 60개의 흰색 칩과 40개의 노란 색 칩을 선택하고 만다. 아담은 이제 개인적 생활을 위한 시간은 아주 짧고 직장생활이 시간의 더 큰 부분을 차지한다. 그는 이제 자신의 삶은 균형이 맞지 않는다고 느끼지만 생활방식을 바꿀수가 없다. 더 높은 삶의 수준을 유지해야 하기 때문인데 여기에는 골프장 회원권과 해변가 주택 소유권이 포함된다.

아담은 다음의 규칙을 사용했기 때문에 자신이 곤경에 처하게 되었다.

미래의 현실 - 현재의 기대치 = 예상한 행복

아담은 새 물건 구매가 행복을 가져다 줄 것이라고 생각했다. 알다시피 그의 기대치도 상승했다. 실제 결과는 새로 물건을 살 때마다 행복이 증가했으나 오래가지는 못했다.

왜 아담은 알지 못할까? 자꾸 사치를 하면 지속적으로 오래 유지되는 즐거움이 생길 것이라고 잘못 생각했을 가능성이 있다. 아담은 자신이 생각한 것보다 더 빨리 최신형의 오토바이에 적응할 것이라는 사실을 알지 못했다. 컴퓨터에 아담이 선호하는 것들을 입력한다고 가정하자. 다만 이 규칙을 지금 사용한다.

미래 현실 - 미래 기대치 = 실제 행복

컴퓨터와 현재 다루고 있는 올바른 규칙에 따르면 아담은 시간이 지나도 여전히 더 많은 하얀 칩을 선택하지만 증가 속도는 느려질 것이다. 최적의 배분에 의하면 아담이 실제 행복이 줄어들어 곤경에 빠졌다는 것을 모르는 상황은 아닐 것이다. 사실 그는 기간별 총 행복은 시간이 지나면서 서서히 증가할 것이란 사실을 깨달았다.

우리가 제시한 딜레마는 현재주의로 인해 우리가 기본 재화를 희생하면서 지나치게 더 많은 적응 재화를 사게 된다는 점을 보여준다. 더 일반적인 질문이 있다. 현재주의가 우리 삶의 균형 차크라에 미치는 영향은 무엇인가? 다섯 가지 유형의 재화와 활동을 하나씩 살펴보기로 하자.

1. 기본 재화: 기본 재화에서 생기는 행복은 정확하게 예측할 수 있다. 기대치가 변하지 않는다는 신념이 이 경우에는 공교롭게도 옳기 때문이다. 예를 들어 오랜 도보여행 후에 하는 따뜻한 목욕이 지금처럼 앞으로도 만족스러울 것이라고 기대한다면 그건 맞다.

2. 재구성 활동: 기대치가 변하지 않을 것이라고 믿는다면 왜 이 기대치를 누그러뜨리기 위해 시간을 쓰는가? 삶의 다른 관점이 가능하다는 상상이 안 된다면, 왜 새로운 견해를 습득하느라 시간을 쓰는가? 현재주의로 인해 내면의 자아 육성에 들이는 노력의 결과를 현재는 쉽게 알 수 없기에 행복을 예측할 수 없게 될 것이다.

3. 누적 재화: 이상하게도 현재주의로 인해 우리는 행복을 누적 활동으로 과대 예측하고 누적 활동에 탐닉하게 된다. 기대치가 변하지 않는다고 생각

한다면 누적 현실이 우리에게 많은 행복을 주어야만 한다. 그럴 것이다. 하지만 기대치 역시 변하고 우리는 예상보다 좀 적은 행복을 가지게 될 것이다. 누적 활동이 신뢰할 만한 행복의 원천이지만 우리는 인생을 즐기는 것과는 반대로 계획과 목표를 추구하고 기술을 배우는 것에 너무 많은 시간을 소모한다.

4. 적응 재화: 현재주의가 가장 많은 타격을 입히는 것이다. 현재주의로 인해 우리는 적응을 과소평가하고 적응 재화를 기본 재화로 인식한다. 예를 들어 당신은 새 아이폰이 출시될 때까지 기다리지 못한다. 하지만 몇 달 동안 아이폰을 사용한 후에는 아이폰을 현재 가진 휴대폰에 대해 느끼는 것과 같은 방식으로 느끼게 될 것이다. 우리는 항상 적응 재화에서 생기는 행복을 과대 예측한다.

5. 사회 비교 재화: 현재주의로 인해 우리는 명성과 특권과 권력이 행복 진동기록에 끝없는 추진력을 제공할 것이라고 믿고 이런 것들이 부족하면 끝없는 불행이 제공될 것이라고 믿는다. 실제로 사회 환경은 예상보다 변화할 가능성이 많다. 즉 가족과 친구들이 사업에서 성공하거나 실패할 수 있고, 명성은 있다가도 없어지고, 상황은 변한다. 현재주의로 인해 우리는 사회비교에서 발생한 행복이나 불행이 알려진 것보다 더 안정적이라고 생각한다. 우리는 현재주의 때문에 치열한 경쟁을 예상하지 못한다. 즉 타인보다 더 잘 되려고 노력하면 타인도 우리가 무색할 정도로 열심히 노력할 것이다. 우리 중 한 사람이 행복에 대한 토의를 하는 중에, 한 부유한 청중이 다음과 같은 말을 했다. "사회 비교에 대해 당신이 한 말은 정말 맞는 말이오. 내 친구 하나가 페라리를 샀어요. 바로 그 다음에 내가 한 일이 애스턴 마틴을 사는 거였소." 현재주의로 인해 우리는 행복이 사회 비교 재화에서

생긴다고 과대 예측한다.

삶의 균형 차크라에서 행복이 과대 예측되는 재화 범주(누적재화, 적응재화, 사회 비교 재화)의 면적은 전보다 더 커질 것이다. 행복이 과소 예측되는 재구성 활동의 면적은 크게 감소한다. 마지막으로 우리가 행복을 정확하게 예측하는 기본 재화의 면적도 감소한다. 이는 시간과 돈이라는 제한된 자원이 기본재화와 재구성 활동에서 적응재화와 과시재화로 재구성되기 때문이다.

우리는 개인적 생활과 직장 생활의 조화로운 균형을 반영할 새로운 현실을 만들 용기를 가져야 한다. 신중하게 생활방식을 선택해야 한다. 현재주의 때문에 과로하게 될 것이고, 더 많은 급여를 위해 더 힘들고 스트레스 받는 일을 하는 경향이 생길 것이다. 워렌 버핏 조차도 잠시 멈추고 생활방식을 조정해서 매주 열두 시간 브리지 하기를 일상에 포함시켰다. 새로운 현실을 선택하면서 당신은 딸과 함께 매주 자전거를 타는 것 같은 이전에는 생각지도 못한 일을 할 수 있을 것이다.

설문조사에 우리는 사람들에게 어떤 요인이 행복을 끌어 올린다고 생각하는지 물었다. 가장 많이 언급된 요인은 돈이고 이어서 관계 호전, 일자리, 건강 순이었다.

연구원들이 알아낸 것에 의하면 돈이 실제로 단기적으로 행복을 증진시키지만 이 증진된 행복의 20%만이 장기적으로 남아있다. 현재주의 때문에 돈의 영향력을 피할 수 없으며 또한 균형이 없는 삶 차크라로 이어질 수도 있다.

행복의 작동

전자 캘린더나 일지를 사용해서 한 주 동안 각기 다른 활동을 하는 데 시간을 얼마나 쓰는지 기록하라. 이 활동들을 일, 가족, 친구, 휴식과 여가, 개인적 발전, 다른 사람들 돕기 등과 같은 범주로 분류하라. 이 작업이 완료되면 자신의 행복을 향상시키기 위해 어떤 활동에 더 많은 시간을 쓸 것인지 스스로에게 물어보라.

13장 ——————————— 더 행복한 삶 만들기

습관은 제2의 천성이다.
- 장 바티스트 라마르크

    벤자민 프랭클린은 어린 나이에 미덕을 실천해야 한다는 결심을 했다. 그는 일주일 동안 매일 하나씩 미덕(예를 들어, 절제)을 실천한다는 계획을 세웠다. 그는 자신이 부족하다고 느낄 때 메모를 하고 연습을 하면 시간이 지나면서 실천하지 않는 경우가 줄어들 것이라는 희망을 가졌다.

    우리는 유사한 접근법을 쓰지만 행복을 향상시키는 데 초점을 둔다. 당신은 먼저 더 행복한 삶을 선택, 즉 자신의 손에 달린 것임을 깨달아야 한다. 자신의 삶을 신중하게 검토하고 어떤 요인이 자신에게 중요한지 결정한다. 대부분의 사람들은 좋아하는 일자리, 경제적 안정, 건강, 성취감을 주는 관계를 원한다. 그러려면 자신에게 중요한 목표를 향해 전진하며 행동을 취해야 한다. 장기적으로 건강을 유지하고 싶다면 제대로 먹고 운동하는 것이 단지 구호로 끝나서는 안 된다. 더 건강한 생활방식을 위해 계획을 세우고, 그 계획에 일치하는 선택을 하고, 진행상황을 지켜본다. 노력과 결단력으로 제대로 먹고 운동하기는 습관이 되고 더 건강한 삶으로 나아갈 것이다. 궁극적인 목표, 즉 행복 달성을 위해 유사한 게임 계획을 고안해야 한다.

우리는 행복 법칙을 명심하고 벤자민 프랭클린의 체계를 적용할 것이다. 우리는 연습을 통해 당신이 더 행복한 삶을 구축하도록 돕는 행복의 열세 기둥을 찾았다.

바로 식사, 수면, 일, 관계, 취미, 크레센도, 사회 비교, 반 정도 채운 잔, 한 모금, 누적, 용서, 삶의 균형, 사랑하는 방법 배우기다.

열세 개의 가로 줄에 기둥을 표시하고, 세로 줄 일곱 칸에 요일을 표시한다. 이 시스템은 한 주에 하나의 특정 기둥에 초점을 맞춘다. 이 개념은 부정적인 감정이나 불행을 만드는 습관을 깨는 것이며 긍정적인 감정이나 행복을 만드는 습관을 체계화 하는 것이다. 한 번에 한 기둥에 초점을 맞춤으로써 그 기둥에 관심과 노력을 쏟을 수 있다.

뇌 연구원들의 발견에 따르면 우리에게 새로운 습관이 생기면 새 신경 연결 통로가 생긴다. 우리가 이 새 습관을 반복함에 따라, 신경 연결 통로는 강해지고 습관을 유지하는 것이 더 쉬워진다. 그래서 우리는 새 습관을 고수하고 삶의 일부로 자리 잡을 때까지 규칙적으로 반복해야 한다. 오래된 습관은 해마에서 받아들인다. 그래서 "오래된 습관은 고치기 힘들다"라는 속담이 생겼을 것이다.

한 주간 연습을 한 후에 당신은 다른 기둥으로 이동해서 새로운 기둥을 발전시키는 데 집중한다. 전 주에 연습한 기둥도 계속 주시해야 한다.

그러나 한 번에 한 기둥을 개선하는 데 관심을 집중해야 한다.

13주에 걸쳐 모든 기둥을 선택하고 연습하고 나면 다음 13주의 주기 동안의 개선을 위해 자신의 진행 상황과 해결책을 심사숙고 하라. 따라서 1년에 걸쳐 당신은 13개의 기둥을 모두 연습하고 네 번 순환할 것이다. 그러면 당신의 행복 수준은 향상되어 있을 것이다.

여기 13개의 기둥을 항목별로 구분하고 각 항목을 설명한 목록이 있다.

1. 식사: 평화롭게 하기, 감사를 표시하기, 과식과 과음을 피하고 친구들과 함께 식사하기

2. 수면: 편안한 침대에서 자고, 신선한 공기를 마시고, 고요한 정신을 함양하고, 수면 부족에서 벗어나기

3. 일: 출퇴근을 더욱 즐겁게 하기, 직장동료와의 관계를 개선하기, 자신이 하는 일과 더욱 가까워지기

4. 관계: 가족 및 친구들과의 관계 살피기, 나쁜 대화 피하기

5. 취미: 규칙적인 운동을 하고 음악이나 그림 그리기 같은 재미있는 활동 배우기

6. 크레센도: 검소하게 살기, 돈이 드는 일은 미루기, 제일 좋은 것은 마지막까지 아끼기

7. 사회 비교: 질투하기 않기, 겸손하기, 다른 사람들의 성공을 축하하기, 칭찬하고 공로를 인정하기

8. 반 정도 채운 잔: 재구성하기, 결점 받아들이기, 긍정적인 것을 강조하기

9. 한 모금: 간격을 두고 소비하기, 갈망 만들기, 다양한 관심사 기르기

10. 누적: 의미 만들기, 목표 정하기, 양동이 채우기

11. 용서: 분노 피하기, 화해 하기, 용서 구하기

12. 삶의 균형: 직장생활, 가족, 취미, 자기 계발에서 삶의 균형 찾기

13. 사랑하는 방법 배우기: 연민 실천하기, 영성 기르기, 타인을 돕기

즐거운 식사

첫 번째 기둥으로 시작하자. 식사 즐기기. 더 행복한 삶을 구축하는 수단으로 식사에 초점을 맞춘다는 것이 의아한 일일 수도 있다. 우리 이론에서 행복은 긍정적인 감정과 부정적인 감정의 총합이다. 긍정적인 감정을 키우기 위해 먼저 우리가 매일 하는 활동, 하루 동안 여러 번 하는 활동을 연습해야 한다. 먹는 일이 그런 활동 중 하나다. 많은 사람들이 서둘러 끼니를 때우기만 하고 평화로운 환경을 만들거나 식사를 즐기기 위한 적절한 정신 태도를 가지고 있지 않다. "둔해질 때까지 먹지 말고 취할 때까지 마시지 마라"는 벤자민 프랭클린의 훌륭한 충고다. 하지만 음식에 대한 긍정적 정신 태도를 키우는 데는 음식의 양보다 더 중요한 것이 있다. 바로 당신이 먹는 음식의 색과 향과 맛에 감사하는 법을 배우고 기회가 있을 때마다 친구나 가족들과 식사하며 즐거운 대화를 하라. 물론 비행기에 타야 하거나 회의에 참석하는 날이라면 식사를 서두르는 것 밖에 방법이 없다. 이럴 때 조차도 식사 경험을 즐기는 게 낫다.

하루에 세 끼를 먹는다고 하자. 한 주 동안 매일 긍정적인 감정을 가지고 즐겁게 경험한 매 끼니의 식사에 스스로 별을 부여하라. 완벽한 날에

는 세 개의 별을 부여한다. 첫 몇 날은 전혀 별을 부여하지 못할 수도 있다. 하지만 자신의 정신적 태도를 향상시키고 당신이 먹는 음식을 감사함에 따라 그 주의 끝에는 별 세 개를 채울 가능성이 있다(표2의 사례를 보라). 습관형성은 쉽지 않고 당신은 종종 슬며시 습관을 어길 수도 있다. 하지만 진전되고 있다면 괜찮다.

표2. 식사 기둥 기록하기

행복의 기둥	월	화	수	목	금	토	일
식사: 평화롭게 하기, 감사함을 표현하기, 과식과 과음 피하기, 친구들과 함께 식사하기							
1. 식사							
2. 수면							
3. 일							
4. 관계							
5. 취미							
6. 크레센도(점점 크게)							
7. 사회 비교							
8. 반 정도 채운 잔							
9. 한 모금							
10. 누적							
11. 용서							
12. 삶의 균형							
13. 사랑하는 방법 배우기							

쾌적한 수면

대다수 사람들은 하룻밤에 평균 6시간에서 8시간 수면을 취한다. 한 밤의 숙면은 건강과 행복에 필수적이다. 침실이 평화로운 수면에 기여한다는 점을 명심하라. 침실에는 편안한 침대와 베개, 신선한 공기, 깨끗한 이불이 필요하다. 현대 사회의 압박감으로 충분한 수면을 취하지 못하는 때가 많을 가능성이 높다. 그런 경우에는 주말이나 기회가 생길 때마다 수면 부족을 개선할 수 있는 계획을 세우라. 특히 젊은 사람들 사이에 밤새 파티를 해서 이런 기회를 낭비하는 경향이 있다.

수면 시간을 제외하고 식사의 절제와 운동이 수면의 질을 향상시킨다. 잠자리에 들기 바로 전에 마음을 정리하거나 차분해지는 책을 읽어라. 이런 연습은 수면의 질을 향상시키고 행복한 꿈을 꾸게 해줄 것이다. 매일 당신이 경험하는 편안한 수면을 평가해서 별을 하나도 주지 않거나 세 개를 주라. 우리가 정의했듯이, 수면의 즐거움은 행복을 증가시킨다. 따라서 불안한 밤이나 불쾌한 꿈은 행복을 감소시킨다.

일

우리가 가장 많은 시간을 쓰는 유일한 활동이 일이다. 일에서 행복을 얻는 첫 번째 단계는 출퇴근의 질을 향상시키는 것이다. 걸어서 직장에 가거나, 통근 버스에서 책을 읽거나, 음악 감상을 하는 것이 직장에 도착했을 때 긍정적인 분위기를 만드는 데 도움이 된다. 통근시간이 길면 오디오 북을 들으면서 시끄러운 교통과 소음 소리에서 관심을 돌릴 수 있다. 오디오 북 선택에 신중을 기하면 통근 시간이 성가시지 않고 즐겁다.

당신은 의식적으로 직장 동료들과의 관계를 향상시키는 노력을 할 것이다. 직장에서 마음에 맞는 관계를 형성하는 것은 매우 좋은 사무실 정책일 뿐만 아니라 긍정적인 감정을 북돋운다. 자주 미소를 짓고 실없는 대화를 피하고 동료들에게 도움이 되면 동료들은 당신에게 더 부드러운 태도로 화답할 것이다.

자신이 하는 업무에 더 적극적으로 참여하라. 어떤 업무도 사소하지 않으며 진정으로 열심히 한 일은 기쁨이란 선물을 준다. 자신이 하는 일에서 도전적인 것을 찾아라, 너무 쉽지도 너무 어렵지도 않은 것이어야 한다. 그래야 당신의 숙련도가 발휘되고 당신의 마음을 바쁘게 한다. 게으름과 권태는 정신 건강에 해롭다.

관계

가족과 친구는 신뢰할 만한 행복의 원천이며 이는 당신이 그들과 좋은 관계를 유지해서 생기는 것이다. 가족 및 친구들과의 관계가 어떤 상태이던 간에 당신은 항상 이 관계를 개선시킬 수 있다. 함께 식사를 하거나 즐거운 대화에 참여하거나 카드게임을 하거나 외출을 하는 것이 가족이나 친구들과 시간을 보내며 즐거움을 찾는 방법들이다.

우리 각자는 어떤 문제나 주제에 대해 완고한 태도를 가질 수 있다. 이런 것을 주제로 토론하면 대화의 맛을 더할 수도 있지만 종종 불필요한 대립으로 이어지고 감정을 상하게 만든다. 대화가 계속 낙관적이지 않다면 대화에 불을 붙이는 일은 피하는 것이 낫다.

갤럽 여론 조사에 따르면 미국인들은 하루 중 사교에 6시간에서 7시간 쓸 때 가장 행복하다. 모든 사람이 사교에 이렇게 많은 시간을 쓰는 건 아니다. 좋은 소식은 적은 시간의 사교생활도 행복을 증가시키고 스트레스와 걱정과 불행을 감소시킨다는 사실이다.

가족을 방문하고, 새 친구를 만들고, 독서 모임에 참가하고, 교회나 브리지 게임 모임에서 즐거운 대화를 하라. 그러면 행복이 증진되는 것이 보일 것이다.

오랜 관계를 유지하고 새로운 친구를 만들면 능동적으로 계획을 세우게 된다. 예를 들어 점심이나 저녁이나 주말 외출 계획을 준비하는 것이다. 능동적으로 계획을 세우느라 보내는 시간은 확실한 행복을 제공하고 텔레비전을 보거나 게으름을 피우며 시간을 보내는 것보다 훨씬 가치 있을 것이다.

취미

시간을 내서 규칙적인 운동을 하고, 재미있는 활동(운동, 춤, 그림, 요리)을 배우고, 음악을 연주하고, 휴식하고, 독서하라. 스트레스와 부정적인 감정이 참여, 행복, 긍정적인 감정으로 바뀐다.

사람들은 취미를 즐기고 추구한다. 하지만 때로는 이것이 인생에 방해가 된다. 요가 수업이나 독서 모임에 참여하며 연습하라. 일단 습관이

생겨 일상생활의 일부가 된다면 자발적으로 그 활동을 계속하는 것이
더 쉬워진다.

크레센도

우리의 행복 법칙의 분명한 의미는 합리적인 사람이라면 젊었을 때
낭비벽이 있어서는 안 되고 적응 재화의 취득에 주저하며 기대를 통제
해야 한다는 것이다. 초기의 지나치게 과시적인 소비(고급차, 디자이너 의류, 호화
로운 휴가)는 기대치의 급격한 증가로 이어지고 미래의 행복을 유지하는 것
이 어려워진다. 시간이 흐르면서 '점점 크게'라는 소비 계획을 세워야
한다.

일상생활에서 최신 기기를 구입할 때 절약하는 것은 기대치를 통제하
는 방법이다. 절약을 실천하는 한 가지 방법은 충동구매를 피하는 것이
다. 당신의 오래된 TV가 잘 작동하고 있다면, TV 바꾸는 것을 미루는 것
이 좋다. 왜 매일 비싼 커피를 나가서 마시는 습관을 시작했는가? 주변
을 둘러보고 식사나 오락거리를 위한 낭비를 피하거나 비용을 통제할
수 있는지 알아보라.

행복을 북돋우기 위해 크레센도의 장점을 이용할 다른 방법이 있다.
휴가 중이든 아니면 친구들과 간단한 외출을 하던 간에 제일 좋은 것은
마지막까지 아끼는 것이다. 예를 들어 여행 마지막에 가장 고급 숙소에
숙박하는 것이 더 낫다.

사회 비교

어떤 사람들이 다른 사람들 보다 더 행복하다고 생각하는가? 행복한 사람들의 한 가지 비결은 자신이 가진 것에 만족하고 다른 사람들의 부나 명성을 부러워하지 않는다는 것이다. 다음에 비싼 컨버터블이 당신 차 옆에 주차된 것이 보이면, 그 차를 가지면 삶이 얼마나 멋질 것인가 하는 생각으로 심리적 방황을 하지 마라. 사실 컨버터블을 모는 사람은 당신이 생각하는 만큼 행복하지 않을 수도 있다. 불필요한 사회 비교는 정신 건강에 해로우니 피하라.

자랑하지 않는 습관을 들이고 명성과 부를 과시하지 마라. 우리가 재산이나 기술을 과시하면 사람들은 질투와 분노를 느낀다. 어떤 사람들은 당신이 겸손할 때 당신을 가장 존경할 것이다.

질투를 줄이는 가장 좋은 방법은 다른 사람들이 이룬 훌륭한 공적과 업적을 칭찬하는 연습을 하는 것이다. 타인에게 친절하고 도움을 주는 일로 시작할 수 있다. 직장에서 동료들을 신뢰하고 개인적 생활에서 친구들에게 생긴 좋은 일을 축하해주라. 시간이 가면서 당신은 질투심을 뒤엎어 버리고 당신의 삶은 긍정적인 감정으로 가득할 것이다.

반 정도 채운 잔

가끔 나쁜 일이 생긴다. 당신의 차가 망가지거나 아이가 아플 수도 있다. 이런 상황이 걱정되는 것은 정상이다. 하지만 빅터 프랭클이 긍정적인 태도로 강제 수용소의 공포를 견뎌낸 것을 잊지 마라. 이것이 하나의 극단적이 경우지만 당신은 긍정적인 측면을 찾는 습관과 부정적인 생각을 줄이기 위해 상황을 재구성하는 습관을 발전시켜야 한다. 당신이 분노했을 때를 기억해보라. 딸이 오렌지 주스를 쏟거나 집의 배관이 막히거나 베이글이 타거나 약속한 날에 차 수리가 끝나지 않거나 주차위반 딱지를 받았을 때다. 이런 작은 사고 때문에 오랫동안 행복 진동기록을 침체시키지 마라. 분노, 걱정, 짜증, 좌절, 절망, 앙갚음은 당신의 정신 건강을 사정없이 파괴하는 부정적인 감정들이다.

어떻게 하면 이 부정적인 것들을 무시하고 삶의 긍정적인 것들에 집중할 수 있을까? 매일 하루의 말미에 그날 있었던 긍정적이고 보람 있는 경험을 생각해보라. 삶의 긍정적인 순간에 대한 감사를 하는 일은 긍정적인 감정을 키우고 부정적인 감정에서 주의를 돌리는 출발점이 된다.

한 모금

아무리 좋은 것이라 해도 너무 지나치면 우리의 감각을 둔화시키고 즐거움을 감소시킨다. 당신이 매년 기대하는 추수감사절 저녁식사, 엄마가 집에서 만든 맛 좋은 칠면조 요리를 생각해보라. 엄청난 양의 끼니를 때운 뒤 당신은 일주일이 지나도 칠면조 요리에 대해서는 생각도 하기 싫을 것이다.

다양성은 삶에 열정을 더한다. 동일한 경험이 짧은 시간 간격으로 되풀이해서 반복되면 그것이 스카이다이빙이라 할지라도 지루해진다. 포만을 정복하는 간단한 방법은 시간이 경과하도록 내버려 두는 것이다. 이후 그 활동을 반복해도 즐겁다. 다양한 관심사를 가지면 활동을 교대로 할 수 있고 지나친 반복 때문에 생기는 권태의 포로가 되지 않을 것이다.

누적

감각의 범위를 넘어서는 즐거움이 분명히 존재할 것이다. 어떤 고귀한 원인이 행복을 제공하는 게 틀림없다. - 무명인, 『행복에 대한 에세이』

의미 있는 삶은 훌륭한 삶을 나타낸다. 삶의 의미와 목적을 알려면 우리의 행위와 활동이 은유의 양동이에 저장된다는 사실을 명심해야 한다. 우리는 목표를 정하고 이 목표를 향해 나아가야 한다. 목표는 장미 나무 심기, 체중 줄이기, 시 쓰기, 마라톤 준비하기, 자선단체에 기부금 내기 등 어떤 것도 될 수 있다. 핵심은 물로 양동이를 채우는 것처럼 매일 목표를 향해 나아가고 있다는 사실을 인식하는 것이다.

직장에서 마감에 대해 초조해 하지 말고, 단숨에 일을 끝내려고 서두르지 마라. 대신 업무를 목표를 향해 나아가는 것으로 생각하라. 웹 사이트를 설계하든 아니면 회의를 구성하든, 어떤 프로젝트를 하던 간에 초기의 업무는 무질서 할 수 있다. 꾸준한 발전과 누적된 견해가 있다면 그 프로젝트를 완료했을 때 만족할 수 있을 것이다. 직장과 가정에서의 하루하루에 자신의 양동이를 살피는 습관을 가지고, 그날 성취한 일 보다는 많은 진전을 이룬 것에 감사하라.

용서

용서하는 방법을 배우면, 더 건강해지고 더 행복할 것이다. 사소한 의견 불일치, 상처, 모욕, 그릇된 일은 정신적 괴로움과 고통을 초래하는 나쁜 누적 재화이다. 용서는 원한을 끝내게 만들고 정신적 평화를 회복하게 만든다.

당신에게 잘못하고 심한 말을 하고 당신을 모욕한 사람을 적극적으로 용서해야 한다. 당신은 평화를 찾을 것이고, 당신에게 고통을 초래한 사람이 앞으로 행동에 변화가 일어나는 것을 볼 수도 있다.

당신이 누군가에게 잘못을 했다면, 그 일이 고의가 아니었다 해도, 용서를 구하고 진실한 슬픔과 후회를 보여주라. 그 사람이 당신을 용서한다는 보장은 없지만 용서를 구하는 것이 당신에 대한 부정적인 감정을 완화시킬 수 있다.

매일 동료와 가족과 이웃과 친구에게 전념하는 것으로 용서를 실천하라. 당신의 원한이 다시 표면화 되면 완전히 사라질 때까지 원한을 계속 자제하라. 그러면 망가진 관계를 회복한다.

삶의 균형

우리는 개인 생활과 직장 생활 사이의 조화로운 균형을 추구해야 한다. 많은 사람들은 너무 열심히 일한 나머지 개인 생활(가족, 친구 관계 등)을 위태롭게 한다.

어서 친구들과 저녁 식사를 하거나 영화를 볼 계획을 짜고, 배우자와 외출을 하고, 아이들과 동물원에 가라. 이런 활동은 그 자체로 즐겁고 감정의 다각화를 창출한다. 경우에 따라 직장에서 일이 잘 풀리지 않으면 행복한 개인 생활이 직장의 스트레스에 대한 완충 장치의 역할을 한다.

직장 밖에서의 취미와 관심사를 개발하라. 야외 활동과 자연에 대해 알아보고 감사히 여겨라. 공동체와 종교와 정치 기구에 참여하라. 다양한 관심사를 가지고 있으면 한 가지 활동이 없어져도 큰 피해를 입지 않을 수 있다. 다른 활동에 의지하면 되기 때문이다.

사랑하는 방법 배우기

긍정적인 감정을 키우는 가장 중요한 요소는 아마도 사랑일 것이다. 아이들과 배우자와 가족과 친구에 대한 사랑은 그 자체로도 기쁨이다. 하지만 사랑하는 방법을 배우면 당신이 모든 인간에 대한 연민과 친절을 발전시키기 쉬울 것이다.

일상의 실천을 통해 사랑에 대한 당신의 뿌리 깊은 본능을 발전시켜라. 한 사람, 한 가지 활동, 한 가지 원인에 집중하는 것이 더 쉬울 것이다. 어머니로서 자신의 아이에게 집중하는 것은 자연스러운 일이다. 어쨌든 어머니는 아이를 사랑하기 때문이다. 어떤 사람들에게는 종교적 실천을 통해 달성한 신에 대한 사랑일 수도 있고 또 어떤 사람들에게는 환경과 자연에 대한 사랑일 수도 있다.

가정의 행복은 사랑으로 커진다. 연구결과에 따르면 다른 사람을 도

우면 자신의 행복이 향상된다. 사랑은 도움을 주고자 하는 열망의 씨앗이다. 사랑하는 법을 배우면 행복은 확실하게 당신의 문을 두드릴 것이다.

행복은 만들 수 있다

우리가 어떻게 마음이라는 나비를 매료시켜 긍정적인 상태라는 꽃에 머물게 할 수 있을까? 행복의 비밀은 우리 마음과 감정과 행동을 통제하는 것에 뿌리를 두고 있는가? 이 책을 통한 우리의 목표는 당신에게 밖으로 나와 외부에서 나비를 보는 방법을 알려주는 것이었다. 행복이 꽃 필 기회가 수행과 자유라는 이 짧은 순간에 있다. 행복의 컨트롤 타워는 바로 당신이다.

우리 말고는 아무도 우리를 구할 수 없다. 아무도 할 수 없고 그 누구도 해서는 안 된다. 우리 스스로가 이 길을 걸어가야 한다. - 부처

Happiness = Reality − Expectations

Engineering Happiness

A New Approach for Building a Joyful Life by Manel